全国经济专业技术资格考试辅导教材

十年真题研究手册

财政税收
专业知识与实务

高顿教育研究院　编著

SPM 南方传媒 | 广东经济出版社

·广州·

图书在版编目（CIP）数据

十年真题研究手册．财政税收专业知识与实务／高顿教育研究院编著．—广州：广东经济出版社，2022.8（2023.8 重印）
ISBN 978－7－5454－8434－2

Ⅰ．①十…　Ⅱ．①高…　Ⅲ．①财政管理—资格考试—题解②税收管理—资格考试—题解　Ⅳ．①F23－44

中国版本图书馆 CIP 数据核字（2022）第 142135 号

策　　划： 王春蕊
责任编辑： 刘　燕　李沁怡　王春蕊
封面设计： 汤惟惟

十年真题研究手册　财政税收专业知识与实务
SHINIAN ZHENTI YANJIU SHOUCE CAIZHENG SHUISHOU ZHUANYE ZHISHI YU SHIWU
出版发行： 广东经济出版社（广州市水荫路 11 号 11～12 楼）
印　　刷： 上海普顺印刷包装有限公司
（上海市宝山区沪太路 5553 号—丙号 3 幢）

开　　本： 787mm×1092mm　1/16　　**印　　张：** 16.25
版　　次： 2022 年 8 月第 1 版　　**印　　次：** 2023 年 8 月第 2 次
书　　号： ISBN 978－7－5454－8434－2　　**字　　数：** 423 千字
定　　价： 58.00 元

发行电话：（020）87393830　　编辑邮箱：gdjjcbstg@163.com
广东经济出版社常年法律顾问：胡志海律师　　法务电话：（020）37603025
如发现印装质量问题，请与本社联系，本社负责调换。

前　言

刷题十页，不如深入研究真题一题。

真题的价值和意义是很多练习题、模拟题都无法媲美的，它充分体现了命题者的意图、考查重点、考查方向，甚至考查偏好。因此，我们应该在做题的时候对真题充满敬畏之心，找到做真题的正确方法。

高顿教育研究院的老师们在多年一对一辅导的过程中，收集了考生在学习中碰到的各式各样的问题。

经济基础知识：

——考试范围广，章节数量多，重点在哪里？考点在哪里？

——四个选项我都看得懂，就是不知道该选哪个！

——多选题，总是错怎么办？

——曲线好多啊，头疼！根本不理解啊！

专业知识与实务：

——水平多元化、垂直多元化和同心型多元化战略的区别在哪里？

——激励理论、领导行为理论、生命周期理论……这么多理论，哪些是重点？

——现值、终值、利率互换、期权套利、货币乘数、存款乘数怎么算？

——这么多税种，对应的应纳税所得额怎么算？

总结下来，参加中级经济师职称考试的考生遇到的问题主要是：

1. 同时备考两科，要考的内容多，但是工作忙，时间少，来不及准备；
2. 学习时抓不住应试重点和考查方向；
3. 知识点庞杂，内容覆盖面广，知识不成体系、没有框架，难以记忆；
4. 做题思路不清，细节把握不准，难以做对题目。

针对这些问题，解决的方法是“研究”真题，摸清出题套路，把握出题规律。不同于市面上其他教辅资料，中级经济师职称考试系列由高顿教育研究院近百位一对一辅导私教老师精心研究，悉心整理而成：从考生提出的近十万个高频问题入手，结合老师自身复习备考、应试冲刺的经验，筛选了2013—2022年十年经典真题，逐一深度解读。

本丛书致力于为所有参加2023年中级经济师职称考试的考生提供一套有效的方法，让过去深受“看不懂、没思路、易丢分”三大问题困扰的考生实现“做会一道题，会做一类题”，迅速转变为

“会审题、会分析、巧得分”的考霸。

本书三大板块使用攻略：

1. 本章考情Q&A：以问答的形式，对近十年真题考点和题型分布进行分析、梳理，有助于考生对章节重点形成更直观的认识，迅速抓住考核的重点。

2. 经典例题：编者选取了历年考试中最具代表性的题目，分析此类经典真题的考试套路。不同于市面上传统真题集简单分析正确选项的解析方式，编者结合了每一个选项中常见的理解误区及考查陷阱，逐一深入解析。另外，针对考生“不会审题、审了不会做题”的实际困难，本书更具独创性地在案例分析题中加入了“审题过程”这个模块，逐字逐句带考生审题，帮助考生更精准地切入真题，抓住最关键的题干信息，轻松做对题，快速拿高分。

3. 真题演练：本丛书汇总整理了2013—2022年十年的中级经济师职称考试经典真题，除了例题精讲部分，每章最后还设置了真题演练模块，为考生留出了充足的练习空间，有助于考生形成“训练—总结—反思—升华”的做题习惯，能做对真题，也能做透真题，从而更大地发挥出真题的价值。

本书可作为考生的复习备考指导用书，历年真题一直是中级经济师职称备考中最宝贵的题目资源，值得考生反复练习，以熟练掌握考点和解题技巧。最后，特别感谢段飞飞、田雪琴、位倩、王可可、韦燕青等多位老师为本书倾尽的心血与贡献。

“路虽远，行则将至；事虽难，做则必成。”我们衷心希望编者提炼出的这套深度应试方法论，能够帮助广大考生披荆斩棘，顺利通过2023年中级经济师职称考试。

高顿教育研究院

如在使用过程中发现错误，欢迎扫描右方二维码，向我们反馈您认为需要勘误的信息。我们将尽快核实并给您回复，感谢您的反馈！

目　录

第一章　公共财政与财政职能

本章考情 Q&A

Q：本章的重要性和难度如何？

A：本章属于非重点章节，学好本章可以为后续章节的学习打好基础。

本章难度较低，内容较少，考点也比较固定。

从历年真题来看，每年考查的分值在 3~8 分。

Q：本章在考试中通常以什么形式出现？

A：从历年真题来看，本章知识点以单项选择题与多项选择题为主要考查形式。

Q：本章 2023 年的内容有改动么？

A：本章删除公共物品的举例“法律设施”，其他内容无实质性变动。

Q：本章考点在历年考试中的分布情况如何？

A：以下是老师们的统计：

考点	2022 年	2021 年	2020 年	2019 年	2018 年	2017 年	2016 年	2015 年	2014 年	2013 年
公共物品	√		√	√		√		√		√
市场失灵与政府干预		√	√		√	√	√	√	√	
资源配置职能	√		√		√					√
收入分配职能	√			√	√		√		√	
经济稳定职能	√	√	√		√	√			√	√

经典例题

考点一　公共物品

【例题・2019 年・多项选择题】下列关于公共物品的说法中，错误的有（　　）。

A. 公共物品可以将其效用分割为若干部分，为个人或社会集团享用

B. 公共物品受益具有非排他性的特征

C. 对公共物品的享用，增加一个消费者，其边际成本等于零

D. 政府提供公共物品着眼于经济效益最大化

E. 公共物品的效用是不能分割的

【答案】AD

【解析】本题考查公共物品的四个特征。

公共物品具有四个特征，具体如下：

（1）**效用的不可分割性**。公共物品不能将其效用分割为若干部分，为个人或社会集团享用。选项 E 正确，选项 A 错误。

（2）**受益的非排他性**。某个人或集团对公共物品的消费，并不影响或妨碍其他个人或集团同时消费该公共物品，也不影响其他个人或集团消费该公共物品的数量和质量。选项 B 正确。

（3）**取得方式的非竞争性**。某个人或集团对公共物品的享用。不排斥或妨碍其他个人或集团同时享用。消费者的增加不引起生产成本的增加，即增加一个消费者，其边际成本等于零，选项 C 正确。

（4）**提供目的的非营利性**。提供公共物品不以营利为目的，而是追求社会效益和社会福利的最大化；与之相对私人物品的提供则是追求利润的最大化。选项 D 错误。

本题要选出错误的选项，故选项 AD 当选。

私教点拨

公共财政的理论基础是“公共物品”和“市场失灵”理论。美国经济学家萨缪尔森认为：纯公共物品是指这样的物品——每个人消费这种物品不会导致他人对该物品消费的减少。对公共物品特征的梳理，详见表 1－1。

表 1－1 公共物品的特征

公共物品的特征	含义及举例
效用的**不可分割性**	向整个社会提供，具有共同受益与消费的特点，其效用为整个社会的成员所共同享有，**不能将其分割为若干部分**，分别归某个人或集团享有
受益的**非排他性** **（核心特征）**	对其消费并不影响或妨碍其他个人或集团同时消费该公共物品，也不会影响其他个人或集团消费该公共物品的**数量和质量**。**如航海中的灯塔，可以为夜间航行的所有船只提供航向**
取得方式的**非竞争性** **（核心特征）**	某个人或集团对公共物品的享用，不排斥或妨碍其他个人或集团同时享用。消费者的增加不引起生产成本的增加，即**增加一个消费者，其边际成本等于零。以国防为例，人口不断增加，但没有任何人会因此减少其所享用的国防提供的安全保障**
提供目的的**非营利性**	提供公共物品**不以营利为目的**，而是追求社会效益和社会福利的最大化

公共物品的特征**属于高频考点**，其中，受益的**非排他性**和取得方式的**非竞争性属于易混点**。二者的区别在于：

（1）**非排他性**是站在已享用公共物品的人的立场上，他们享受了公共物品但**不会使得他人无法享受**。通俗地来讲，非排他性就是“大家都可以用”“我用不会影响别人用”。

（2）**非竞争性**是站在潜在享用公共物品的人的立场上，对于还未取得公共物品的人，在其取得时不引起生产成本的增加，即增加一个消费者，其边际成本等于零。通俗地来讲，非竞争性就是“新增人口，但大家的效用不变”“别人使用不会影响我用的效果”。

考点二 市场失灵与政府干预

【例题 1 · 2020 年 · 单项选择题】 个人或经济组织的行为活动影响了其他个人或经济组织，却没有为之承担应有的成本或没有获得应有的收益，这种现象被称为（　　）。

A. 收益成本效应　　B. 极差成本收益

C. 外部效应　　D. 成本收益转移

【答案】 C

【解析】 本题考查市场失灵的表现。

选项 ABD 皆为干扰项，不属于市场失灵的表现，故选项 C 正确。

私教点拨

关于市场失灵的表现，详见表 1－2。

表 1－2　市场失灵的表现

市场失灵的表现	具体含义	政府应对措施
外部效应	上游水库可以使下游地区受益，是**正的外部效应**；造纸厂对河流造成污染，是**负的外部效应**。因此，外部效应就是指市场活动中**没有得到补偿的额外成本和额外收益**。**外部效应典型的例子是“公共物品”**	采取**财政收支政策在内的非市场调节方式**，纠正外部效应问题
信息不充分和不对称	信息构成商品生产、消费和营销的最敏感的神经系统。**信息不充分和不对称是影响公平竞争的重要因素**	政府的有关部门要**定期向社会提供有关商品供求状况、价格趋势以及宏观经济运行和前景预测的资料**
市场垄断	某些行业因具有**经营规模越大、经济效益越好、边际成本不断下降、规模报酬递增**的特点，而可能被少数企业所控制，从而产生垄断现象	垄断排斥竞争，因此需要政府维持市场有效竞争
收入分配不公	收入分配是由每个人提供的**生产要素的数量及其市场价格**决定的。由于人们所拥有的生产要素的数量及其质量存在差异，所以分配往往是很不公平的	政府有义务利用包括**财政在内的手段**，解决收入分配不公的问题
经济波动与失衡	由于价格信号在某些重要市场并不具有伸缩自如、灵活反应的调节能力，所以市场经济不可能自动平稳发展。不同经济主体在实现其经济利益上所具有的竞争性和排他性，会导致**失业、通货膨胀和经济波动与失衡**等周期性问题重复出现	政府运用**财政手段**干预经济运行，使其健康发展

【例题 2 · 2021 年 · 多项选择题】 下列关于解决市场失灵问题的说法中，正确的有（　　）。

A. 市场失灵问题个人或经济组织是无力解决的

B. 市场失灵问题需要政府为主体的财政介入解决

C. 市场失灵问题依靠市场主体的力量去解决

D. 市场失灵问题需政府用非市场方式解决

E. 市场失灵问题需政府用市场方式解决

【答案】ABD

【解析】本题考查政府干预的手段。

市场失灵问题是市场上的个人或经济组织无力解决的，选项 A 正确。解决市场失灵需政府干预，即以政府为主体，选项 B 正确。用非市场方式可解决市场失灵问题，选项 D 正确。故选项 ABD 正确。

私教点拨

市场失灵问题，个人和经济组织是无能为力的，需要以政府为主体的财政介入，用非市场方式解决市场失灵问题。因此，在市场经济条件下，财政分配的范围是以市场失灵为标准，以纠正和解决市场失灵这一问题来界定的。具体运行详见图 1-1。

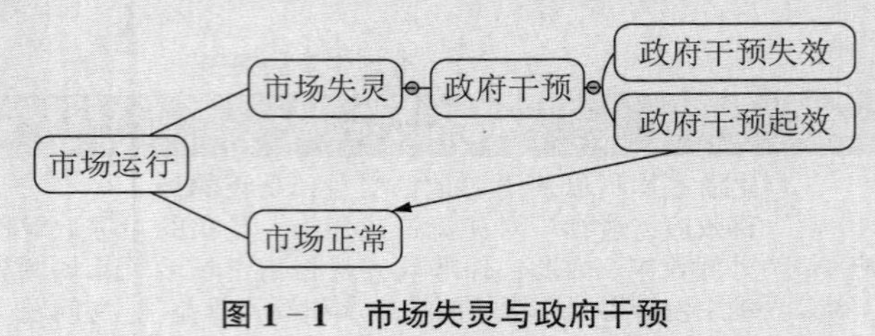

图 1-1 市场失灵与政府干预

【例题 3·2020 年·多项选择题】政府干预失效的原因及表现主要有（ ）。

A. 政府决策失误

B. 寻租行为

C. 政府提供信息不及时甚至失真

D. 政府职能的“越位”和“缺位”

E. 立法和行政手段

【答案】ABCD

【解析】本题考查市场干预失效的原因和表现。

政府干预失效的表现包括：

（1）**政府决策失误**：政府应对措施失当，是主观的误判，这会造成难以挽回的巨大损失。选项 A 正确。

（2）**寻租行为**：以权谋私，权钱交易、受贿索贿等。选项 B 正确。

（3）**政府提供信息不及时甚至失真**：政府应提供多方面的信息，一旦失误，将会带来不可估量的损失。这是客观的误判。选项 C 正确。

（4）**政府职能的“越位”和“缺位”**：政府行为与市场行为之间边界不清。选项 D 正确。

故 ABCD 选项正确。

私教点拨

市场失灵需要政府干预，若政府干预起效，则市场会恢复正常运行，但政府干预也会存在失效的情况。关于市场失灵与政府干预的主要考点，详见表1－3。

表1－3 市场失灵、政府干预及干预失效

<table>
<tr><th>市场失灵的表现</th><th>政府干预的手段</th><th>政府干预失效的表现</th></tr>
<tr><td>外部效应</td><td>组织公共生产和提供公共物品</td><td>政府决策失误</td></tr>
<tr><td>信息不充分和不对称</td><td rowspan="2">立法和行政手段</td><td>政府提供信息不及时甚至失真</td></tr>
<tr><td>市场垄断</td><td>寻租行为</td></tr>
<tr><td>收入分配不公</td><td>财政手段</td><td rowspan="2">政府职能的“越位”和“缺位”</td></tr>
<tr><td>经济波动与失衡</td><td>政府的宏观调控</td></tr>
</table>

考点三 资源配置职能

【例题·2022年·多项选择题】下列（ ）不属于财政职能。

A. 经济稳定职能　　B. 资源配置职能

C. 收入分配职能　　D. 社会发展职能

【答案】D

【解析】本题考查财政职能。

财政职能包括：资源配置职能（选项B）、收入分配职能（选项C）和经济稳定职能（选项A）。本题要选“不属于”，故选项D当选。

私教点拨

考点涉及的其他考查内容详见表1－4。

表1－4 资源配置职能的范围与内容

范围	内容
公共物品	调节资源在**政府部门和非政府部门**之间的配置
准公共物品	调节资源在**不同地区**之间的配置
天然垄断行业的物品	调节资源在**国民经济各部门**之间的配置

考点四 收入分配职能

【例题·2016年·单项选择题】财政执行收入分配职能的内容是（ ）。

A. 实现社会财富在地区之间的合理分配

B. 实现社会财富在居民之间的公平分配

C. 实现资源在不同用途之间的合理分配

D. 实现资源在政府部门与非政府部门之间的合理分配

【答案】B

【解析】本题考查收入分配职能的主要内容。

收入分配的目标是实现**公平**分配。

财政收入分配职能主要是通过调节企业的利润水平和居民的个人收入水平来实现的。

选项 ACD 分别为实现地区、不同用途之间、政府部门与非政府部门的合理分配，这些都是宏观的，都属于资源配置职能方面，不符合题意。

收入分配职能相对微观一些，集中在企业与居民个人。

本题中只有选项 B 属于财政收入分配职能，涉及居民之间的公平分配，故选项 B 正确。

私教点拨

收入分配职能考点总结如表 1-5 所示。

表 1-5 收入分配职能考点总结

项目	主要内容
财政的收入分配范围	财政收入分配职能的履行主要是为了实现收入分配的公平，因此，财政的收入分配范围也就是社会公平的实施范围。 社会公平的实施范围包括三个方面：(1) 在效率的基础上尽可能改善初始条件的不公平；(2) 完善市场机制，尽可能创造公平竞争的环境；(3) 在个人偏好方面进行适当的干预
财政的收入分配方式	(1) 在组织财政收入时要考虑社会公平。对于市场经济体制来说，税收是财政收入的主要手段，因此税收也是实现社会公平的重要方式。 (2) 在安排财政支出时要考虑社会公平。一是要在提供社会公共劳务时考虑社会公平，二是要构建效率市场的制度体系，三是要不断改善市场机制初始条件的不公平状况。 (3) 要实行社会保障制度，以利于社会公平的实现
财政收入分配职能的机制和手段	(1) 划清市场分配和财政分配的界限与范围。 (2) 规范工资制度。 (3) 加强税收的调节作用。 (4) 用好转移性支出

考点五 经济稳定职能

【例题 1·2018 年·单项选择题】国际收支平衡是指（　　）。

A. 经常项目和外汇储备收支合计大体平衡

B. 经常项目、资本项目和外汇储备收支合计大体平衡

C. 经常项目收支合计大体平衡

D. 经常项目和资本项目收支合计大体平衡

【答案】D

【解析】本题考查经济稳定职能中的国际收支平衡。

经济稳定职能的含义：

(1) **充分就业：有工作能力且愿意工作**的劳动者**能够**找到工作。

(2) **物价稳定**：物价**总水平基本稳定**。

(3) **国际收支平衡：经常项目和资本项目**的收支合计**大体**保持平衡。

题干考查国际收支平衡的定义，故选项D正确。

私教点拨

关于国际收支平衡项目，首先，在现实事务中，收支的绝对平衡是不存在的。其次，国际收支平衡是经济稳定的重要标志。经济稳定是在稳定中求发展，发展里适度增长寻求稳定的一个**动态稳定**的状态。国际收支平衡中的项目定义，详见表1-6。

表1-6 国际收支平衡项目

项目名称	具体定义
经常项目	**贸易**收支、**劳务**收支等**实体**行业收支
资本项目	对外**投资**、国际**贷款**等**金融**行业收支
外汇储备	为了应对国际支付的需要，所储备的可以**随时转换**成**外国货币**的资产
经常项目和资本项目都是期间**增量**数据，也就是一段时间内发生了多少；而外汇储备是一个**存量**数据，也就是全部有多少。由于国际收支平衡是一个**动态**状态，因此外汇储备不在国际收支平衡的考虑范围内	

【例题2·2021年·单项选择题】财政在收入方面发挥“内在稳定器”调节作用的主要制度是（ ）。

A. 按不同产品征收的消费税制度

B. 普通征收的增值税制度

C. 小规模纳税人的增值税制度

D. 累进所得税制度

【答案】D

【解析】本题考查“内在稳定器”的相关内容。

财政“内在稳定器”：财政收支制度设计具有对经济总量自动调节的功能，使财政收支的扩大与缩小和总需求与总供给**呈相反方向**的变化。

“内在稳定器”主要表现为财政收入和支出两方面的制度。

财政收入：实行累进所得税制。

财政支出：转移性支出。

故选项D正确。

私教点拨

经济稳定职能的主要内容见表1–7。

表1–7 经济稳定职能的主要内容

主要内容	具体内容
通过财政预算收支进行调节	改变预算结构或规模以影响宏观经济水平，实现经济稳定和增长的目标。当**社会总需求大于社会总供给**时，可以通过实行**财政预算收入大于支出的结余政策**进行调节；而当**社会总供给大于社会总需求**时，可以通过实行**财政预算支出大于收入的赤字政策**进行调节；当**社会供求总量平衡**时，财政预算应通过实行**收支平衡的中性政策**与之相对应
通过制度性安排，发挥财政内在稳定器的作用	财政发挥内在稳定器作用的**最大特点在于无须借助外力就可以直接产生调控的效果**，这种内在稳定器可以随社会经济发展发挥自身调节作用，不用政府采取任何有意识的政策干预。**内在稳定器调节主要表现为财政收入和财政支出两方面的制度**。在财政**收入**方面，主要是实行**累进所得税制**。在财政**支出**方面，主要体现在**转移性支出（社会保障支出、财政补贴支出、税收支出等）**的安排上，其效应正好同税收相配合
通过财政投资、财政补贴和税收进行调节	通过财政投资、财政补贴和税收等多方面的安排，加快农业和能源、交通运输、邮电通信等基础公共设施的发展，消除经济增长中的“瓶颈”，并支持第三产业的兴起，加快产业结构的转换，保证国民经济稳定与高速发展的最优结合
首先保证民生性的社会公共需求	财政首先应切实保证民生性的社会公共需要。诸如，加快文教事业的发展，提高公共卫生水平，完善社会福利和社会保障制度，治理污染，保护生态环境，使增长与发展相互促进、相互协调
通过财政政策和其他政策配合进行调节	通过财政政策和其他政策配合进行调节，主要是与货币政策、产业政策、投资政策、国际收支政策等相配合进行调节

真题演练

一、单项选择题

1.（2022年）在市场经济条件下，市场在资源配置中起（ ）作用。

A. 决定性 B. 重要性 C. 主导 D. 推进性

2.（2022年）经济学中的“充分就业”是指（ ）。

A. 全体社会成员都有固定的工作

B. 全体社会成员都有工作

C. 就业人口达到100%

D. 有工作能力且愿意工作的人能够找到工作

3.（2022年）财政在收入方面发挥“内在稳定器”的政策工具是（ ）。

A. 规范的增值税制　　B. 累进所得税制
C. 增加财政支出　　D. 完善的财产税制

4. （2021 年）政府对经济进行宏观调控的目标不包括（　　）。
A. 解决外部效应　　B. 清除市场垄断
C. 企业利益最大化　　D. 促进收入分配公平

5. （2020 年）人口不断增长，但没有任何人会因此减少其所享受的公共物品的效用，这是公共物品的（　　）特征。
A. 提供目的的非营利性　　B. 受益的非排他性
C. 效用的不可分割性　　D. 取得方式的非竞争性

6. （2018 年）某些行业因具有经营规模越大、经济效益越好、边际成本不断下降、规模报酬递增的特点，而可能为少数企业控制，产生垄断现象，这种情况称为（　　）。
A. 竞争障碍　　B. 外部效应　　C. 市场垄断　　D. 效率缺失

7. （2017 年）下列关于财政"内在稳定器"的说法中，错误的是（　　）。
A. "内在稳定器"需要借助外力产生直接的效果
B. "内在稳定器"的调节主要表现在财政收入和支出两方面的制度
C. "内在稳定器"使财政收支与社会总供求呈相反方向变化
D. 财政收支制度设计具有对经济总量自动调节的功能

8. （2013 年）下列关于公共产品的说法中，正确的是（　　）。
A. 消费者增加，受益程度下降
B. 消费者增加，边际成本递减
C. 其效用不能分割为若干部分
D. 提供者着眼于经济效益和社会效益的最大化

二、多项选择题

1. （2022 年）公共物品所具有的特征中，占据核心地位的有（　　）。
A. 效用的不可分割性　　B. 受益的非排他性
C. 取得方式的非竞争性　　D. 提供目的的非营利性
E. 外部效应

2. （2014 年）调节居民个人收入水平的财政手段有（　　）。
A. 财产税　　B. 社会保障支出
C. 财政补贴支出　　D. 违章罚款
E. 个人所得税

3. （2013 年）财政"内在稳定器"的政策工具有（　　）。
A. 规范的增值税　　B. 累进的所得税
C. 社会保险支出　　D. 财政补贴支出
E. 社会福利支出

真题演练答案及解析

一、单项选择题

1.【答案】A

【解析】本题考查资源配置。

在市场经济条件下，市场在资源配置中起决定性作用。故选项 A 正确。

2.【答案】D

【解析】本题考查经济稳定的含义。

经济学中的“充分就业”是指有工作能力且愿意工作的人能够找到工作。故选项 D 正确。

3.【答案】B

【解析】本题考查“内在稳定器”的政策工具。

内在稳定器调节主要表现在：①在财政收入方面，主要是实行累进所得税制（选项 B）；②在财政支出方面，主要体现在转移性支出（社会保障支出、财政补贴支出和税收支出等）的安排上。

故选项 B 正确。

4.【答案】C

【解析】本题考查市场失灵。

市场失灵包括以下方面：公共物品缺失、外部效应（选项 A 正确）、市场垄断（选项 B 正确）、收入分配不公（选项 D 正确）、经济波动与平衡。本题要选出“不属于”的选项，故选项 C 当选。

5.【答案】D

【解析】本题考查公共物品的特征。

题干提到人口不断增长意味着出现了更多公共物品的消费者，而没有任何人会因此减少其所享受的公共物品的效用，表达了潜在享用者并没有改变公共物品的数量和质量，是从潜在享用者入手，因此是取得方式的非竞争性。故选项 D 正确。

6.【答案】C

【解析】本题考查市场垄断。

市场垄断（不完全竞争）是指某些行业因具有经营规模越大、经济效益越好、边际成本不断下降、规模报酬递增的特点，而可能为少数企业控制，产生垄断现象。故选项 C 正确。

7.【答案】A

【解析】本题考查“内在稳定器”。

“内在稳定器”的定义为财政收支制度设计具有对经济总量自动调节的功能（选项 D 正确），使财政收支的扩大与缩小和总需求与总供给呈相反方向的变化（选项 C 正确）。其在财政收入和支出两方面进行调节（选项 B 正确），特点为无须借助外力就可以直接产生调控的效果（选项 A 错误）。本题要选出错误的选项，故选项 A 当选。

8.【答案】C

【解析】本题考查公共物品。

选项 A 违反受益的非排他性，消费者增加，受益程度不变。选项 B 违反取得方式的非竞争性，边际成本等于零。选项 D 违反提供目的的非营利性，公共物品追求社会效益和社会福利的最大化，而非经济效益最大化。故选项 C 正确。

二、多项选择题

1. **【答案】** BC

【解析】 本题考查公共物品。

公共物品的四个特征是密切联系的，其中核心特征是受益的非排他性和取得方式的非竞争性。故选项 BC 正确。

2. **【答案】** ABCE

【解析】 本题考查调节居民的个人收入水平的财政手段。

调节居民的个人收入水平的方式包括：（1）通过税收进行调节；（2）通过转移支付进行调节。选项 AE 属于通过税收进行调节；选项 BC 属于通过转移支付进行调节。选项 D 为干扰项。故选项 ABCE 正确。

3. **【答案】** BCDE

【解析】 本题考查“内在稳定器”。

“内在稳定器”主要表现为财政收入和财政支出两方面的制度。财政收入方面为实行累进所得税制，选项 B 属于财政收入方面的政策工具。财政支出方面为转移性支出，选项 CDE 属于财政支出方面的政策工具。故选项 BCDE 正确。

第二章 财政支出理论与内容

本章考情 Q&A

Q：本章的重要性和难度如何？

A：本章属于非重点章节，学好本章对于通过考试“性价比”较高。

本章难度适中，重点在于各层级概念的记忆、理论的记忆、财政投资制度与社保制度的考查。

从历年真题来看，每年考查的分值在 9~14 分。

Q：本章在考试中通常以什么形式出现？

A：从历年真题来看，本章知识点以单项选择题与多项选择题为主要考查形式。

Q：本章 2023 年的内容有改动么？

A：社会保险的内容有较大修改，其他考点无实质性变动。

Q：本章考点在历年考试中的分布情况如何？

A：以下是老师们的统计：

考点	2022 年	2021 年	2020 年	2019 年	2018 年	2017 年	2016 年	2015 年	2014 年	2013 年
财政支出分类	√	√	√	√		√	√			√
财政支出的经济影响	√	√	√		√	√		√	√	√
财政支出的规模指标	√	√								
财政支出规模的增长趋势	√	√	√	√	√	√	√	√	√	√
财政支出效益分析的方法			√	√		√		√		√
行政管理费与国防支出				√				√		
文教、科学、卫生事业费支出	√	√				√			√	
财政投资性支出				√	√	√	√	√	√	√
社会保障支出	√	√	√	√	√		√	√	√	√
财政补贴支出	√	√	√			√				
税收支出	√	√	√	√	√		√			

经典例题

考点一 财政支出分类

【例题·2022 年·多项选择题】 下列财政支出中，属于一般利益支出的是（ ）。

A. 预防性支出　　B. 卫生支出　　C. 国防支出　　D. 债务利息支出

【答案】 C

【解析】 本题考查财政支出的分类。

按照财政支出的受益范围，财政支出可分为一般利益支出和特殊利益支出。其中，一般利益支出包括国防支出（选项 C）、行政管理费支出等。故选项 C 正确。

私教点拨

关于财政支出的分类及分类标准，详见表 2-1。

表 2-1 财政支出的分类

分类依据	具体定义	类型	举例
财政支出的经济性质	经济性质实际上就是对商品的交换方式和类型的一种划分。以**市场**方式**等价交换**为购买性支出；以**行政命令**方式为转移性支出	购买性支出	行政管理费支出、各项事业的经费支出、政府各部门的投资拨款
		转移性支出	财政补贴支出、债务利息支出、社会保障支出
财政支出在社会再生产中的作用	再生产，即《**哥达纲领批判**》所述的分配方式。补偿性支出为补充生产过程中消耗掉的生产资料；消费性支出为用于社会共同消费；积累性支出又称投资性支出，为直接增加社会财富及积累的支出	**补偿性支出**	—
		消费性支出	文教、科学、卫生事业费支出，抚恤和社会福利救济费支出，行政管理费支出，国防费支出
		积累性支出	基本建设支出、国家物资储备支出、生产性支农支出
财政支出的目的性	目的也是支出的作用。预防性支出旨在**维持**当前社会秩序；创造性支出旨在**改善**人民生活，使社会秩序更为良好	预防性支出	国防、司法、公安、政府行政部门的支出
		创造性支出	基本建设支出、文教支出、卫生支出、社会福利支出
政府对财政支出的控制能力	控制能力即能否决定是否支出。不可控分为两类：一类是**法定**的，如失业救济、养老金等；一类是政府遗留**义务**，如债务利息支出等必须支出的内容。可控支出可由政府部门进行增减，弹性较大	可控制支出	—
		不可控制支出	失业救济支出、养老金支出、职工生活补贴支出、**债务利息支出**、对地方政府的补贴支出
财政支出的受益范围分类	具有共同消费或联合受益的特点，所提供给每个社会成员的利益不能分别测算	**一般利益支出**	国防支出、行政管理费支出等
	这些支出所提供的效益只涉及一部分社会成员，每个社会成员所获效益的大小有可能分别测算	**特殊利益支出**	教育支出、卫生支出、企业补贴支出、债务利息支出

考点二 财政支出的经济影响

【例题·2018年·多项选择题】下列关于购买性支出和转移性支出对经济影响的说法中，正确的有（ ）。

A. 购买性支出直接影响国民收入分配

B. 转移性支出间接影响社会的生产和消费

C. 转移性支出对微观经济主体的预算约束是软的

D. 购买性支出对政府的支出效益约束是硬的

E. 购买性支出执行收入分配的职能较强

【答案】BCD

【解析】本题考查购买性支出与转移性支出的经济影响。

购买性支出是通过支出使政府掌握的资金与微观经济主体提供的货物和劳务相交换，政府直接以货物和劳务的购买者身份出现在市场上。因此对国民收入分配的影响，购买性支出是间接的，转移性支出是直接的，选项A错误；对社会生产和就业的影响，购买性支出是直接的，转移性支出是间接的，选项B正确。

微观经济主体在同政府的购买性支出发生联系时，也必须遵循等价交换的原则，因此对微观经济主体的预算约束，购买性支出硬，转移性支出软，选项C正确。

在安排购买性支出时，政府必须遵循等价交换的原则，因此对政府的效益约束，购买性支出强，转移性支出弱，选项D正确。

由于购买性支出与转移性支出对生产和就业、对国民收入分配影响的不同，因此，各自在财政总支出所占比重的大小决定了财政职能的实现程度，购买性支出占较大比重的财政支出活动，执行资源配置的职能较强，选项E错误。

故选项BCD正确。

私教点拨

购买性支出与转移性支出的区别详见表2-2。

表2-2 购买性支出与转移性支出的区别

对象	购买性支出	转移性支出
对社会生产和就业的影响	直接	间接
对国民收入分配的影响	**间接**	**直接**
对政府的效益约束	强	弱
对微观经济主体的预算约束	硬	软
执行财政职能的侧重点	资源配置职能	收入分配职能

考点三 财政支出的规模指标

【例题·2021年·单项选择题】假设上一年度财政支出为300亿元，本年度财政支出为325亿元，上一年度 GDP 为 1 000 亿元，本年度 GDP 为 1 065 亿元，则财政支出增长弹性系数为（　　）。

A. 0.783　　B. 2.600　　C. 1.282　　D. 0.305

【答案】C

【解析】本题考查财政支出增长弹性系数的计算。

财政支出增长弹性系数

=财政支出增长率/GDP 增长率

=[(325−300)/300]/[(1 065−1 000)/1 000]

≈1.282。

故选项 C 正确。

私教点拨

财政支出的规模指标分为反映财政活动规模的指标、反映财政支出规模的指标、反映财政支出规模变化的指标。各具体指标详见表 2−3。

表 2−3　财政支出的规模指标

反映内容	具体指标	
应映财政活动规模	财政收入/GDP	
	财政支出/GDP	
反映财政支出规模	绝对数：财政支出数额	
	相对数：财政支出/GDP	
反映财政支出规模变化	财政支出增长率	$\Delta G(\%)=\frac{\Delta G}{G_{n-1}}=\frac{G_n-G_{n-1}}{G_{n-1}}$
	财政支出增长弹性系数	$E_g=\frac{\Delta G(\%)}{\Delta GDP(\%)}$
	财政支出增长边际倾向	$MGP=\frac{\Delta G}{\Delta GDP}$

其中，ΔG 为当年财政支出较上年财政支出的增（减）额，G_n 为当年财政支出，G_{n-1} 为上年财政支出。E_g 为财政支出增长的弹性系数，MGP 为财政支出增长的边际倾向。

记忆口诀：量量得率，率率得弹性，变量得边际。

量量得率=量/量=率；**率率得弹性**=率/率=弹性系数；**增长量得边际**=增长量/增长量=边际倾向

考点四　财政支出规模的增长趋势

【例题 1·2020 年·单项选择题】皮考克和魏斯曼将导致公共支出增长的因素归结为内在因素和外在因素，其内在因素是（　　）。

A. 地震　　B. 经济发展

C. 战争　　D. 洪涝灾害

【答案】B

【解析】本题考查财政支出规模的增长趋势的理论。

皮考克和魏斯曼在瓦格纳分析的基础上，又提出了一个更为复杂的解释，即公共支出的增长只是由于公共收入的增长而造成的，并将导致公共支出增长的因素归结为两种：

(1) **内在**因素：随着经济的发展和国民收入的增加，政府所征得的税收收入必然呈现不断增长的趋势，政府的公共支出的上升必然会同国民生产总值的增长以及由此而带来公共收入的增长呈线性关系（选项 B 正确）。

(2) **外在**因素：在社会发展过程中，总会遇上动荡时期，如战争（选项 C 错误）、自然灾害（选项 AD 错误）等，此时，政府的支出不得不急剧增加。

故选项 B 正确。

私教点拨

对财政支出规模的增长趋势理论的梳理，详见表 2-4。

表 2-4 财政支出规模的增长趋势理论

理论	经济学家	主要内容
政府活动扩张法则	阿道夫·瓦格纳	政府活动不断扩张带来公共支出不断增长，增长因素分为**政治**因素和**经济**因素
公共收入增长导致论	皮考克和魏斯曼	皮考克和魏斯曼将导致公共支出增长的原因划分为： (1) **内在**因素：经济的发展和国民收入的增加； (2) **外在**因素：战争、自然灾害等。 公共收入和公共支出总是同步增长
经济发展阶段论	马斯格雷夫和罗斯托	**早期**阶段：政府支出为经济发展提供必需的社会基础设施
		中期阶段：政府支出转向对私人投资起到补充作用
		成熟阶段：政府支出逐步转向以教育、保健和社会福利为主

【例题 2·2016 年·单项选择题】下列关于财政支出不断增长理论的说法中，错误的是（ ）。

A. 瓦格纳认为财政支出不断增长是由政府活动不断扩张导致的

B. “公共收入增长导致论”认为财政支出与财政收入增长是同步的

C. 经济发展的初级阶段政府支出的重点是基础设施建设

D. 经济发展进入中期阶段，公共支出的侧重点是社会福利

【答案】D

【解析】本题考查财政支出规模增长趋势的三个理论。

财政支出规模增长趋势的三个理论：

(1) 瓦格纳认为现代工业的发展会引发社会的进步，社会进步必然导致国家活动量的增加，由

此发现了“政府职能**不断扩大**以及政府活动**持续增加**的规律”，并将其命名为“**政府活动扩张法则**”（选项 A 正确）。

（2）皮考克和魏斯曼将导致公共支出增长的原因划分为内在因素和外在因素，提出了“**公共收入增长导致论**”。鉴于内在因素与外在因素的存在，他们提出了：公共收入和公共支出总是**同步增长**（选项 B 正确）。

（3）马斯格雷夫和罗斯托的“经济发展阶段论”，将经济的发展划分为早期、中期、成熟期等几个阶段，用经济发展阶段论解释公共支出增长的原因。①早期阶段：政府投资一般在社会总投资中占有较高的比重。在这一阶段，公共部门须为经济发展提供必需的社会**基础设施**（选项 C 正确）。②中期阶段：政府对经济的**干预加强**（选项 D 错误）。③成熟阶段：公共支出逐步转向以**教育**、**保健和社会福利为主**的支出结构。使得公共支出增长速度加快，甚至快于国民生产总值的增长速度。

本题要选出错误的选项，故选项 D 当选。

私教点拨

关于财政支出规模增长趋势的三个理论的内在逻辑关系，详见图 2－1。

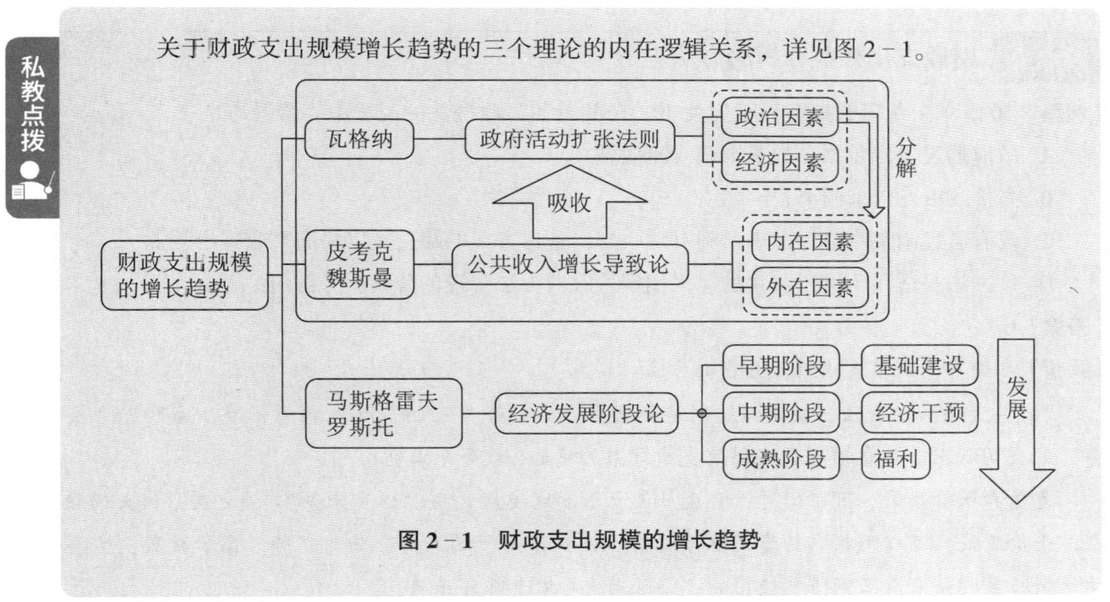

图 2－1 财政支出规模的增长趋势

【例题 3·2022 年·多项选择题】影响财政支出规模的宏观因素中，社会性因素主要包括（　　）。

A. 人口　　B. 就业　　C. 医疗卫生　　D. 劳动

E. 投资建设

【答案】ABC

【解析】本题考查影响财政支出规模的宏观因素。

影响财政支出规模的宏观因素中，社会性因素主要包括人口、就业、医疗卫生、社会救济、社会保障以及城镇化等。

私教点拨

影响财政支出规模的宏观因素见表2-5。

表2-5 影响财政支出规模的宏观因素

影响因素	具体内容
经济性因素	（1）经济发展水平；（2）经济体制；（3）中长期发展战略；（4）当前的经济政策
政治性因素	（1）政局是否稳定；（2）政体结构和行政效率；（3）政府干预政策
社会性因素	人口、就业、医疗卫生、社会救济、社会保障以及城镇化等

考点五 财政支出效益分析的方法

【例题·2020年·单项选择题】下列关于“公共劳务”收费法的说法中，错误的是（　　）。

A. 政府通过制定价格，提高财政支出效益

B. 高价政策可以抑制消费

C. 政府通过制定收费标准来达到对财政支出备选方案的筛选，以提高财政支出效益

D. 该方法只适用于可以买卖的、采用定价收费方法管理的公共服务部门

【答案】C

【解析】本题考查财政支出效益分析的方法。

“公共劳务”收费法，就是通过制定和调整“公共劳务”的价格或收费标准，来改进“公共劳务”的使用状况，使之达到**提高财政支出效益的目的**（选项A正确）。

免费和低价政策，可以促进社会成员最大限度地使用这些“公共劳务”，使之获得极大的社会效益。平价政策，可以用收取的费用弥补该项“公共劳务”的人力、物力耗费。高价政策，主要适用于从全社会利益来看必须限制使用的“公共劳务”（选项B正确）。

“公共劳务”收费法和“成本—效益”分析法以及最低费用选择法的区别在于，它是通过指定合理的价格与收费标准，来达到对“公共劳务”有效、节约的使用，**而不是对财政支出备选方案的选择**（选项C错误）。

“公共劳务”收费法**只适用于可以买卖的、适于采用定价收费方法管理的**公共服务部门（选项D正确）。

本题要选出错误的选项，故选项C当选。

私教点拨

对财政支出效益分析方法的梳理，详见表2－6。

表2－6　财政支出效益分析的方法

方法名称		举例/内容
“成本—效益”分析法		提出实现目标的各种方案，用一定方法计算出各方案的全部预期成本和全部效益，通过计算“成本—效益”的比率，来比较不同方案的效益，选择最优的支出方案
最低费用选择法		起源于美国，是对“成本—效益”分析法的补充。用最低费用选择法对每个备选方案进行分析，选择最低费用方案。多适用于军事、行政、文化、卫生等财政支出项目
“公共劳务”收费法	免费、低价政策	强制实施义务教育，强制注射疫苗
	平价政策	公路、公园、铁路、医疗
	高价政策	繁华地段的机动车停车费
公共定价法	平均成本定价法	在保持提供公共物品的企业和事业单位对外收支平衡的情况下，采取尽可能使经济福利最大化的定价方式
	二部定价法	由两种要素构成定价：一是与使用量无关的按月或按年支付的“基本费”；二是按使用量支付的“从量费”
	负荷定价法	按不同时间段或时期的需求指定不同的价格。如高峰时期的电力与非高峰时期的电力价格不同

考点六　行政管理费与国防支出

【例题·2015年·单项选择题】下列关于行政管理费用支出的说法中，错误的是（　　）。

A. 行政管理费支出是财政的一项非常重要的支出

B. 一般来说，行政管理费支出绝对数是不断上涨的

C. 行政管理费支出在财政支出总额中的比重应是不断下降的

D. 行政管理费支出就是财政用于各级行政管理机关的费用

【答案】D

【解析】本题考查行政管理费用支出的概念。

行政管理费支出是财政用于**国家各级权力机关、行政管理机关和外事机构**行使其职能所需的费用（选项D错误），包括**行政支出、公安支出、国家安全支出、司法检察支出和外交支出**。

行政管理既然是政府的一项基本职能，行政管理费支出就是财政支出中一项非常重要的支出（选项A正确），甚至它的绝对规模不断增长也带有必然性。然而虽然行政管理费支出的**绝对数是增长的**（选项B正确），但它在财政支出总额中**所占的比重却呈下降趋势**（选项C正确），世界各国一般都是如此。

本题要选出错误的选项，故选项D当选。

私教点拨

行政管理费支出包含了广义上的政府各部门运行的支出费用，所以不仅仅包括行政管理机关，也包括外交、立法、司法等部门。

随着社会发展，需要管理的事务的数量和复杂性增加，行政管理费支出必然不断增长，但是这种增长速度会慢于整体财政支出的增长，因为整体财政支出代表着整个经济发展的状态。如果行政管理费支出在整体财政支出的占比增长更快的话，说明经济更多依附于政府机关福利单位而不是社会发展，那么经济增长就会停滞甚至倒退，反映到财政支出中也会萎缩，这不是一个正常的社会经济发展状态，因此行政管理费支出的绝对值的增长是必然的，但其在整体财政支出中占比的减少也是必然的。

考点七 文教、科学、卫生事业费支出

【例题·2017 年·单项选择题】 下列关于文教、科学、卫生支出的表述中，正确的是（　　）。

A. 教育属于公共物品，其支出应全部由政府财政承担

B. 公共卫生支出应由政府财政承担

C. 应用科学研究的经费应由政府财政提供

D. 我国现行对事业单位的财政管理方法为全额管理

【答案】 B

【解析】 本题考查文教、科学、卫生事业费支出的内容。

教育服务一般被看作是混合物品，义务教育是纯公共物品，由财政出资，选项 A 错误。应用性研究经费是可以通过市场交换来充分弥补成本的科学研究支出，可由微观主体承担，选项 C 错误。事业单位应为定额管理，选项 D 错误。公共卫生支出应由政府承担，选项 B 正确。

私教点拨

对文教、科学、卫生事业费支出内容的梳理，详见表 2-7。

表 2-7　文教、科学、卫生事业费支出

分类	具体项目	支出负担主体
教育支出	义务教育	政府
	高等教育	**政府、受教育者、私人皆可**
科学研究支出	基础科学	政府
	应用科学	**微观主体（企业、个人）**
公共卫生支出		政府
加强管理，提高文教、科学、卫生事业费支出的效益的方式： （1）相关事业单位财务管理推行**定额管理**，改进资金分配方法； （2）多种形式发展事业，多渠道筹集资金，实行**收支统一管理**		

考点八　财政投资性支出

【例题1·2019年·单项选择题】政府投资于资本密集型项目，所执行的投资决策标准是（　　）。

A. 就业创造标准

B. 资本—产出比率最大化标准

C. 资本—劳动力比率最大化标准

D. 资本—劳动力比率最小化标准

【答案】C

【解析】本题考查财政支出效益分析的方法。

资本—劳动力比率最大化标准是指政府投资应选择使边际人均投资额最大化的投资项目。资本—劳动力比率越高，说明资本技术结构越高，劳动生产率越高，经济增长越快。因此，这种标准强调政府应投资于资本密集型项目。故选项C正确。

私教点拨

政府财政投资主要依据的标准详见表2－8。

表2－8　政府财政投资依据

依据	适用行业
资本—产出比率**最小化**标准	资源有限且短缺
资本—劳动力比率**最大化**标准	资本密集型企业
就业创造标准	劳动力密集型企业

【例题2·2019年·单项选择题】下列关于财政农业投资的说法中，错误的是（　　）。

A. 国家对农业的财力支持是财政的一项基本职责

B. 农业投入的资金主要靠财政支持

C. 农业发展与财政有着十分密切的关系

D. 财政农业投资范围主要是以水利为核心的基础设施建设、农业科技推广、农村教育和培训等

【答案】B

【解析】本题考查财政“三农”支出的必要性。

农业发展与财政有着**十分密切的关系**，选项C正确。

一方面，农业是国民经济的基础，自然也是财政的基础；另一方面，在发展农业的过程中，国家财力的支持是政府和财政的一项**基本职责**，选项A正确。

在社会主义市场经济条件下，从长远看，农业投入的资金应当主要来自农业部门和农户自身的积累，国家投资只应发挥辅助的作用，选项B错误。

农业投资范围**明确界定**，主要投资于**以水利为核心**的农业基础设施建设、农业科技推广、农村教育和培训等方面，选项D正确。

本题要选出错误的选项，故选项B当选。

私教点拨

财政“三农”支出在财政投资性支出中较特殊，在于其资金来源**虽有国家投入**，但是更多期望于其**自身长远发展**，由农业农村部门和农户自身积累来替代财政投资性支出。

农业投资有如下特征：

（1）立法形式规定对农业的投资规模和环节，财政投入**具有相对稳定性**。

（2）对财政投资**范围应明确界定**：主要投资于以水利为核心的农业基础设施建设、农业科技推广、农村教育和培训等方面。

（3）注重农业**科研**活动，推动农业**技术**进步。

【例题3·2017年·单项选择题】政府将设施建设项目通过招商交给某一公司进行建设经营，并在双方协议期限内，由项目经营公司通过经营，偿还债务、收回资本并盈利，协议期满，项目产权回归政府，这种投资提供方式是（　　）。

A. BOT投资方式　　B. 政府投资，法人团体经营运作方式

C. 私人投资方式　　D. 政府与民间共同投资方式

【答案】A

【解析】本题考查基础设施投资的提供方式。

BOT投资方式属于PPP模式，指的是政府将一些拟建基础设施项目通过招商转让给某一财团或公司，组建项目经营公司进行建设经营，并在双方协定的一定时期内，由项目经营公司通过经营，偿还债务、收回投资并盈利，协议期满，项目产权回归政府。故选项A正确。

私教点拨

基础设施投资特别是大型基础设施，大多属于**资本密集型**行业，需要**大量的资本投入**，而且它们的建设**周期比较长**，投资**形成生产能力**和**回收投资**往往**需要许多年**。

基础设施投资的提供方式详见表2-9。

表2-9　基础设施投资的提供方式

提供方式	具体适用及实例
政府筹资建设	免费或收取使用费。主要出于三种考虑： （1）关系国计民生的重大项目； （2）维护国家安全的需要； （3）反垄断的需要
私人出资或地方主管筹资	定期收费补偿成本并适当盈利，如地方性公路和桥梁等公共设施的建设
政府与民间共同投资	对于具有一定的外部效应、盈利率较低或风险较大的项目，如高速公路、集装箱码头及高新技术产业等基础设施建设

续表

提供方式	具体适用及实例
政府投资，法人团体运作	优点： （1）政府拥有最终的决策权； （2）法人团体拥有经营自主权。 道路、港口甚至中小型机场等适用于这种提供方式
PPP 模式	20 世纪 90 年代发展起来的一种公共基础设施建设的新融资模式，即政府和社会资本合作模式。该模式下，鼓励私营企业、民营资本与政府进行合作，达成特许协议，形成“利益共享、风险共担、全程合作”伙伴合伙关系，优势在于使合作各方达到比单独行动预期更为有利的结果，即政府的财政支出更少，企业的投资风险更小
BOT 模式	属于 PPP 模式的一种，是指政府公共部门在与非公共部门合作过程中，让非公共部门所掌握的资源参与提供公共物品的一种模式，即**建设—经营—转让**投资模式

【例题 4 · 2017 年 · 单项选择题】下列关于财政投资的说法中，正确的是（　　）。

A. 财政投资中包括生产性投资

B. 财政投资必须注重经济效益

C. 财政投资的资金来源全部是无偿的

D. 财政投资只能投资于周转快、见效快的短期项目

【答案】A

【解析】本题考查财政投融资制度。

一般而言，财政投资即为政府投资，包括**生产性投资和非生产性投资**(选项 A 正确)。

财政投资的特点：

（1）可以追求不盈利或微盈利；

（2）政府资金来源多半是无偿的（选项 C 错误），可以投资于大型项目和长期项目（选项 D 错误）；

（3）可以从事社会效益好而经济效益一般的投资（选项 B 错误）。

故选项 A 正确。

私教点拨

理解财政投资要对比非财政投资，也就是企业投资等商业投资。商业投资是营利性的，政府投资是追求社会民生的，所以对比商业投资，政府投资可以追求不盈利或微盈利。商业投资的资金是有偿的，政府资金来源**多半而不是全部**是无偿的（这里需要注意），且政府投资比商业投资更能应对风险。其目的也不同，商业投资是逐利的，而政府投资更在意社会效益而不是经济效益，故政府投资可以投资于**大型项目、长期项目**以及**社会效益好而没什么经济效益**的项目。

【例题5·2022年·多项选择题】关于财政投融资制度的说法，错误的是（　　）。

A. 财政投融资不同于无偿拨款

B. 财政投融资是一种政策性投融资

C. 财政投融资不同于商业性投融资

D. 财政投融资的资金主要来源于商业银行的贷款

【答案】D

【解析】本题考查财政投融资。

财政投融资通过国家信用方式筹资，是一种政策性投融资（选项B），不同于无偿拨款（选项A），也不同于商业性投融资（选项C）。财政投融资的特点之一是：它是一种政府投入资本金的政策性投融资，选项D错误。

私教点拨

财政投融资是一种政策性投融资，它不同于无偿拨款，也不同于商业性投融资。

财政投融资具有以下基本特征：

（1）是一种**政府投入**资本金的**政策性投融资**；

（2）目的性很强，范围有**严格限制**；

（3）计划性与市场机制相结合；

（4）由**国家设立的**专门机构——**政策性金融机构**负责统筹管理和经营；

（5）预算管理**比较灵活**。

考点九 社会保障支出

【例题1·2021年·多项选择题】缴纳我国城乡居民基本养老保险的个人，可以按月领取城乡居民养老保险待遇的条件包括（　　）。

A. 累计缴费满10年

B. 年龄满60周岁

C. 累计缴费满15年

D. 未领取国家规定的基本养老保障待遇

E. 年龄满55周岁

【答案】BCD

【解析】本题考查养老保险的基本概念和领取条件。

城乡居民基本养老保险的领取条件为年满60周岁（选项B正确）、累计缴费满15年（选项C正确），且未领取国家规定的基本养老保障待遇（选项D正确）。故选项BCD正确。

私教点拨

城镇企业职工基本养老保险及城乡居民基本养老保险内容详见表2－10。

表2－10 我国养老保险制度内容

内容	城镇企业职工基本养老保险	城乡居民基本养老保险
缴费	**单位**缴费：不超过企业工资总额的20%	个人缴费：按规定自选档次缴纳
	个人缴费：个人月缴费工资的8%。 个人月缴费工资低于当地职工平均工资60%的按60%作为缴费基数；高于300%的按300%作为缴费基数	集体补助：有条件的村集体应当对参保人给予补助，不超过当地最高档次标准
		政府补助：对中西部全额补助，对东部给予50%的补助
领取条件	（1）个人达到法定退休年龄并办理了退休手续； （2）所在单位和个人依法参加基本养老保险并履行缴费义务； （3）个人累计缴费时间满15年	（1）年满60周岁； （2）未领取国家规定的基本养老保险保障待遇； （3）个人累计缴费时间满15年

【例题2·2019年·多项选择题】下列属于社会保障制度类型的有（　　）。

A. 保值储蓄型　　B. 社会保险型　　C. 社会救济型　　D. 普遍津贴型

E. 节俭基金型

【答案】BCDE

【解析】本题考查社会保障制度的类型。

社会保障制度的类型分为社会保险型（选项B正确）、社会救济型（选项C正确）、普遍津贴型（选项D正确）、节俭基金型（选项E正确）。保值储蓄型为商业保险的类型，选项A错误。故选项BCDE正确。

私教点拨

社会保障制度类型的定义详见表2－11。

表2－11 社会保障制度类型及定义

类型名称	定义
社会保险型	政府按照"风险分担，互助共济"的保险原则举办的社会保险计划。要求**受保人和雇主**缴纳保险费
社会救济型	政府在全社会范围内向生活遇到困难的人提供的救济称为社会救济。完全由**政府预算**拨款
普遍津贴型	政府按照"人人有份"的福利原则举办的一种社会保障计划。完全由**政府预算**拨款
节俭基金型	政府按照个人账户的方式举办的社会保障计划。**雇主和雇员**都必须依法缴费

【例题3·2018年·多项选择题】下列关于社会保障的说法中，正确的有（　　）。

A. 社会保障制度是由法律规定的　　B. 现代社会保障制度由德国首创

C. 社会保障支出是社会公共需要的组成部分　　D. 我国社会保障筹资模式基本上属于完全基金式

E. 社会保障制度的实施主体是国家

【答案】ABCE

【解析】本题考查社会保障的概念。

社会保障制度是指由**法律**规定的、按照某种确定的规则实施的社会保障政策和措施体系，选项A正确。

社会保障制度由**德国**的俾斯麦政府于19世纪80年代首创，当时规定对工人受伤、病残和退休支付一定数额的保险金，选项B正确。

在现代社会，一个国家无论实行何种社会制度，社会保障支出都是社会公共需要的**重要组成部分**，选项C正确。

目前我国养老保险筹备模式为**社会统筹和个人账户**相结合的筹资模式，基本属于现收现付式，选项D错误。

社会保障是**国家**向年老、丧失劳动能力、失去就业机会以及遇到其他事故而面临经济困难的公民提供的基本生活保障，选项E正确。

故选项ABCE正确。

私教点拨

对社会保障的基本概念考点的梳理，详见表2-12。

表2-12 社会保障概念

概念	具体内容
对象	年老、丧失劳动能力、失去就业机会以及遇到其他事故而面临经济困难的公民
主体	国家
起源	19世纪80年代德国的俾斯麦政府
地位	法律规定的，社会公共需要的重要组成部分

【例题4·2015年·多项选择题】我国的社会救助主要包括（　　）。

A. 对被终止劳动合同的职工支付的救济金

B. 对无依无靠的绝对贫困者提供的基本保障

C. 对聋哑社会成员给予的物质帮助

D. 对生活水平低于国家最低标准的家庭提供的最低生活保障

E. 对因天灾而陷于绝境的家庭提供的最低生活保障

【答案】BDE

【解析】本题考查社会保障的内容的辨析。

社会保障主要包括：社会保险、社会救助、社会福利、社会优抚。

社会保险中，失业保险是对**非因本人意愿**中断就业、失去工资收入的劳动者提供一定时期的物质帮助的一项社会保险制度（选项A错误）。

社会救助的对象是：

（1）对无依无靠的绝对贫困者提供的基本保障（选项B正确）；

（2）对生活水平低于国家最低标准的家庭和个人提供的最基本生活保障（选项 D 正确）；
（3）对因天灾而陷于绝境的家庭和个人提供的最低生活保障（选项 E 正确）。
社会福利是指国家民政部门对盲聋哑和鳏寡孤独的社会成员给予的各种物质帮助（选项 C 错误）。
故选项 BDE 正确。

私教点拨

对社会保障制度内容的梳理，详见表 2-13。

表 2-13 社会保障制度

<table>
<tr><th colspan="2">社会保障制度</th><th>具体内容</th></tr>
<tr><td rowspan="4">社会保险</td><td>养老保险</td><td>养老保险是公民在就业期间，个人及所服务的单位或企业履行缴纳保险的义务，待年老退休后，按照法律规定有权享受国家给予的一定数额的收入帮助</td></tr>
<tr><td>失业保险</td><td>失业保险是对非因本人意愿中断就业、失去工资收入的劳动者提供一定时期的物质帮助的一项社会保险制度。与养老保险相比较，失业保险基金征收额度较少</td></tr>
<tr><td>医疗保险</td><td>医疗保险是向患病职工（包括退休职工）支付的医疗费用</td></tr>
<tr><td>生育保险</td><td>生育保险是为了保证女职工在生育期间得到必要的经济补偿和医疗保健，均衡生育保险费用的负担，设置的一种专门保护妇女劳动者的社会保险</td></tr>
<tr><td colspan="2">社会救助</td><td>社会救助是通过国家财政拨款，来保障生活确有困难的贫困者最低限度的生活需要。主要包括以下三方面：
（1）对无依无靠的绝对贫困者（“五保户”）提供的基本保障；
（2）对生活水平低于国家最低标准的家庭和个人提供的最基本生活保障（低保）；
（3）对因天灾而陷于绝境的家庭和个人提供的最低生活保障</td></tr>
<tr><td colspan="2">社会福利</td><td>社会福利主要是指国家民政部门对盲聋哑和鳏寡孤独的社会成员给予的各种物质帮助，资金来源大部分是国家预算拨款</td></tr>
<tr><td colspan="2">社会优抚</td><td>社会优抚是带有优抚拥军性质的，针对包括退伍军人、现役军人及家属、烈士遗属、残废军人等的社会保障</td></tr>
<tr><td colspan="3">社会保障中的社会保险也即我们常说的“五险”。
社会救助与社会福利的资金来源都是国家财政拨款。社会救助是对于贫困或突发事件而进行的一种救助，包括对五保户、低保人群以及灾难后人群的补助等；而社会福利则属于对残障人士、鳏寡孤独的社会成员进行的物质帮助，社会福利机构包括养老院、孤儿院等。
社会优抚带有优抚拥军性质，要区别于社会救助</td></tr>
</table>

其中养老保险可以分为现收现付式和基金式，详见表 2-14。

表 2-14 养老保险类型

养老保险类型	具体定义
现收现付式	养老金全部需要下一代人的缴费筹资，实际上是**代际之间**收入的转移。**我国的养老金制度类型**即为此类
基金式	为社会保险设立一种基金，这项基金在数量上能够满足今后向投保人支付保险津贴的需要

考点十 财政补贴支出

【例题1·2021年·多项选择题】财政补贴对经济的影响有（　　）。

A. 财政补贴可以改变需求结构

B. 财政补贴可以将外部效应内在化

C. 财政补贴不会扭曲价格体系

D. 财政补贴可以产生“排挤效应”

E. 财政补贴可以改变供给结构

【答案】ABE

【解析】本题考查财政补贴对经济的影响。

财政补贴对经济的影响：

（1）财政补贴可以改变需求结构（选项A正确）；

（2）财政补贴还可以改变供给结构（选项E正确）；

（3）财政补贴可以将外部效应内在化（选项B正确）。

故选项ABE正确。

私教点拨

财政补贴是**无偿**地给居民、企业以财政资金补助，等于在需求端和供给端改变了价格和成本，所以需求结构和供给结构会因为**均衡价格的改变而改变**。许多有正外部性的行为和行业，受到财政补贴后，使得市场与企业因为有利可图参与其中，把原本外部性的行为和行业纳入正常经济活动中，因此财政补贴可以将外部效应内在化。由于财政补贴是在需求端和供给端改变价格和成本，所以适宜的财政补贴同样扭曲价格，只是不产生不利影响，而不适宜的财政补贴则会增加宏观调控的难度，因为财政补贴的吸引，使得不适宜的行为和行业吸引了大量的人力和资金。同时财政补贴可以**消除**由于政府公共工程支出等会吸收大量货币资金，造成社会货币供给量不足，从而推高利率水平的**排挤效应**。

【例题2·2020年·多项选择题】下列财政补贴中，属于分配环节的有（　　）。

A. 税收支出

B. 生产企业的政策性亏损补贴

C. 职工副食品补贴

D. 外贸企业的政策性亏损补贴

E. 财政贴息

【答案】AE

【解析】本题考查按环节分类的各类补贴的具体实例。

按财政补贴的环节不同，可分为生产、流通、分配、消费四个环节，具体如下：

生产环节补贴包括农业生产资料价格补贴、工矿产品价格补贴、生产企业的政策性亏损补贴（选项B错误）。

流通环节补贴包括农副产品价格补贴、商业和外贸企业的政策性亏损补贴（选项D错误）。

分配环节补贴包括税收支出（选项A正确）与财政贴息（选项E正确）。

消费环节补贴包括职工副食品补贴（选项C错误）。

故选项 AE 正确。

私教点拨

财政补贴的分类详见表 2-15。

表 2-15 财政补贴的分类

分类依据	具体分类
按财政补贴的**项目和形式**分类	价格补贴、企业亏损补贴、外贸补贴、房租补贴、职工生活补贴、财政贴息
按财政补贴的**环节**分类	生产环节补贴、流通环节补贴、分配环节补贴、消费环节补贴
按财政补贴的**经济性质**分类	生产补贴、生活补贴
按财政补贴的**内容**分类	现金补贴、实物补贴
按照**世界贸易组织的分类**方法	禁止性补贴、可诉补贴、不可诉补贴

本考点会考查具体补贴的分类，其中，重点补贴分类及其实例详见表 2-16。

表 2-16 重点补贴分类与实例

分类依据	具体分类	实例
项目和形式	价格补贴	农副产品价格补贴、农业生产资料价格补贴
环节	**生产环节补贴**	农业生产资料价格补贴、工矿产品价格补贴、生产企业的政策性亏损补贴
	流通环节补贴	农副产品价格补贴、商业和外贸企业的政策性亏损补贴
	分配环节补贴	税收支出、财政贴息
	消费环节补贴	职工副食品补贴
经济性质	生产补贴	农业生产资料价格补贴
	生活补贴	职工副食品补贴
内容	现金补贴	职工副食品补贴
	实物补贴	农副产品价格补贴、农业生产资料价格补贴
一个补贴按照不同分类依据可以有不同的分类，如**职工副食品价格补贴**既是消费环节补贴，又是生活补贴、现金补贴；**农副产品价格补贴**既是价格补贴，又是流通环节补贴、实物补贴；**农业生产资料价格补贴**既是价格补贴，又是生产环节补贴、生产补贴、实物补贴		

考点十一 税收支出

【例题·2021 年·单项选择题】 在税收优惠中，准予纳税人从其某种合乎奖励规定的特殊支出，以一定的比例或全部从应纳税所得中扣除，以减轻其税负的是（　　）。

A. 盈亏相抵　　B. 纳税扣除　　C. 税收抵免　　D. 税收豁免

【答案】 B

【解析】 本题考查税收支出的形式。

盈亏相抵是指准许企业以某一年度的亏损，抵消以后年度的盈余，以减少其以后年度的应纳税款；或者冲抵以前年度的盈余，申请退还以前年度已纳的部分税款（选项A错误）。

纳税扣除是指准许企业把一些合乎规定的特殊支出，以一定的比例或全部从应税所得中扣除，以减轻其税负（选项B正确）。

税收抵免是指允许纳税人从其某种合乎奖励规定的支出中，以一定比率从其应纳税额中扣除，以减轻其税负（选项C错误）。

税收豁免是指在一定期间内，对纳税人的某些所得项目或所得来源不予征税，或对其某些活动不列入征税范围等，以减轻其税收负担（选项D错误）。

故选项B正确。

私教点拨

税收支出的主要形式有税收豁免、纳税扣除、税收抵免、优惠税率、延期纳税、盈亏相抵、加速折旧、退税等。其中，优惠税率、延期纳税、盈亏相抵、加速折旧和退税在定义上可以对应于名称一致的关键词，详见表2-17。

表2-17 税收支出形式（1）

形式	定义	关键词
优惠**税率**	对合乎规定的纳税人采用低于一般税率的**税率**征税	**税率**
延期纳税	允许纳税人对那些合乎规定的税收，**延迟**缴纳或**分期**缴纳其应负担的税额	**延迟、分期**
盈亏**相抵**	准许企业以某一年度的亏损，抵消以后年度的盈余，以减少其以后年度的应纳税款；或者**冲抵**以前年度的盈余，申请退还以前年度已纳的部分税款	**冲抵**
加速**折旧**	固定资产使用年限的初期提列较多的**折旧**	**折旧**
退税	国家按规定**退还**纳税人已纳的税款	**退还**

另外，税收豁免、纳税扣除和税收抵免需要注意定义描述，详见表2-18。

表2-18 税收支出形式（2）

形式	定义	关键词
税收**豁免**	在一定期间内，对纳税人的某些所得项目或所得来源**不予征税**，或对其某些活动不列入征税范围等，以减轻其税收负担	**不予征税**
纳税**扣**除	准许企业把一些合乎规定的特殊支出，以一定的**比例**或全部从应税所得中扣除，以减轻其税负	**比例**
纳税**抵**免	允许纳税人从其某种合乎奖励规定的支出中，以一定**比率**从其应纳税额中扣除，以减轻其税负	**比率**

真题演练

一、单项选择题

1. （2022 年）下列各项中，应该采取高价政策的是（　　）。

A. 繁华地段的机动车停车收费　　B. 义务教育

C. 高等教育　　D. 医疗

2. （2022 年）社会救助制度的基本特征是（　　）。

A. 维持家庭成员基本生活水平　　B. 提高福利待遇

C. 安置复员退伍军人　　D. 维持最低生活水平

3. （2021 年）某市当地职工月平均工资为 5 000 元，王某 8 月份工资为 20 000 元，其基本养老保险个人缴费基数的上限为（　　）。

A. 15 000　　B. 5 000　　C. 20 000　　D. 12 000

4. （2021 年）下列关于购买性支出的说法中，正确的是（　　）。

A. 购买性支出对微观经济主体的预算约束是软的

B. 购买性支出执行国民收入分配的职能较强

C. 购买性支出对生产和就业有直接影响

D. 购买性支出对政府效益约束较弱

5. （2021 年）发展中国家在提供教育服务方面发挥主导作用的是（　　）。

A. 政府　　B. 个人　　C. 企业　　D. 社会组织

6. （2020 年）对于政府支出规模的增长，提出“政府活动扩张法则”的是（　　）。

A. 魏斯曼　　B. 瓦格纳　　C. 马斯格雷夫　　D. 罗斯托

7. （2020 年）下列关于社会保障制度的说法中，错误的是（　　）。

A. 社会保障制度与税收共同调节社会成员的收入水平

B. 社会保障制度可以弥补市场经济的缺陷

C. 社会保障制度不可以弥补商业保险的局限

D. 社会保障制度具有“内在稳定器”的作用

8. （2019 年）（　　）是对“成本—效益”分析法的补充。

A. 最低费用选择法　　B. “公共劳务”收费法

C. 二部定价法　　D. 负荷定价法

9. （2019 年）下列不属于行政管理费支出的是（　　）。

A. 公安支出　　B. 国家安全支出　　C. 外交支出　　D. 国防支出

10. （2018 年）财政投融资的管理机构是（　　）。

A. 商业银行　　B. 政策性金融机构　　C. 财政部门　　D. 中央银行

11. （2018 年）下列不属于城镇企业职工基本养老保险领取条件的是（　　）。

A. 年满 60 周岁　　B. 达到法定退休年龄

C. 所在单位和个人依法参保　　D. 个人累计缴费时间满 15 年

12.（2018年）普遍津贴型社会保障制度的资金来源是（　　）。

A. 受保人和雇主缴纳的保险费

B. 以受保人和雇主缴纳的保险费为主，财政补贴为辅

C. 完全由财政拨款

D. 以财政拨款为主，受保人和雇主缴纳的保险费为辅

13.（2017年）下列财政支出项目中，属于积累性支出的是（　　）。

A. 国家物资储备支出　　B. 国防支出

C. 社会福利救济支出　　D. 行政管理支出

14.（2017年）下列属于一般利益支出的是（　　）。

A. 教育支出　　B. 行政管理费支出

C. 卫生支出　　D. 企业补贴支出

15.（2017年）按照财政支出的目的性来分类，财政支出可以分为（　　）。

A. 消费性支出和积累性支出　　B. 购买性支出和转移性支出

C. 预防性支出和创造性支出　　D. 一般利益支出和特殊利益支出

16.（2017年）“经济发展阶段论”认为，在经济发展的早期阶段，政府支出的侧重点是（　　）。

A. 基础设施投资　　B. 加强对经济的干预

C. 对私人企业的补贴　　D. 社会福利支出

17.（2017年）下列既属于流通环节补贴，又属于实物补贴的是（　　）。

A. 农副产品价格补贴　　B. 职工副食品补贴

C. 农业生产资料价格补贴　　D. 商业和外贸企业的政策性亏损补贴

18.（2016年）下列关于税收支出的具体形式的说法中，错误的是（　　）。

A. 税收豁免是对纳税人的某些应税项目不予征税

B. 纳税扣除是把合乎规定的特殊支出，从其应纳税额中扣除

C. 优惠税率对合乎规定的纳税人采取较低的税率征税

D. 延期纳税是税款延期缴纳

19.（2016年）下列关于社会保障的说法中，错误的是（　　）。

A. 现收现付的筹资模式是代际之间的收入转移

B. 与养老保险相比较，失业保险基金征集较少

C. 社会救助的对象主要是下岗失业职工

D. 生育保险的对象是已婚妇女劳动者

20.（2016年）下列关于基础设施特点的说法中，错误的是（　　）。

A. 资本密集型反映了基础设施的属性

B. 基础设施主要投入大量资本

C. 基础设施建设周期较长

D. 基础设施投资回收期较短

二、多项选择题

1. (2022 年) 下列关于社会保障的说法，正确的有（　　）。

A. 社会保障支出是社会公共需要的组成部分

B. 我国社会保障筹资模式基本上属于完全基金式

C. 社会保障制度的实施主体是国家

D. 社会保障制度是由法律规定的

E. 现代社会保障制度由德国首创

2. (2022 年) 社会优抚的内容主要包括（　　）。

A. 提供抚恤金　　B. 提供优待金

C. 安置复员退伍军人　　D. 提供福利设施

E. 提供福利待遇

3. (2020 年) 下列财政补贴中，属于流通环节的有（　　）。

A. 农副产品价格补贴　　B. 职工副食品补贴

C. 税收支出　　D. 外贸企业的政策性亏损补贴

E. 财政贴息

4. (2016 年) 税收支出的形式有（　　）。

A. 盈亏相抵　　B. 加速折旧　　C. 抵扣进项税额　　D. 税收抵免

E. 优惠税率

5. (2014 年・改编) 下列关于文教科学卫生支出的说法中，正确的有（　　）。

A. 科学支出属于积累性支出　　B. 教育支出是消费性支出

C. 义务教育的经费应当由政府提供和保证　　D. 高等教育的经费不能全部由政府财政承担

E. 基础科学的研究经费应当由政府承担

6. (2013 年) 在财政支出效益分析中，适用“最低费用选择法”的财政支出项目有（　　）。

A. 军事　　B. 电力　　C. 行政　　D. 文化

E. 铁路

真题演练答案及解析

一、单项选择题

1. 【答案】A

【解析】本题考查公共定价的政策。

高价政策主要适用于从全社会利益来看必须限制使用的公共劳务，如繁华地段的机动车停车收费。故选项 A 正确。

2. 【答案】D

【解析】本题考查社会救助制度的基本特征。

维持最低水平的基本生活是社会救助制度的基本特征。故选项 D 正确。

3.【答案】A

【解析】本题考查基本养老保险个人缴费基数。

个人月工资低于当地职工月平均工资的60%的，按照当地职工月平均工资的60%作为缴费基数。个人月平均工资高于当地职工月平均工资的300%的，按照当地职工月平均工资的300%作为缴费基数。故选项A正确。

4.【答案】C

【解析】本题考查购买性支出与转移性支出的经济影响。

购买性支出是通过支出使政府掌握的资金与微观经济主体提供的货物和劳务相交换，政府直接以货物和劳务的购买者身份出现在市场上，因此对社会的生产和就业有直接影响（选项C正确），但对国民收入分配的影响是间接的。在安排购买性支出时，政府必须遵循等价交换的原则，因此，通过购买性支出体现的财政分配活动对政府形成较强的效益约束（选项D错误）。微观经济主体在同政府的购买性支出发生联系时，也必须遵循等价交换的原则，所以，购买性支出对微观经济主体的预算约束是硬性的（选项A错误）。由于购买性支出与转移性支出对生产和就业、对国民收入分配影响的不同，因此，各自在财政总支出所占比重的大小决定了财政职能的实现程度，购买性支出占较大比重的财政支出活动，执行资源配置的职能较强（选项B错误）。故选项C正确。

5.【答案】A

【解析】本题考查文教、科学、卫生事业费支出。

从实践看，各国政府特别是发展中国家政府一般在提供教育服务方面发挥主导作用，故选项A正确。

6.【答案】B

【解析】本题考查“政府活动扩张法则”。

瓦格纳认为，政府活动的不断扩张带来公共支出不断增长，提出了“政府活动扩张法则”。故选项B正确。

7.【答案】C

【解析】本题考查社会保障的意义。

社会保障制度的意义：

（1）社会保障制度可以弥补市场经济的缺陷（选项B正确）；

（2）社会保障制度具有“内在稳定器”的作用（选项D正确）；

（3）社会保障制度与税收共同调节社会成员的收入水平（选项A正确）；

（4）社会保障制度可以弥补商业保险的局限（选项C错误）。

本题要选出错误的选项，故选项C当选。

8.【答案】A

【解析】本题考查“成本—效益”分析法的补充。

最低费用选择法是指对每个备选的财政支出方案进行经济分析时，只计算备选方案的有形成本，而不用货币计算备选方案支出的社会效益，并以成本最低为择优的标准。最低费用选择法起源于美国，是对“成本—效益”分析法的补充。故选项A正确。

9.【答案】D

【解析】本题考查行政管理费支出。

行政管理费支出是财政用于国家各级权力机关、行政管理机关和外事机构行使其职能所需的费用，包括行政支出、公安支出（选项A正确）、国家安全支出（选项B正确）、司法检察支出和外交支出（选项C正确）。本题要选出“不属于”的选项，故选项D当选。

10.【答案】B

【解析】本题考查财政投融资的管理机构。

财政投融资的管理，由国家设立的专门机构——政策性金融机构负责统筹管理和经营。政策性金融机构从性质上看，既不是商业银行，也不是制定政策的机关，而是执行有关长期性投融资政策的机构，是政府投资的代理人。故选项B正确。

11.【答案】A

【解析】本题考查城镇企业职工基本养老保险领取条件。

城镇企业职二基本养老保险的领取条件包括：（1）本人达到法定退休年龄并办理了退休手续（选项B正确）；（2）所在单位和个人依法参加基本养老保险并履行缴费义务（选项C正确）；（3）个人累计缴费时间满15年（选项D正确）。本题要选出“不属于”的选项，故选项A当选。

12.【答案】C

【解析】本题考查普遍津贴型社会保障制度的资金来源。

普遍津贴型是政府按照“人人有份”的福利原则举办的一种社会保障计划，其资金来源完全由政府预算拨款。故选项C正确。

13.【答案】A

【解析】本题考查积累性支出。

积累性支出是财政直接增加社会物质财富及国家物资储备的支出，主要包括基本建设支出、国家物资储备支出、生产性支农支出等。故选项A正确。

14.【答案】B

【解析】本题考查一般利益支出。

一般利益支出指的是全体社会成员均可享受其所提供的利益支出，如国防支出、行政管理费支出（选项B正确）等，这些支出具有共同消费或联合受益的特点，所提供给每个社会成员的利益不能分别测算。所谓特殊利益支出是指对社会中某些特定居民或企业给予特殊利益的支出，如教育支出（选项A错误）、卫生支出（选项C错误）、企业补贴支出（选项D错误）、债务利息支出等，这些支出所提供的效益只涉及一部分社会成员，每个社会成员所获效益的大小有可能分别测算。故选项B正确。

15.【答案】C

【解析】本题考查财政支出的分类。

按照财政支出在社会再生产中的作用，财政支出可以分为补偿性支出、消费性支出和积累性支出（选项A错误）；按照财政支出的经济性质，财政支出分为购买性支出和转移性支出（选项B错误）；按照财政支出的受益范围，财政支出分为一般利益支出和特殊利益支出（选项D错误）；按财政支出的目的性，财政支出分为预防性支出和创造性支出（选项 C 正确）；按政府对财政支出的控制能力分类，财政支出分为可控制性支出和不可控制性支出。故选项 C 正确。

16. 【答案】A

【解析】本题考查政府支出。

马斯格雷夫和罗斯托的“经济发展阶段论”认为，在经济发展早期阶段，政府投资一般在社会总投资中占有较高的比重，公共部门须为经济发展提供必需的社会基础设施，如公路、铁路、桥梁等。故选项 A 正确。

17. 【答案】A

【解析】本题考查财政补贴的分类。

按财政补贴的环节分类，财政补贴可以分为生产环节补贴、流通环节补贴、分配环节补贴和消费环节补贴。其中，属于流通环节补贴的主要有农副产品价格补贴、商业和外贸企业的政策性亏损补贴等。按财政补贴的内容分类，财政补贴可以分为现金补贴和实物补贴。其中实物补贴主要体现为农副产品价格补贴、农业生产资料价格补贴等。故选项 A 正确。

18. 【答案】B

【解析】本题考查税收支出的具体形式。

应纳税额和应纳税所得额是两个不同的概念，纳税扣除是把合乎规定的特殊支出，从其应纳税所得额中扣除。故选项 B 当选。

19. 【答案】C

【解析】本题考查社会保障。

社会救助通过国家财政拨款，保障生活确有困难的贫困者最低限度的生活需要。本题要选出错误的选项，故选项 C 当选。

20. 【答案】D

【解析】本题考查基础设施特点。

基础设施特别是大型基础设施，大都属于资本密集型行业（选项 A 正确），具有初始投资大（选项 B 正确）、建设周期长（选项 C 正确）、投资回收慢（选项 D 错误）的特征，这些特点决定了大型的基础设施很难由个别企业的独立投资来完成。本题要选出错误的选项，故选项 D 当选。

二、多项选择题

1. 【答案】ACDE

【解析】本题考查社会保障。

目前我国养老保险筹备模式为社会统筹和个人账户相结合的筹资模式，基本属于现收现付式，选项 B 错误。

故选项 ACDE 正确。

2. 【答案】ABC

【解析】本题考查社会优抚的内容。

社会优抚的内容主要包括提供抚恤金（选项 A）、优待金（选项 B）、补助金，兴办军人疗养院、光荣院，安置复员退伍军人（选项C）等。故选项ABC正确。

3.【答案】AD

【解析】本题考查财政补贴。

属于流通环节补贴的主要有农副产品价格补贴、商业和外贸企业的政策性亏损补贴等。故选项AD正确。

4.【答案】ABDE

【解析】本题考查税收支出的形式。

税收支出的形式包括税收豁免、纳税扣除、税收抵免（选项D正确）、优惠税率（选项E正确）、延期纳税、盈亏相抵（选项A正确）、加速折旧（选项B正确）、退税等。故选项ABDE正确。

5.【答案】BCDE

【解析】本题考查文教、科学、卫生事业费支出的概念。

消费性支出是财政用于社会共同消费方面的支出，主要包括文教科学卫生事业费（选项A错误、选项B正确）、抚恤和社会福利救济费、行政管理费、国防费等支出。义务教育是保证公民基本素质的教育，即每个公民的一种权利，也是每个公民的一种义务，带有强制性。既然是国家通过立法安排的义务教育，每个公民都可以无差别地享受这种教育，那么这种服务理所应当由政府提供和保证（选项C正确）。从这个角度来看，义务教育并非混合物品，而是纯公共物品。至于义务教育以外的高层次教育，如高等教育、职业教育和成人教育等，则具有两面性，因此按照公共物品理论，义务教育以外的高层次教育，不属于纯公共物品，而属于混合物品（选项D正确）。外部性较强的科学研究支出，主要是基础科学研究的经费，应由政府承担（选项E正确）；而那些可以通过市场交换来充分弥补成本的科学研究支出，主要是应用型研究经费，则可由微观主体来承担。故选项BCDE正确。

6.【答案】ACD

【解析】本题考查财政支出效益分析。

选项B适用公共定价法中的负荷定价法，选项E适用公共劳务收费法平价政策。最低费用选择法主要适用于军事、行政、文化、卫生等支出项目。故选项ACD正确。

第三章　税收理论

本章考情 Q&A

Q：本章的重要性和难度如何？

A：本章属于非重点章节，学好本章对于通过考试“性价比”较高。

本章难度适中，重点在于各层级概念的记忆、理论的记忆，也有一定量计算方法的考查。

从历年真题来看，每年考查的分值在 7~15 分。

Q：本章在考试中通常以什么形式出现？

A：从历年真题来看，本章知识点以单项选择题与多项选择题为主要考查形式，现代税收原则、税法概述与国际税收为集中考点。

Q：本章 2023 年的内容有改动么？

A：本章内容无实质性变动。

Q：本章考点在历年考试中的分布情况如何？

A：以下是老师们的统计：

考点	2022 年	2021 年	2020 年	2019 年	2018 年	2017 年	2016 年	2015 年	2014 年	2013 年
税收的本质			√						√	
税收的职能	√			√				√		
现代税收原则	√	√		√	√	√	√	√	√	√
税制要素	√	√	√			√			√	
我国现行税制结构				√						
税收负担概述	√		√	√			√			√
税收负担的转嫁与归宿	√		√	√		√	√	√	√	√
国际重复征税的产生与免除	√		√	√	√	√	√	√	√	√

经典例题

考点一 税收的本质

【例题·2014 年·多项选择题】下列关于税收的说法中，正确的有（　　）。

A. 征税权力归国家所有

B. 税收的职能具有客观性

C. 监督职能是税收的首要职能

D. 税收可以调节居民消费结构

E. 税收的监督职能涉及宏观和微观两个层次

【答案】ABDE

【解析】本题考查税收的本质。

税收由国家征收，行政征收权的主体是国家（选项 A 正确）。

税收的职能具有客观性，不以人们主观意志为转移，不受外部客观经济条件的影响（选项 B 正确）。

财政职能也称收入职能，是指税收通过参与社会产品和国民收入的再分配，为国家取得财政收入的功能，财政职能或称收入职能是税收首要的和基本的职能（选项 C 错误）。

经济职能也称调节职能，是指实现社会总需求与总供给的平衡，是通过税收分配，对资源配置、国民经济的地区分配格局、产业结构、社会财富分配和居民消费结构等进行调节的功能（选项 D 正确）。

税收的监督职能既涉及宏观层次，也涉及微观层次，是一项非常重要的职能（选项 E 正确）。

故选项 ABDE 正确。

私教点拨

对税收本质内容的梳理详见表 3－1。

表 3－1 税收本质

主体	国家
特性	强制性和无偿性
目的	满足社会公共需要
表现形式	国家与纳税人在征税、纳税和利益分配上的一种特殊关系
本质	工具、手段和形式

考点二 税收的职能

【例题·2022 年·多项选择题】下列关于税收的说法，错误的是（　　）。

A. 税收的职能是由税收的本质决定的

B. 监督职能是税收的首要职能

C. 税收的职能具有客观性

D. 税收可以调节居民消费结构

【答案】B

【考点】本题考查税收的职能。

【解析】财政职能是税收首要和基本的职能，选项B错误。本题要求选择“错误的”选项，故选项B当选。

私教点拨

财政职能和现代税收原则几乎一一对应。

记忆口诀：“职能财经监，原则财经公”。

“财经监”：财政职能、经济职能、监督职能。

“财经公”：财政原则、经济原则、公平原则。

考点三 现代税收原则

【例题·2022年·多项选择题】现代税收财政原则包括（　　）。

A. 充裕原则　　B. 弹性原则　　C. 便利原则　　D. 节约原则

E. 配置原则

【答案】ABCD

【解析】本题考查现代税收财政原则。

现代税收财政原则包括：充裕原则（选项A）、弹性原则（选项B）、便利原则（选项C）、节约原则（选项D）。故选项ABCD正确。

私教点拨

现代税收原则不仅要注意概念层级，还需要关注原则的具体内容，详见表3-2。

表3-2 现代税收原则具体内容

现代税收原则	具体原则	具体内容
财政原则	充裕原则	通过征税获得的收入要充分，能满足一定时期财政支出的需要
	弹性原则	税收收入应能随着财政支出的需要进行调整，包括**税收收入弹性**和**税率弹性**
	便利原则	税收要使纳税人付出的“奉行费用”较少，必须确立尽可能方便纳税人的税收制度
	节约原则	税收要以尽可能少的税务行政费用，获取应得的税收收入
经济原则	配置原则	当资源已经处于最优配置状态时，税收活动就应不妨碍最优配置状态
		当资源还未处于最优配置状态时，税收活动、税负轻重就应促使资源的转移和重新配置
	效率原则	税收的经济效率原则是指**税收额外负担最小化**和**额外收益最大化**
		税收本身的效率原则是指应节约税收行政费用的原则

续表

现代税收原则	具体原则	具体内容
公平原则	是**设计和实施税收制度**的最重要的原则	
	平等原则	**横向**公平是指对相同境遇的人课征相同的税收：①排除特权阶层免税；②**自然人和法人**均须纳税；③**公私经济**均等征税；④对**本国人和外国人**在征税上一视同仁
		纵向公平是指对境遇不同的人课征不同的税收。判断标准分为收益标准和能力标准。能力强弱的判断通常有三种标准：**收入、财产和消费支出**
	普遍原则	除特殊情况外，税收应由本国全体公民共同负担

税收原则理论的形成与发展经常作为现代经济原则的拓展考点，详见表3-3。

表3-3 税收原则理论的形成与发展

理论	经济学家	理论著作
公平、简便、节省	威廉·配第	《赋税论》和《政治算术》
平等、确定、便利、最少征收费用	亚当·斯密	《国富论》
四端九项（相当于现代的弹性原则）	阿道夫·瓦格纳	—

考点四 税制要素

【例题1·2020年·单项选择题】以下属于税额式减免的是（　　）。

A. 减半征收　　B. 跨期结转　　C. 减征额　　D. 免征额

【答案】A

【解析】本题考查税收减免类型。

税基式减免具体包括起征点、免征额（选项D错误）、项目扣除以及跨期结转（选项B错误）等。选项C减征额因为也处于征收之前，也属于税基式减免（选项C错误）。

税额式减免具体包括全部免征、减半征收（选项A正确）、核定减免率以及另定减征**税额**等。

故选项A正确。

私教点拨

税基式与税额式最大的差别就在于是否计算了税额。税基式的起征点、减征额、跨期结转都是在计算税额之前，在税基上进行计算减免，还没有进行税额的计算。而税额式的免征、减半征收、核定减免率、减征税额都是在税额已经计算出来的情况下，对税款进行计算减免。

【例题2·2014年·单项选择题】下列关于减免税的说法中，错误的是（　　）。

A. 减免税有针对纳税人的，也有针对征税对象的

B. 任何单位与部门都不得擅自减税免税

C. 征税对象超过起征点的只对超过部分征税

D. 征税对象没有达到起征点的不征税

【答案】C

【解析】本题考查减免税。

减税免税是国家为实施一定的政治经济政策，给予某些纳税人或征税对象（选项A正确）的鼓励或特殊照顾，必须严格地按照税法规定的范围和权限办事，任何单位与部门都不得任意扩大范围和擅自减税免税（选项B正确）。

起征点是征税对象达到一定数额开始征税的起点（选项C错误，选项D正确）。

本题要选出错误的选项，故选项C当选。

私教点拨

税基减免中起征点与免征额要进行辨析，详见表3-4和图3-1。

表3-4 起征点与免征额

减免方式	具体定义
起征点	征税对象达到一定数额开始征税的起点
免征额	在征税对象的全部数额中免于征税的数额

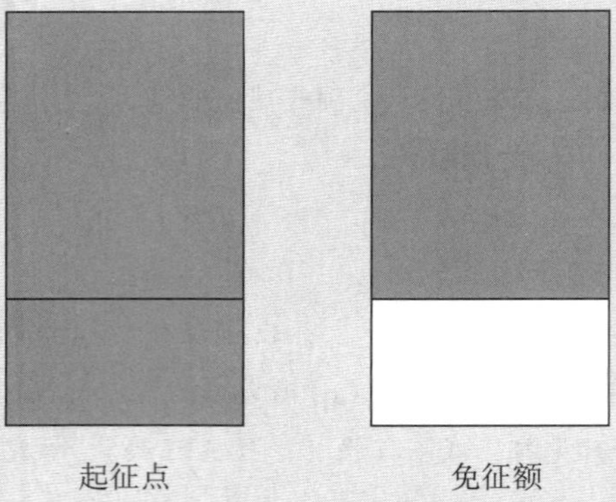

起征点　　免征额

图3-1 起征点与免征额的区别

【例题3·2022年·多项选择题】李某的工资，薪金总额为20 000元，按照超额累进税率计算的应交个人所得税为2 000元，速算扣除数为600元，因此，李某按照全额累进税率计算的个人所得税是（　　）元。

A. 2 000　　B. 2 600　　C. 600　　D. 20 000

【答案】B

【解析】本题考查全额累进税率与超额累进税率之间的关系。

根据公式：超额累进税率计算的税额=全额累进税率计算的税额-速算扣除数

可得：全额累进税率计算的税额=超额累进税率计算的税额+速算扣除数=2 000+600=2 600（元）。

私教点拨

税率类型及内容详见表3-5。

表3-5 税率类型及内容

<table>
<tr><th>税率类型</th><th colspan="2">具体内容</th></tr>
<tr><td>比例税率</td><td colspan="2">定义：对同一征税对象，不论数额大小，均按同一比例计征的税率</td></tr>
<tr><td rowspan="4">累进税率</td><td colspan="2">定义：对征税对象数额或者相对比例的增大而逐级提高税率的一种递增等级税率</td></tr>
<tr><td>全额累进税率</td><td>按征税对象的绝对数额划分征收级距，就纳税人征税对象全部数额按与之相应的各级距税率计征的一种累进税额，即一定征税对象的数额只适用一个等级的税率</td></tr>
<tr><td>超额累进税率</td><td>按征税对象的绝对数额划分征收级距，就纳税人征税对象全部数额中符合不同级距部分的数额，分别按与之相应的各级距税率计征的一种累进税率，即一定征税对象的数额会同时适用几个等级的税率</td></tr>
<tr><td>超率累进税率</td><td>按征税对象数额的相对比率划分级距，就纳税人征税对象全部数额中处于不同级距部分的数额，分别按与之相对应的各级距税率计征的一种累进税率</td></tr>
<tr><td>定额税率</td><td colspan="2">定义：又称“固定税额”，是指对每一单位的征税对象直接规定固定税额的一种税率</td></tr>
</table>

超额累进税率计算的税额=全额累进税率计算的税额-速算扣除数

考点五 我国现行税制结构

【例题·2019年·单项选择题】下列关于税种组成的说法中，错误的是（ ）。

A. 所得税类包括企业所得税、个人所得税

B. 财产税类包括房产税、土地增值税

C. 资源税类包括城镇土地使用税、耕地占用税

D. 行为、目的税类包括环境保护税、印花税

【答案】B

【解析】本题考查税种类型。

资源税类，包括资源税、城镇土地使用税、耕地占用税、土地增值税，选项B中只有房产税属于财产税。

本题要选出错误的选项，故选项B当选。

私教点拨

我国现行税收法律制度共18个税种，按作用性质分为商品和劳务税类，所得税类，财产税类，资源税类，行为、目的税类。具体税种分类详见表3-6。

表3-6 我国现行税制结构

税种类型	具体税种
商品和劳务税类	增值税、消费税、关税
所得税类	企业所得税、个人所得税
财产税类	房产税、车船税、契税
资源税类	资源税、城镇土地使用税、耕地占用税、**土地增值税**
行为、目的税类	环境保护税、印花税、城市维护建设税、**车辆购置税**、**烟叶税**、船舶吨税

考点六 税收负担概述

【例题1·2022年·单项选择题】 某企业2021年度销售收入额为1 000万元，投资收益为300万元，实现的利润总额缴纳的企业所得税税额为25万元，该企业的企业所得税税收负担率为（ ）。

A. 8.33%　　B. 2.5%　　C. 1.92%　　D. 30%

【答案】 A

【解析】 本题考查企业所得税税收负担率的计算。

$$企业所得税税收负担率=\frac{企业实际缴纳的所得税税额}{同期实现利润总额}\times100\%=\frac{25}{300}\times100\%\approx8.33\%$$。故选项A正确。

私教点拨

税收负担的衡量指标如表3-7所示。

表3-7 税收负担的衡量指标

类型	指标	公式
宏观税负衡量指标	国民生产总值（或国内生产总值）负担率	$国民生产总值（或国内生产总值）负担率=\frac{税收收入总额}{国民生产总值（或国内生产总值）}\times100\%$
	国民收入负担率	$国民收入负担率=\frac{税收收入总额}{国民收入}\times100\%$
微观税负衡量指标	企业（个人）综合税收负担率	$企业（个人）综合税收负担率=\frac{企业（个人）缴纳的税收总和}{企业总产值（个人毛收入）}\times100\%$
	直接税税收负担率	$纯收入直接税税收负担率=\frac{企业(个人)一定时期缴纳的所得税(包括财产税)}{企业(个人)获得的纯收入}\times100\%$

续表

类型	指标	公式
微观税负衡量指标	货物和劳务税税收负担率	$货物和劳务税税收负担率=\frac{企业在一定时期实际缴纳的货物和劳务税税额}{同期销售收入（营业收入）}\times 100\%$
	企业所得税税收负担率	$企业所得税税收负担率=\frac{企业在一定时期实际缴纳的所得税税额}{同期实现利润总额}\times 100\%$
	个人所得税税收负担率	$个人所得税税收负担率=\frac{个人在一定时期实际缴纳的个人所得税税额}{同期个人收入总额}\times 100\%$
	企业增值税税收负担率	$企业增值税税收负担率=\frac{企业在一定时期实际缴纳的增值税税额}{同期实现营业收入总额}\times 100\%$

【例题 2 · 2019 年 · 多项选择题】 衡量宏观税收负担的指标主要有（　　）。

A. 企业税收负担率　　B. 直接税收负担率

C. 企业商品和劳务税税收负担率　　D. 国民生产总值负担率

E. 国民收入负担率

【答案】 DE

【解析】 本题考查宏观税收负担指标的内容。

宏观税收负担的衡量指标是指从宏观即全社会的角度来衡量税收负担，以综合、全面反映一个国家税收负担的总体状况。衡量全社会经济活动总量比较通行的国际比较指标有两个：一是国民生产总值或国内生产总值，二是国民收入。因此，衡量宏观税收负担的指标主要是国民生产总值（或国内生产总值）负担率（选项 D 正确）和国民收入负担率（选项 E 正确）。故选项 DE 正确。

私教点拨

宏观税收负担率计算公式详见表 3－8。

表 3－8　宏观税收负担率

指标名称	分子	分母
国民生产总值（或国内生产总值）负担率	税收总额	国民生产总值（或国内生产总值）
国民收入负担率	税收总额	国民收入
公式：指标＝分子/分母×100%		

【例题 3 · 2016 年 · 单项选择题】 下列关于税收负担的说法中，错误的是（　　）。

A. 税收附加和加成使纳税人税收负担加重

B. 经济发展过热时应适当提高社会总体税负

C. 经济发展水平是税收负担的影响因素

D. 累进税率下，纳税人的边际税率等于实际税率

【答案】 D

【解析】 本题考查税收负担的影响因素。

选项A，税收附加和加成使纳税人税收负担加重（选项A正确）。

选项B，如当社会总需求过旺、经济发展过热时，应适当提高社会总体税负，以抑制需求的膨胀（选项B正确）。

选项C，经济发展水平或生产力发展水平，是影响税收负担的决定性因素（选项C正确）。

选项D，若实行累进税率，则名义的边际税率与纳税人的实际税率是不同的。一般来说，税率累进的程度越大，纳税人的名义税率与实际税率、边际税率与平均税率的差距也越大（选项D错误）。

本题要选出错误的选项，故选项D当选。

私教点拨

税收负担的影响因素分为经济因素与税制因素，详见表3-9。

表3-9 税收负担的影响因素

影响因素	具体内容	
经济因素	(1) 经济发展水平或生产力发展水平，是影响税收负担的**决定性因素**； (2) 政治经济体制； (3) 一定时期的宏观经济政策。如当社会总需求过旺、经济发展过热时，应适当提高社会总税负，以抑制需求的膨胀	
税制因素	征税对象	征税对象的范围和数额越大，税负水平越高
	计税依据	在相同税率标准下，计征所得税时允许扣除的项目越多，计税依据越小，从而引起纳税人的实际负担率低于名义税率
	税率	税率直接决定税负的高低，税率越高，税收负担越高
		比例税率，税率等于纳税人的实际负担率
		累进税率，名义的边际税率与纳税人的实际负担率是不同的，税率累进的程度越大，纳税人的名义税率与实际税率、边际税率与平均税率的差距也越大
	减免税	减少纳税人的部分税收负担或免除纳税人的全部税收负担
	税收附加和加成	使纳税人税收负担加重的税制因素

考点七 税收负担的转嫁与归宿

【例题1·2020年·单项选择题】 纳税人通过压低生产要素的进价从而将应缴纳的税款转嫁给生产要素的销售者或生产者负担的税负转嫁形式为（　　）。

A. 前转　　B. 税收资本化　　C. 消转　　D. 后转

【答案】D

【解析】本题考查税负转嫁的形式。

前转亦称“顺转”，是指纳税人在进行货物或劳务交易时，通过提高价格的方法将其应负担的税款向前转移给货物或劳务的购买者或最终消费者负担的形式（选项 A 错误）。一般认为，前转是税负转嫁最典型和最普通的形式。

后转亦称“逆转”，是指纳税人通过压低生产要素的进价从而将应缴纳的税款转嫁给生产要素的销售者或生产者负担的形式（选项 D 正确）。

消转亦称“税收转化”，是指纳税人对其税收负担既不向前转嫁也不向后转嫁，而是通过改善经营管理或改进生产技术等方法，自行消化（选项 C 错误）。

税收资本化亦称“资本还原”，是指生产要素购买者将购买的生产要素未来应纳税款通过从购入价格中扣除的方法，向后转移给生产要素出售者的一种形式（选项 B 错误）。

故选项 D 正确。

私教点拨

前转与后转的辨析，在记忆时可以将**市场作为舞台**，生产线作为后台，区分前转与后转，面向消费者即为前。

关于后转与税收资本化的辨析，需注意：税收资本化是税收后转的一种**特殊形式**，后转常用于消费品、原材料等一次性采购的业务，而资本化适用于资本品，如土地、有价证券等；后转压低了原材料等采购的成本价格，而资本化是一次性将税收包含在价格里扣除，本质是**使得出售方承担了采购方的税收**。

【例题 2 · 2019 年 · 多项选择题】下列关于供求弹性与税负转嫁之间关系的说法中，正确的有（　　）。

A. 商品需求弹性大小与税负向前转嫁的程度成反比

B. 商品需求弹性大小与税负向后转嫁的程度成反比

C. 商品供给弹性大小与税负向前转嫁的程度成正比

D. 商品供给弹性大小与税负向后转嫁的程度成正比

E. 当商品需求弹性大于供给弹性时，税负由需求方负担的比例小于由供给方负担的比例

【答案】ACE

【解析】本题考查弹性与税负转嫁之间的关系。

商品弹性对于税负转嫁的一般规律：对供给弹性较大、需求弹性较小的商品课征的税较易转嫁。

（1）商品需求弹性大小与税负向前转嫁的程度成反比，与税负向后转嫁的程度成正比（选项 A 正确，选项 B 错误）。

（2）商品供给弹性大小与税负向前转嫁的程度成正比，与税负向后转嫁的程度成反比（选项 C 正确，选项 D 错误）。

（3）当商品的需求弹性大于供给弹性时，则税负由需求方负担的比例小于由供给方负担的比例

（选项 E 正确）；当商品的需求弹性小于供给弹性时，则税负由需求方负担的比例大于由供给方负担的比例。

故选项 ACE 正确。

私教点拨

商品的弹性意味着商品的需求量与供给量对于价格的敏感程度，前转与后转都会增加或压低商品的价格。

向前转嫁税负的时候价格增长，因为需求弹性大，需求量会大量下降，所以向前转嫁的程度小；向后转嫁税负的时候价格下降，因为需求弹性大，需求量会大量上升，所以向后转嫁的程度就大。因此需求弹性与前转成反比，与后转成正比。

向前转嫁税负的时候价格增长，因为供给弹性大，供给量会大量上升，所以向前转嫁的程度大；向后转嫁税负的时候价格下降，因为供给弹性大，供给量会大量下降，所以向后转嫁的程度就小。因此供给弹性与前传成正比，与后转成反比。

当需求弹性大于供给弹性时，供给方负担税负；当供给弹性大于需求弹性时，需求方负担税负。

记忆口诀："需遣返（需前反），弹性谁强谁转嫁"。

除弹性外税负转嫁的一般规律还包括：

（1）对**垄断性**商品课征的税较易转嫁；

（2）**商品和劳务税**较易转嫁；

（3）征税**范围广**的税种税负较易转嫁。

税负转嫁的前提条件：

（1）商品经济的存在；

（2）自由的价格体制。

考点八 国际重复征税的产生与免除

【例题 1·2019 年·单项选择题】甲国居民张某有来源于甲国所得 0 万元，乙国所得 80 万元，丙国所得 100 万元，甲、乙、丙三国所得税税率分别为 30%、40%、50%。甲、乙、丙三国均实行属人兼属地税收管辖权，采用分国抵免限额法计算张某在乙国的抵免限额是（ ）万元。

A. 18　　B. 24　　C. 32　　D. 40

【答案】B

【解析】本题考查分国抵免法的计算。

分国抵免限额=国内外应税所得额×本国税率×某一外国应税所得额/国内外应税所得额=(80+100)×30%×80/(80+100)=24（万元）。故选项 B 正确。

私教点拨

对于国际重复征税问题，世界各国普遍采取的方法有低税法、扣除法、免税法和抵免法。税收抵免承认了收入来源地管辖权优先于居民管辖权，是目前解决国际重复征税最有效的方法。

例题：甲国居民张某有来源于甲国所得100万元，乙国所得80万元，丙国所得40万元。其中乙、丙两国所得中，A业务为100万元，B业务为20万元。甲、乙、丙三国所得税税率分别为30%、40%、50%，其中甲国低税率为20%，对于A业务税率为20%，对于B业务税率为10%；乙、丙两国对于A、B业务税率均为20%。

（1）低税法。

乙、丙两国所得＝80+40＝120（万元）。

适用低税率20%。

来自乙、丙两国所得回甲国应补缴税款＝120×20%＝24（万元）。

甲国所得＝100（万元）。

适用税率30%。

甲国所得税额＝100×30%+24＝54（万元）。

（2）扣除法。

乙国所得税额＝80×40%＝32（万元）。

丙国所得税额＝40×50%＝20（万元）。

甲国所得＝100+80+40−32−20＝168（万元）。

甲国所得税额＝168×30%＝50.4（万元）。

（3）免税法。

甲国所得税额＝100×30%＝30（万元）。

（4）抵免法。

①分国抵免法。

乙国抵免限额＝220×30%×80/220＝24（万元）。

乙国所得税额＝80×40%＝32（万元）。

来自乙国所得回甲国应补缴税额＝32−24＝8（万元）。

丙国抵免限额＝220×30%×40/220＝12（万元）。

丙国所得税额＝40×50%＝20（万元）。

来自丙国所得回甲国应补缴税额＝20−12＝8（万元）。

甲国所得税额＝100×30%+8+8＝46（万元）。

②综合抵免法。

综合抵免限额＝220×30%×120/220＝36（万元）。

乙、丙两国所得税额＝80×40%+40×50%＝52（万元）。

来自乙、丙两国所得回甲国应补缴税款＝52−36＝16（万元）。

甲国所得税额=100×30%+16=46（万元）。

③分项抵免法。

A 业务抵免限额=100×20%×100/220≈9.09（万元）。

A 业务乙、丙两国所得税额=100×20%=20（万元）。

来自 A 业务所得回甲国应补缴税款=20-9.09=10.91（万元）。

B 业务抵免限额=20×10%×20/220≈0.18（万元）。

B 业务乙、丙两国所得税额=20×20%=4（万元）。

来自 B 业务所得回甲国应补缴税款=4-0.18=3.82（万元）。

甲国所得税额=100×30%+10.91+3.82=44.73（万元）。

【例题 2·2017 年·单项选择题】 产生国际重复征税的根本原因在于各国（　　）。

A. 政体的不同　　B. 主体税种的不同

C. 关税税率的不同　　D. 税收管辖权的交叉

【答案】 D

【解析】 本题考查国际重复征税的原因。

国际重复征税是指两个或两个以上国家对跨国纳税人的**同一**征税对象或税源进行分别征税所形成的交叉重叠征税。之所以会产生国际重复征税问题，是因为两个或两个以上国家税收管辖权的交叉重叠。故选项 D 正确。

私教点拨

税收管辖权是国家主权在税收领域的体现，范围包括两个方面：

（1）该国领土的地域范围；

（2）该国所有的公民或居民的属人范围。

因此税收管辖权的确定原则也可分为属地主义原则和属人主义原则：

（1）属地主义原则是以纳税人的收入来源地或经济活动所在地为标准，确定国家行使税收管辖权的原则，它是各国行使税收管辖权的基本原则。

（2）属人主义原则是以纳税人的国籍或住所为标准，确定国家行使税收管辖权范围的原则。

由于存在属地与属人原则，那么 A 国企业和公民在 B 国盈利后，A 国以属人主义原则确立税收管辖权，B 国以属地主义原则确立税收管辖权，因而 A 国与 B 国在 A 国企业和公民在 B 国的盈利就形成了税收管辖权的重合，也即产生了国际重复征税。

真题演练

一、单项选择题

1. (2022 年) 检验税收经济效率原则的标准是 ( )。

A. 税收额外收益最大化　B. 税收收入最大化

C. 征税成本最小化　D. 税收额外收益最小化

2. (2022 年) 减半征收属于 ( ) 方式。

A. 税额式减免　B. 税基式减免　C. 违章处理　D. 罚款

3. (2021 年) 下列关于税收横向公平的说法中，错误的是 ( )。

A. 自然人和法人均须纳税　B. 不同收入的纳税人纳税相同

C. 本国人和外国人在征税上一视同仁　D. 公私经济均等纳税

4. (2020 年) A 国某居民公司 2×19 年度来源 B 国所得 200 万元，A 国、B 国均实行属人兼属地税收管辖权，A、B 两国的企业所得税税率分别为 40% 和 30%，A 国对境外所得实行扣除法，该公司 2×19 年度境外所得应向 A 国缴纳企业所得税 ( ) 万元。

A. 25　B. 46　C. 56　D. 80

5. (2020 年) 下列关于税收的说法中，错误的是 ( )。

A. 税收的取得具有强制性和无偿性

B. 税收分配的目的是满足特定群体的需要

C. 行使征税权的主体是国家

D. 税收的本质体现了国家与纳税人在征税、纳税和利益分配上的一种特殊关系

6. (2018 年) 设计和实施税收制度的最重要的原则是 ( )。

A. 弹性原则　B. 便利原则　C. 节约原则　D. 公平原则

7. (2018 年) 检验税收经济效率原则的标准是 ( )。

A. 税收额外收益最小化　B. 税收收入最大化

C. 征税成本最小化　D. 税收额外负担最小化

8. (2017 年) 瓦格纳的“四端九项”税收原则体现的是现代税收财政的 ( )。

A. 普遍原则　B. 弹性原则

C. 便利原则　D. 节约原则

9. (2013 年) 税收的纵向公平是指 ( )。

A. 排除特权阶层免税　B. 自然人和法人均需纳税

C. 公私经济均等征税　D. 对不同境遇的人课征不同的税收

二、多项选择题

1. (2022 年) 可以作为测定纳税人纳税能力大小的指标有 ( )。

A. 收入　B. 财产

C. 家庭人口　D. 年龄

E. 消费支出

2. (2020年) 税负转嫁的条件包括( )。

A. 税收资本化
B. 价格管制
C. 商品经济的存在
D. 自由的价格体制
E. 垄断竞争

3. (2019年) 下列属于国际反避税措施的有( )。

A. 完善税制
B. 加强税收立法
C. 加大执法力度
D. 制定专门的反避税条款
E. 实现国际范围内的税制统一

4. (2018年) 下列关于税收财政原则的说法中，正确的有( )。

A. 通过征税获得的收入要充分
B. 税收收入应随着财政支出的需要进行调整
C. 税收的建立应有利于社会公平
D. 税收制度要保持相对稳定
E. 税收的建立应有利于保护国民经济

真题演练答案及解析

一、单项选择题

1.【答案】A

【解析】本题考查税收的经济效率原则。

税收的经济效率原则，是指税收应有利于资源的有效配置和经济的有效运行。检验税收经济效率原则的标准是税收额外负担最小化和额外收益最大化。故选项A正确。

2.【答案】A

【解析】本题考查税额式减免。

税额式减免是通过直接减少应纳税额的方式实现的减税免税，具体包括全部免征、减半征收、核定减免率以及另定减征税额等。故选项A正确。

3.【答案】B

【解析】本题考查税收横向公平。

横向公平，又称"水平公平"，是指对相同境遇的人课征相同的税收，主要包括：(1) 排除特权阶层免税；(2) 自然人和法人均须纳税；(3) 公私经济均等征税；(4) 对本国人和外国人在征税上一视同仁。本题要选出错误的选项，故选项B当选。

4.【答案】C

【解析】本题考查扣除法。

扣除法即居住国政府对其居民取得的国内外所得汇总征税时，允许居民将其在国外已纳的所得税视为费用在应纳税所得中予以扣除，就扣除后的部分征税。所以该公司2×19年度境外所得应向A国缴纳的企业所得税=(200−200×30%)×40%=56（万元）。故选项C正确。

5.【答案】B

【解析】本题考查税收的基本概念。

税收是国家满足社会公共需要，依据其职能，按照法律规定，参与社会产品的分配，强制、无偿地取得财政收入的一种规范形式（选项A正确）。税收是一种工具、手段和形式，包含了以下三点含义：

（1）税收是一种工具，其被使用的目的是为了国家取得财政收入，从而满足社会公共需要（选项B错误）；

（2）税收这种工具是由国家来掌握和运用的，因此征收权利归国家所有，行使征收权的主体是国家（选项C正确）；

（3）税收所表现的是按照法律的规定，通过强制的征收，把纳税单位和个人的收入转移到政府手中，形成财政收入，表现了国家与纳税人在征税、纳税和利益分配上的一种特殊关系（选项D正确）。

本题要选出错误的选项，故选项B当选。

6.【答案】D

【解析】本题考查设计和实施税收制度的原则。

在当代西方税收学界看来，税收公平原则是设计和实施税收制度的最重要的原则。该原则指国家征税要使各个纳税人承受的负担与其经济状况相适应，并使各个纳税人之间的负担水平保持平衡。故选项D正确。

7.【答案】D

【解析】本题考查检验税收经济效率原则的标准。

税收的经济效率原则，是指税收应有利于资源的有效配置和经济的有效运行。检验税收经济效率原则的标准是税收额外负担最小化和额外收益最大化。故选项D正确。

8.【答案】B

【解析】本题考查税收原则。

瓦格纳的税收基本思想是国家利用税收不应以满足财政需要为唯一目的，而应运用政府权力，解决社会问题。基于这一指导思想，他提出了著名的“四端九项”税收原则。现代税收的弹性原则，是指税收收入应能随着财政支出的需要进行调整。这就要求，一方面要在经济增长、征税对象和税收收入之间建立密切联系，要确保税收随着经济增长而增长；另一方面，要根据政府支出需要，适时适度地增减税种、税目，调整税率。故选项B正确。

9.【答案】D

【解析】本题考查纵向公平的定义。

（1）横向公平（水平公平），即对相同境遇的纳税人课征相同的税收。

（2）纵向公平（垂直公平），即对不同境遇的纳税人课征不同的税收。

故选项D正确。

二、多项选择题

1.【答案】ABE

【解析】本题考查纳税人纳税能力的指标。

测定纳税人纳税能力的强弱，通常有三种标准：收入、财产、消费支出。故选项 ABE 正确。

2.【答案】CD

【解析】本题考查税负转嫁的条件。

税负转嫁的条件包括：(1) 商品经济的存在；(2) 自由的价格体制。故选项 CD 正确。

3.【答案】ABD

【解析】本题考查国际反避税措施的内容。

国际反避税措施主要包括以下几个方面：

(1) 税法的完善，包括：

①税制的完善（选项 A 正确）；

②加强税收立法（选项 B 正确），制定专门的反避税条款（选项 D 正确）；

③国际避税案件的裁定还应该形成相应的法规。

(2) 加强税务管理。

(3) 加强国际多边合作。

故选项 ABD 正确。

4.【答案】AB

【解析】本题考查税收财政原则。

税收财政原则的内容包括：(1) 充裕原则。选择税源广大、收入稳定的征税对象。(2) 弹性原则。税收收入应随着财政支出的需要进行相应的调整。(3) 便利原则。要使纳税人付出的“奉行费用”较少，必须确立尽可能方便纳税人纳税的税收制度。(4) 节约原则。要做到以尽可能少的税务行政费用，获取应得的税收收入。故选项 AB 正确。

第四章　货物和劳务税制度

本章考情 Q&A

Q：本章的重要性和难度如何？

A：本章属于**重点**章节，学好本章对于通过考试意义重大。

本章难度高，特别是各大税种在计税依据上的些微差别的辨析和计算时政策运用与数据选取的难度非常高。

从历年真题来看，本章内容每年客观题考查的分值在 10~15 分，主观题考查的分值在 10~20 分。

Q：本章在考试中通常以什么形式出现？

A：从历年真题来看，本章在单项选择题、多项选择题与案例分析题三种题型中均有涉及，其中案例分析题为必考考点，非常固定。选择题考点会有章内综合的考查方法，案例分析题常与第八章“纳税检查”共同考查。单项选择题、多项选择题、案例分析题都会出现以计算为主的题目以考查考生的掌握程度。

Q：本章 2023 年的内容有改动么？

A：删除加计抵减政策被延长相关表述；调整进项税额加计抵减政策、消费税征税范围；新增允许生产性服务业纳税人按照当期可抵扣进项税额相关规定、若干具体免税规定、电子烟相关内容。

Q：本章考点在历年考试中的分布情况如何？

A：以下是老师们的统计：

考点	2022 年	2021 年	2020 年	2019 年	2018 年	2017 年	2016 年	2015 年	2014 年	2013 年
增值税征税范围	√	√	√			√	√	√	√	√
增值税的税率				√		√	√			
增值税应纳税额的计算	√	√	√	√	√	√	√	√	√	√
增值税的计税依据	√	√	√	√	√		√			
增值税的纳税义务发生时间与纳税地点					√		√	√		
增值税的纳税期限	√			√						
增值税的减税、免税				√			√			
消费税的税率		√	√							
消费税的计税依据	√	√				√	√	√	√	√
消费税应纳税额的计算	√		√		√				√	
消费税的征收管理	√	√				√	√			

续表

考点	2022年	2021年	2020年	2019年	2018年	2017年	2016年	2015年	2014年	2013年
关税的纳税人								√		
关税的完税价格和应纳税额的计算	√	√	√	√	√		√		√	√
关税的税收优惠	√				√	√			√	√
增值税、消费税、关税综合	√		√					√	√	

经典例题

考点一 增值税征税范围

【例题1·2021年·单项选择题】根据增值税法律制度，下列不属于交通运输服务的是（　　）。

A. 装卸搬运服务　　B. 陆路运输服务　　C. 水路运输服务　　D. 管道运输服务

【答案】A

【解析】本题考查增值税税目的辨析。

交通运输服务包括：陆路运输（选项B）、水路运输（选项C）、航空运输、管道运输（选项D）。装卸搬运（选项A）服务属于物流辅助服务，不属于交通运输服务，故选项A正确。

私教点拨

关于税目辨析，内容庞大，但是易混淆的概念相对比较固定，详见表4-1。

表4-1　易混淆常考税目

税目大类	具体内容
交通运输服务	仅限于运输，不包括其他任何无关交通工具运输移动的情况。如航空运输的干租，只提供飞机，而不提供燃油、机组等，因此不属于交通运输服务，而属于有形动产租赁服务
现代服务	包括研发和技术服务、信息技术服务、文化创意服务、物流辅助服务、租赁服务、鉴证咨询服务、广播影视服务、商务辅助服务、其他现代服务。 其中设计服务、知识产权服务、广告服务、会议展览服务属于**文化创意服务**。港口码头服务、打捞救助服务、装卸搬运服务、仓储服务、收派服务属于**物流辅助服务**。认证服务、鉴证服务、咨询服务属于**鉴证咨询服务**。企业管理服务、经济代理服务、人力资源服务、安全保护服务属于**商务辅助服务**。明确指出电梯维护服务、办理退票服务的退票费和手续费属于其他现代服务。 **记忆口诀："研发信息双技术，广租商务鉴文物"。** "研发"：**研发**和技术服务；"信息"：**信息**技术服务；"广"：**广**播影视服务；"租"：**租**赁服务；"商务"：**商务**辅助服务；"鉴"：**鉴**证服务；"文"：**文**化创意服务；"物"：**物**流辅助服务
生活服务	文化体育服务、教育医疗服务、旅游娱乐服务、餐饮住宿服务、居民日常服务、其他生活服务。其中明确指出**植物养护服务**属于**其他生活服务**
销售无形资产	技术、商标、著作权、商誉、自然资源使用权和其他权益性无形资产

【例题 2·2015 年·单项选择题】属于应征增值税的混合销售行为是（　　）。

A. 某笔记本电脑销售部门在销售电脑的同时，又为其他客户提供电脑维修服务

B. 汽车制造厂生产销售汽车，同时门市部又为社会其他客户提供装饰服务

C. 建筑企业销售活动板房、钢结构件等自产货物的同时提供建筑、安装服务

D. 塑钢门窗销售商店在销售塑钢门窗的同时，又为客户有偿提供安装服务

【答案】D

【解析】本题考查混合销售的概念。

混合销售是指一项销售行为既涉及货物又涉及服务。一项销售行为意味着同一位客户，选项 AB 错误。建筑企业销售活动板房、钢结构件等自产货物的同时提供建筑、安装服务，不属于混合销售，选项 C 错误。选项 D 是销售行为加安装行为，符合混合销售的定义，故选项 D 正确。

私教点拨

混合销售一言以蔽之就是既卖货物又卖服务，而这种销售是包含在一个销售行为里的，如销售空调附带安装。这里第一个重点在于混合销售必须是一个销售行为，若是两个销售行为则为兼营，而不是销售行为。第二点在于混合销售的主体范畴虽然包括了从事货物的生产、批发或者零售的单位和个体工商户，但是在建筑安装领域有特殊规定：

（1）建筑企业销售活动板房、钢结构件**等自产货物**的同时提供建筑、安装服务，应当分别核算货物和建筑服务的销售额，分别适用不同的税率或者征收率。

（2）销售**自产**机器设备的同时提供安装服务，应分别核算机器设备和安装服务的销售额，安装服务可以选择适用简易计税方法计税（3%）。

因此在涉及建筑时需要注意特别规定，排除生产单位和个体工商户。

【例题 3·2022 年·单项选择题】下列各项中，不属于视同销售情形的是（　　）。

A. 将购进的货物无偿赠送给他人

B. 将购进的货物用于职工食堂

C. 将购进的货物分配给股东

D. 将自产的货物用于职工福利

【答案】B

【解析】本题考查增值税的征税范围。

将自产或委托加工的货物用于非应税项目、集体福利或个人消费、投资、分配、无偿赠送视同销售；将购买的货物用于投资、分配、无偿赠送（向外部移送）视同销售。选项 ACD 属于视同销售的情形。

私教点拨

视同销售内容及分类详见表4－2。

表4－2 视同销售内容

外购	自产、委托加工	转换控制	转换监管
投资	投资	交给其他单位或个人代销	移送至非同一主管税务机关的相关机构
分配	分配	销售代销货物	—
赠送	赠送	—	—
—	**个人消费或用于集体福利**	—	—
—	非应税项目	—	—

记忆口诀：“外购投分送，自产加使用”。牢记使用是指个人消费或集体福利。

原理：商品和劳务税本质存在一个链条，是击鼓传花地通过进项、销项流转下去，直到最终达到消费阶段并到达一个最终承担者，这个最终承担者无法抵扣进项税，也不产生销项税。

外购和自产、委托加工的投资、分配、赠送行为要视同销售，是因为商品和劳务税链条断了，物被最终消费掉了但是并没有实际的交易情况，所以需要视同销售使得商品和劳务税链条达到最终的消费环节，而不是被打断在生产流通环节里。

而**外购用于个人消费和集体福利**本身就是一种正常的购买消费流程，本身已经到达了最终的消费环节，所以外购里没有用于个人消费或用于集体福利，也因此无法抵扣进项税。同理，将自产、委托加工用于非应税项目也是使得商品和劳务税链条被打断了，由于自产或委托加工脱离链条了，所以需要通过视同销售使得链条达到消费阶段。

转换控制则是从**占有传递**的角度上，看到了链条上税负的传递，但是实际上还没有交易行为，因此需要视同销售使得税务链条有完整链接。

转换监管是从**税务主管部门**的视角，由于脱离了监管范围而使税务主管部门看到了税务链条的断裂，但是物又没有真正地被消费掉，所以需要视同销售，使得链条连接上。

以自产或委托加工商品投入在建工程不视同销售是由于其商品和劳务税链条并没有被打断，商品经过在建工程的完工，形成了固定资产、存货等资产，而这些资产是会被处置掉的，商品和劳务税的链条仍然存在，没有被最终消费，仅仅是在加工，所以以成本结转，并计提销项税额。

【**例题 4·2013 年·单项选择题·改编**】纳税人兼有不同税率或者征收率的销售货物、提供加工修理修配劳务或者应税服务，应当分别核算适用不同税率或征收率的销售额，若未分别核算销售额，则（　　）。

A. 对于兼有不同税率的销售货物、提供加工修理修配劳务或者应税服务的，从低适用税率

B. 对于兼有不同征收率的销售货物、提供加工修理修配劳务或者应税服务的，从低适用征收率

C. 对于兼有不同税率和征收率的销售货物、提供加工修理修配劳务或者应税服务的，从高适用征收率

D. 对于兼有不同税率和征收率的销售货物、提供加工修理修配劳务或者应税服务的，从高适用税率

【**答案**】D

【**解析**】本题考查兼营的税率适用。

兼营是指纳税人的经营范围既包括销售货物和劳务，又包括销售服务、无形资产、不动产。适用不同税率或征收率的，应当分别核算适用不同税率或征收率的销售额；未分别核算销售额的，兼有不同税率的从高税率，选项 A 错误；兼有不同征收率的从高征收率，选项 B 错误；兼有不同税率和征收率的从高税率，选项 C 错误，选项 D 正确。

私教点拨

兼营行为若未分别计算销售额，对于税务局来说，是有取巧嫌疑的，因此适用高税率或征收率是具有一定惩罚性质的。遇到辨析的题目，若未分别计算，就在商品可以适用的税率或征收率中选择最高的计算。

考点二　增值税的税率

【**例题·2019 年·单项选择题**】下列关于增值税税率的说法中，错误的是（　　）。

A. 农产品的适用税率为 9%

B. 纳税人提供加工修理修配劳务，适用税率为 9%

C. 基础电信的适用税率为 9%

D. 简易办法征收增值税征收率为 3%

【**答案**】B

【**解析**】本题考查增值税税率。

选项 A 正确，农产品适用特殊货物税率 9%。

选项 B 错误，加工修理修配劳务税率 13%。

选项 C 正确，基础电信适用税率 9%。

选项 D 正确，简易办法征收增值税征收率为 3%。

本题要选出错误的选项，故选项 B 当选。

私教点拨

增值税税率详见表4-3。

表4-3 增值税税率表

税目	税率、征收率
货物	13%
农产品（含粮食）、自来水、暖气、石油液化气、天然气、食用植物油、冷气、热水、煤气、居民用煤炭制品、食用盐、农机、饲料、农药、农膜、化肥、沼气、二甲醚、图书、报纸、杂志、音像制品、电子出版物	9%
纳税人出口货物，除原油、柴油、新闻纸、糖、援外货物和国家禁止出口的货物（目前包括天然牛黄、麝香、铜、铜基合金和钳金等）外	0
劳务	13%
交通运输服务、邮政服务、基础电信服务、建筑服务、不动产租赁服务、销售不动产、转让土地使用权	9%
增值电信服务、金融服务、现代服务（不包括经营租赁），生活服务，销售无形资产	6%
租赁有形动产	13%
境内单位和个人发生的跨境销售国务院规定范围内的服务、无形资产	0
简易征收	3%
记忆口诀："有劳物（13%），生无现金（身无现金，只能交6%），不交邮电土（交了9%，交不起邮费电费快要吃土了）"。 "有劳物"：**有**形动产租赁，**劳**务，货**物**，为13%。 "生无现金"：**生**活服务，**无**形资产销售，**现**代服务，**金**融服务，为6%。 不交邮电土"：**不**动产租赁和销售，**交**通服务，**邮**政服务，基础**电**信服务，**土**地使用权转让，为9%	

考点三 增值税应纳税额的计算

【例题1·2022年·单项选择题】某企业为增值税一般纳税人。2022年4月从农民手中购入5万元苹果，支付运费，取得增值税专用发票，标注的金额为0.6万元，销售苹果醋取得不含税收入12万元。该企业4月应缴纳的增值税税额为（　　）万元。

A. 1.006　　B. 1.056　　C. 0.856　　D. 1.06

【答案】A

【解析】本题考查增值税应纳税额的计算。

购入农产品用于生产13%税率的货物，其进项税额可以按10%计算扣除。进项税额=5×10%+0.6×9%=0.554（万元），该企业4月应缴纳的增值税税额=12×13%-0.554=1.006（万元）。

私教点拨

考虑到农产品深加工行业的特殊性，对于纳税人购进用于生产或委托加工13%税率货物的农产品，允许其按照10%的扣除率计算进项税额。

【例题 2 · 2021 年 · 单项选择题】 根据增值税法律制度，下列进项税额不得从销项税额中抵扣的是（　　）。

A. 因管理不善丢失的货物所对应的进项税额

B. 分配给股东的外购货物的进项税额

C. 因自然灾害损失的产品所对应的进项税额

D. 购进同时用于增值税应税项目和免税项目的固定资产

【答案】 A

【解析】 本题考查不得从销项税额中扣除的进项税额。

选项 A 属于管理不善，非正常损失，进项税额不得从销项税额中抵扣，选项 A 正确。

选项 B 属于视同销售，进项税额可以抵扣，选项 B 错误。

选项 C 属于自然灾害，进项税额可以抵扣，选项 C 错误。

选项 D 用于应税项目和免税项目的固定资产，2018 年 1 月 1 日起，其进项税额准予从销项税额中全额抵扣，选项 D 错误。

私教点拨

非正常损失包括因管理不善造成货物被盗窃、发生霉烂变质等损失和其他非正常损失，因其丧失了使用功能且管理层有过错，所以已经完全脱离了增值税的商品和劳务税链条，相当于被消费掉了，也就是说企业处在了商品和劳务税链条的最后一端，故其进项税额不可抵扣，就像我们在超市买了日常消费品无法抵扣增值税一般。

视同销售包括“外购投分送，自产加消费”和员工福利，这是一种企业为了防止通过此种方式逃避税收缴纳而拟制出来的业务流程，既然相当于销售，那么增值税是可以流转至下一个链条的，故视同销售的进项税额可以抵扣。

自然灾害在旧准则中属于非正常损失，但是企业方并无过错，且无法预见，法不强人所难，因此作为特殊规定，进项税额允许抵扣。

购入固定资产相当于购入一个生产必须环节，在正常生产过程中，本身其增值税就可以流转至下一链条，那么固定资产也没有差别。同时用于应税与免税项目的资产，按照一般原理需要分开计算，应税部分抵扣，免税部分不得抵扣，但是按照 2018 年 1 月 1 日起的准则，企业购入固定资产用于应税和免税项目的，现在可以从销项税额中全额扣除，房地产开发企业销售自产房产的除外。

【例题 3 · 2019 年 · 单项选择题】 某增值税小规模纳税人 2×19 年 6 月份购进零配件 15 000 元，支付电费 1 000 元，当月对外提供修理修配业务取得含税收入 30 000 元，该小规模纳税人当月应缴纳增值税（　　）元。

A. 0　　　　B. 873.79　　　　C. 1 080　　　　D. 5 230.77

【答案】 B

【解析】本题考查小规模纳税人应纳增值税计算。

小规模纳税人征收率3%，不得抵扣进项税额。

该小规模纳税人当月应缴纳增值税=30 000/(1+3%)×3%≈873.79（元）。

私教点拨

题中若见到关键词“小规模纳税人”及“增值税普通发票”，需要注意价税分离和税率问题。

【例题4·2016年·单项选择题·改编】某百货公司为增值税一般纳税人，2×16年4月销售给消费者日用品一批，收取含税价款为68 380元，当月货物购进时取得增值税专用发票注明价款为30 000元，税额为3 900元，则该百货公司4月份应缴纳的增值税为（　　）元。

A. 2 400　　B. 2 496　　C. 3 966.72　　D. 7 688.72

【答案】C

【解析】本题考查增值税的计算。

含税价格需要价税分离，增值税专票注明价格为不含税价格。

一般纳税人应缴纳增值税=销项税额-进项税额。

该百货公司4月份应缴纳的增值税=68 380/(1+13%)×13%-30 000×13%≈3 966.72（元）。

私教点拨

增值税的征税对象是增值额，增值税的征收在进项税额中锁定了成本，在销项税额中锁定了销售价格，那么销售价格与成本之间的差额即经过企业转售、加工等手段增加的增值额，所以增值税额=销项税额-进项税额。

考点四 增值税的计税依据

【例题1·2022年·单项选择题】下列关于增值税的说法，正确的是（　　）。

A. 金融机构开展贴现、转贴现业务，以其实际持有票据期间取得的利息收入作为贷款服务销售额计算缴纳增值税

B. 经纪代理服务，以取得的全部价款和价外费用为销售额计算缴纳增值税

C. 纳税人提供旅游服务，以取得的全部价款和价外费用为销售额计算缴纳增值税

D. 航空运输销售代理企业提供境外航段机票代理服务，以取得的全部价款和价外费用为销售额计算缴纳增值税

【答案】A

【解析】本题考查增值税的计税依据。

经纪代理服务，以取得的全部价款和价外费用，扣除向委托方收取并代为支付的政府性基金或者行政事业性收费后的余额为销售额计算缴纳增值税，选项B错误。

纳税人提供旅游服务，可以选择以取得的全部价款和价外费用，扣除向旅游服务购买方收取并支付给其他单位或者个人的住宿费、餐饮费、交通费、签证费、门票费和支付给其他接团旅游企业的旅游费用后的余额为销售额计算缴纳增值税，选项C错误。

航空运输销售代理企业提供境外航段机票代理服务，以取得的全部价款和价外费用，扣除向客户收取并支付给其他单位或者个人的境外航段机票结算款和相关费用后的余额为销售额计算缴纳增值税，选项D错误。

故选项A正确。

私教点拨

纳税人提供旅游服务，可以选择以取得的全部价款和价外费用，扣除向旅游服务购买方收取并支付给其他单位或者个人的住宿费、餐饮费、交通费、签证费、门票费和支付给其他接团旅游企业的旅游费用后的余额为销售额计算缴纳增值税。选择该办法计算销售额的试点纳税人，向旅游服务购买方收取并支付的上述费用，不得开具增值税专用发票，可以开具普通发票。

【例题2·2022年·单项选择题】 某零部件生产企业为增值税一般纳税人。2021年4月销售零部件取得不含税收入200万元，当月收取包装物押金2.16万元，约定两个月后返还，同时当月逾期未退回的包装物押金为3万元。该企业4月应缴纳增值税（　　）万元。

A. 26.35　　B. 26　　C. 26.59　　D. 26.39

【答案】 A

【解析】 本题考查包装物押金的处理。

纳税人为销售货物而出租出借包装物收取的押金，单独记账核算的，不并入销售额征税。但对因逾期未收回包装物不再退还的押金，应按所包装货物的适用税率征收增值税。因此该企业4月应缴纳增值税 $=200\times13\%+3/(1+13\%)\times13\%\approx26.35$（万元）。

故选项A正确。

私教点拨

包装物押金征税规定中“逾期”以1年为期限，对收取1年以上的押金，仍不退还的均并入销售额中。个别包装物周转使用期限较长，报经税务征收机关确定后，可适当放宽逾期期限。

【例题3·2020年·多项选择题】 增值税的销售额为纳税人销售货物或提供应税劳务向购买方取得的全部价款和价外费用。下列属于价外费用的有（　　）。

A. 向购买方收取的增值税税款　　B. 向购买方收取的手续费

C. 向购买方收取的包装费　　D. 向购买方收取的储备费

E. 向购买方收取的优质费

【答案】BCDE

【解析】本题考查价外费用的内容。

价外费用包括：价外向购买方收取的手续费（选项B）、补贴、基金、集资费、返还利润、奖励费、违约金、滞纳金、延期付款利息、赔偿金、代收款项、代垫款项、包装费（选项C）、包装物租金、储备费（选项D）、优质费（选项E）、运输装卸费以及其他各种性质的价外收费。

下列项目不能包括在价外费用中：

一是向购买方收取的增值税税款，以及受托加工应征消费税的消费品所代收代缴的消费税，选项A错误。

二是同时符合以下条件的代垫运输费用：(1) 承运部门的运输费用发票开具给购买方的；(2) 纳税人将该项发票转交给购买方的。

三是同时符合以下条件代为收取的政府性基金或者行政事业性收费：(1) 由国务院或者财政部批准设立的政府性基金，由国务院或者省级人民政府及其财政、价格主管部门批准设立的行政事业性收费；(2) 收取时开具省级以上财政部门印制的财政票据；(3) 所收款项全额上缴财政。

四是销售货物的同时代办保险等而向购买方收取的保险费，以及向购买方收取的代购买方缴纳的车辆购置税、车辆牌照费。

本题要选出"属于"的选项，故选项BCDE正确。

私教点拨

价外费用是计入货物、服务成本的，因此一切使得购入的货物、服务能够达到预计可使用条件的费用都应计入其内，通过整体的费用来计算成本，再通过成本计算增值税进项税额。因此增值税进项税额不能算进价外费用里，因为增值税税款本身就是从成本（全部价款+价外费用）的基础上计算而来的。

【例题4·2019年·单项选择题】下列关于增值税的有关说法中，错误的是（　　）。

A. 还本销售方式销售货物的，不得从销售额中扣减还本支出

B. 纳税人为销售货物而出租出借包装物收取的押金，单独记账核算的，不并入销售额征税

C. 以旧换新方式销售货物的，按新货物同期销售价格确定销售额，不得扣减旧货收购价格（金银首饰以旧换新除外）

D. 折扣方式销售货物的，折扣额另开发票的，不可以从销售额中减除折扣额

【答案】B

【解析】本题考查特殊销售的税务处理。

关于特殊销售的规定：

(1) 纳税人采取**还本销售方式**销售货物，其销售额就是货物的销售价格，**不得从销售额中扣减还本支出**，选项A正确。

（2）纳税人为销售货物而**出租出借包装物收取的押金**，**单独**记账核算的，**不并入**销售额征税。但对因逾期未收回包装物**不再退还**的押金，应按所**包装货物的适用税率**征收增值税。包装物押金征税规定中“逾期”以1年为期限，对收取1年以上的押金，仍不退还的均并入销售额中。个别包装物周转使用期限较长，报经税务征收机关确定后，可适当放宽逾期期限。从1995年6月1日起，对**销售除啤酒、黄酒外的其他酒类**产品而收取的包装物押金，无论是否返还以及会计上如何核算，**均应并入**当期销售额征税。选项B错误。

（3）纳税人**采取以旧换新方式**销售货物，按新货物的**同期销售价格确定**销售额，不得扣减旧货收购价格（**金银首饰以旧换新除外**，应以销售方**实际收取的不含增值税价款**征收增值税），选项C正确。

（4）纳税人发生应税行为，如果价款和折扣额在**同一张发票**上分别注明的，以折扣后的价款为销售额征收增值税；如果将折扣额**另开发票**，不论其在财务上如何处理，均不得从销售额中减除折扣额，选项D正确。

（5）纳税人采取**以物易物方式**销售的，双方均作购销处理，以**各自发出的货物核算销售额**并计算销项税额，以各自收到的货物核算购货额并计算进项税额。

本题要选出错误的选项，故选项B当选。

私教点拨

对包装物出售、租金与押金的梳理，详见表4-4。

表4-4 包装物出售、押金与租金

事项	类型	税务处理
售价	单独计价	算作材料销售处理，单独征税
	不单独计价	计入价外费用并入当期销售额征税
租金	随货物销售	计入价外费用并入当期销售额征税
押金	单独记账	逾期确认不再退还后再行征税
	白酒、葡萄酒等酒类（除啤酒、黄酒）	收取时直接并入当期销售额征税

【例题5·2018年·单项选择题·改编】某生产白酒的企业为增值税一般纳税人，2×18年5月取得含税销售收入62.15万元，当期发出包装物收取押金1.13万元，当期逾期未扣除的包装货物押金为3.39万元，该企业当月应计提的增值税销项税额为（　　）万元。

A. 7.24　　B. 7.28　　C. 7.54　　D. 7.67

【答案】B

【解析】本题考查包装物租金与押金的税务处理。

白酒包装物租金在收到时确认价外费用，计入销售额。

该企业当月应计提的增值税销项税额＝(62.15+1.13)/(1+13%)×13%＝7.28（万元）。

私教点拨

由于白酒押金在收取的时候就计入了收入，计算了增值税销项税额，因此在逾期后不再重复计算。

考点五 增值税的纳税义务发生时间与纳税地点

【例题 1·2022 年·单项选择题】 下列结算方式中，以货物发出当天为增值税纳税义务发生时间的是（　　）。

A. 委托其他纳税人代销货物
B. 赊销和分期收款
C. 进口货物
D. 预收货款

【答案】 D

【解析】 本题考查增值税的纳税义务发生时间。

委托其他纳税人代销货物，为收到代销单位的代销清单或者收到全部或者部分货款的当天。未收到代销清单及货款的，为发出代销货物满 180 天的当天，选项 A 错误。

采取赊销和分期收款方式销售货物，为书面合同约定的收款日期的当天，无书面合同的或者书面合同没有约定收款日期的，为货物发出的当天，选项 B 错误。

进口货物，为报关进口的当天，选项 C 错误。

采取预收货款方式销售货物，为货物发出的当天，选项 D 正确。

故选项 D 正确。

私教点拨

对增值税义务发生时间及地点内容的梳理，详见表 4-5、表 4-6、表 4-7。

表 4-5 增值税义务发生时间

销售方式	发生时间
销售货物、提供应税劳务或者销售应税行为（不同的收款方式见下表）	收讫销售款项或者取得索取销售款项凭据的当天（**合同付款日期**）；先开具发票的，为开具发票的当天
提供租赁**服务**采取预收款方式	为收到预收款的当天
提供建筑服务取得预收款	应在收到预收款时，以取得的预收款扣除支付的分包款后的余额，按照规定的预征率预缴增值税
从事金融商品转让	为金融商品所有权转移的当天
发生视同销售服务、无形资产、不动产行为	为服务、无形资产转让完成的当天或者不动产权属变更的当天
进口货物	为报关进口的当天
扣缴义务人	纳税人增值税纳税义务发生的当天

【例题 2·2016 年·多项选择题·改编】下列关于增值税的纳税义务发生时间和纳税地点的说法中，正确的有（　　）。

A. 纳税人发生视同销售货物行为的，纳税义务发生时间为货物移送的当天

B. 委托其他纳税人代销货物，未收到代销清单不发生纳税义务

C. 固定业户到外县（市）提供应税劳务并向其机构所在地的主管税务机关报告外出经营事项，应向劳务发生地主管税务机关申报纳税

D. 固定业户的分支机构与总机构不在同一地方的，应当分别向各自所在地主管税务机关申报纳税

E. 非固定业户销售货物，应当向销售地主管税务机关申报纳税

【答案】ADE

【解析】本题考查增值税义务发生时间及地点。

选项 B，代销货物义务发生时间为收到代销单位的代销清单或者收到全部或者部分货款的当天。未收到代销清单及货款的，为发出代销货物满 180 天的当天，选项 B 错误。

选项 C，外出经营，应当向其机构所在地的主管税务机关报告外出经营事项，并向其机构所在地的主管税务机关申报纳税；未报告的，应当向销售地或者劳务发生地的主管税务机关申报纳税；未向销售地或者劳务发生地的主管税务机关申报纳税的，由其机构所在地的主管税务机关补征税款，选项 C 错误。

故选项 ADE 正确。

私教点拨

表 4-6　销售货物不同收款方式发生时间

销售货物收款方式	发生时间
直接收款	为收到销售款或者取得索取销售款凭据的当天
托收承付和委托银行收款	为发出货物并办妥托收手续的当天
赊销和分期收款	为书面合同约定的收款日期当天，无书面合同的或者书面合同没有约定收款日期的，为货物发出的当天
预收货款	为货物发出的当天
	超过 12 个月的大型机械设备、船舶、飞机等货物，为收到预收款或者书面合同约定的收款日期当天
代销货物	为收到代销单位的代销清单或者收到全部或者部分货款的当天。未收到代销清单及货款的，为发出代销货物满 180 天的当天
销售应税劳务	为提供劳务同时收讫销售款或者取得索取销售款的凭据的当天
视同销售货物行为	为货物移送的当天

表 4－7 增值税纳税义务发生地点

机构情况	发生地点
固定业户	应当向其机构所在地主管税务机关申报纳税
总机构和分支机构不在同一县（市）	一般：分别向各自所在地的主管税务机关申报纳税
	特殊：经国务院财政、税务主管部门或者其授权的财政、税务机关批准，可以由总机构汇总向总机构所在地的主管税务机关申报纳税
固定业户到外县（市）销售货物或者劳务	应当向其**机构所在地**的主管税务机关**报告外出经营事项**，并向其机构所在地的主管税务机关申报纳税；**未报告**的，应当向**销售地或者劳务发生地**的主管税务机关申报纳税；**未向销售地或者劳务发生地**的主管税务机关申报纳税的，由其**机构所在地**的主管税务机关**补征税款**
非固定业户销售货物或者劳务	应当向销售地或劳务发生地的主管税务机关申报纳税；未向销售地或者劳务发生地的主管税务机关申报纳税的，由其机构所在地或者居住地的主管税务机关补征税款
其他个人提供建筑服务，销售或者租赁不动产，转让自然资源使用权	应向建筑服务发生地、不动产所在地、自然资源所在地主管税务机关申报纳税
进口货物	应当向报关地海关申报纳税
扣缴义务人	应当向其机构所在地或者居住地的主管税务机关申报缴纳其扣缴的税款

考点六 增值税的纳税期限

【例题 · 2019 年 · 单项选择题】下列关于纳税期限的说法中，错误的是（　　）。

A. 纳税人的纳税期限由主管税务机关根据纳税人应纳税额的大小核定

B. 增值税的纳税期限分别为 1 日、3 日、5 日、10 日、15 日、1 个月或 1 个季度

C. 增值税必须按照固定期限纳税

D. 以 1 个季度为纳税期限的规定适用于小规模纳税人

【答案】C

【解析】本题考查增值税的纳税期限。

增值税的纳税期限分别为 1 日、3 日、5 日、10 日、15 日、1 个月或者 1 个季度，选项 B 正确。纳税人的具体纳税期限，由主管税务机关根据纳税人应纳税额的大小分别核定，选项 A 正确；不能按照固定期限纳税的，可以按次纳税。以 1 个季度为纳税期限的规定适用于小规模纳税人、银行、财务公司、信托投资公司、信用社，以及财政部和国家税务总局规定的其他纳税人，选项 D 正确。本题要选出错误的选项，故选项 C 当选。

私教点拨

（1）增值税纳税期限的规定：

①增值税的纳税期限分别为1日、3日、5日、10日、15日、1个月或者1个季度。纳税人的具体纳税期限，由主管税务机关根据纳税人应纳税额的大小分别核定；不能按照固定期限纳税的，可以按次纳税。

②以1个季度为纳税期限的规定适用于小规模纳税人、银行、财务公司、信托投资公司、信用社，以及财政部和国家税务总局规定的其他纳税人。

（2）增值税报缴税款期限的规定：

①纳税人以1个月或者1个季度为1个纳税期的，自期满之日起15日内申报纳税；以1日、3日、5日、10日或者15日为1个纳税期的，自期满之日起5日内预缴税款，于次月1日起15日内申报纳税并结清上月应纳税款。

②扣缴义务人解缴税款的期限，依照上述规定执行。

③纳税人进口货物，应当自海关填发海关进口增值税专用缴款书之日起15日内缴纳税款。

④按固定期限纳税的小规模纳税人可以选择以1个月或1个季度为纳税期限，一经选择，1个会计年度内不得变更。

考点七 增值税的减税、免税

【例题·2019年·多项选择题】下列业务中，应当征收增值税的有（　　）。

A. 将购买的货物用于集体福利

B. 银行销售金银

C. 印刷图书、报纸、杂志

D. 古旧图书

E. 专营烧卤熟制食品的个体工商户生产销售的烧卤熟制食品

【答案】BCE

【解析】本题考查增值税的免征项目。

选项A属于正常消费，不抵进项，不提销项，不属于视同销售，选项A错误。

选项B属于销售货物，应当征收增值税，适用13%增值税税率，选项B正确。

选项C属于销售货物，归类图书、报纸、杂志，应当征收增值税，适用9%增值税税率，选项C正确。

选项D属于增值税免征项目，不征收增值税，选项D错误。

选项E属于提供服务，归类餐饮服务，应当征收增值税，适用6%增值税税率，选项E正确。

本题问“应当征收增值税的业务”，故选项BCE正确。

私教点拨

增值税免征项目：

（1）农业生产者销售的自产农产品；

（2）避孕药品和用具；

（3）古旧图书；

（4）直接用于科学研究、科学实验和教学的进口仪器、设备；

（5）外国政府、国际组织无偿援助的进口物资和设备；

（6）由残疾人组织直接进口供残疾人专用的物品；

（7）销售自己使用过的物品。

其中，**古旧图书**常与**印刷图书**作为辨析选项；**外国政府、国际组织无偿**援助的进口物资和设备常与**外国企业**作为辨析选项；销售自己使用过的物品这里的“自己”是指其他个人，也即自然人，与销售旧物、旧货减按2%征收并不冲突。

考点八 消费税的税率

【例题·2020年·多项选择题】下列选项中，既适用比例税率又适用定额税率的有（　　）。

A. 白酒　　B. 小汽车　　C. 啤酒　　D. 雪茄烟

E. 甲类卷烟

【答案】AE

【解析】本题考查消费税税率。

选项A，比例税率20%，定额税率0.5元/500克，选项A正确。

选项B，按排量与车型比例税率1%至40%，选项B错误。

选项C，定额税率甲类250元/吨，乙类220元/吨，选项C错误。

选项D，比例税率36%，选项D错误。

选项E，生产（进口）环节比例税率56%，定额税率0.003元/支；批发环节比例税率11%，定额税率0.005元/支，选项E正确。

本题要求选既适用比例税率从价又适用定额税率从量的，故选项AE正确。

私教点拨

烟和酒特殊，消费税税率的设置分成了几种方式。其他商品除了成品油适用定额税率外，别的都适用比例税率，详见表4-8。

表4-8 消费税税率

税率类型	适用税目
比例税率从价又定额税率从量	白酒、卷烟
定额税率从量	黄酒、啤酒，成品油
比例税率从价	雪茄、烟丝，其他所有

考点九 消费税的计税依据

【例题 1 · 2021 年 · 单项选择题】下列行为中，无须缴纳消费税的是（　　）。

A. 化妆品生产企业将自产高档化妆品用于交易会样品

B. 卷烟企业将自产烟丝用于连续生产卷烟

C. 汽车企业将自产轿车用于本企业管理

D. 地板企业将自产实木地板用于装修

【答案】B

【解析】本题考查消费税计税环节的确认。

选项 ACD 皆属于自产自用应缴纳消费税。选项 B 属于自产自用应税消费品用于连续生产应税消费品，不纳税。

私教点拨

消费税与增值税一样，属于商品和劳务税，因此有商品和劳务税链条，即以后还能缴纳消费税则无须缴纳消费税。用于连续生产应税消费品并没有脱离链条，而用于其他方面则脱离了商品和劳务税链条，需要及时缴纳商品和劳务税。其他方面包括用于生产非应税消费品、在建工程、管理部门、非生产机构、提供劳务，以及用于馈赠、赞助、集资、广告、样品、职工福利、奖励等方面。

【例题 2 · 2017 年 · 多项选择题】纳税人销售应税消费品收取的下列款项中，应并入消费税计税依据的有（　　）。

A. 装卸费

B. 集资款

C. 增值税销项税额

D. 白酒优质费

E. 未逾期的啤酒包装物押金

【答案】ABD

【解析】本题考查消费税价外费用的内容。

纳税人销售应税消费品的销售额包括销售应税消费品从购买方收取的全部价款和价外费用，价外费用是指价外向购买方收取的手续费、补贴、基金、集资费（选项 B）、返还利润、奖励费、违约金、滞纳金、延期付款利息、赔偿金、代收款项、代垫款项、包装费、包装物租金、储备费、优质费（选项 D）、运输装卸费（选项 A）以及其他各种性质的价外收费。

但下列项目不属于价外费用：

（1）同时符合下列条件的代垫运输费用：

①承运部门的运输费用发票开具给购买方的；

②纳税人将该项发票转交给购买方的。

（2）同时符合下列条件代为收取的政府性基金或行政事业性收费：

①由国务院或财政部批准设立的政府性基金，由国务院或省级人民政府及其财政、价格主管部门批准设立的行政事业性收费；

②收取时开具省级以上财政部门印刷的财政票据；

③所收款项全额上缴财政。

因此选项 ABD 皆属于价外费用。

销售额不包括应向购买方收取的增值税税款，选项 C 错误。

押金不应并入应税消费品销售额中，但对预期未收回的包装物不再退还的或已收取的时间超过 12 个月的押金，应并入应税消费品的销售额中。除**啤酒**、**黄酒**外，酒类包装物押金无论是否退还、无论如何核算，均应计入销售额中，选项 E 错误。

故选项 ABD 正确。

私教点拨

消费税价外费用的理解与增值税相同，使得买入的货物、服务可以达到预计可使用状态的一切费用皆计入价外费用中，增值税是以成本为基础，故不计入。包装物押金本身因为要退还，所以不计入价外费用，但是酒类特殊，除啤酒、黄酒外的包装物押金需要计入。

考点十 消费税应纳税额的计算

【例题 1 · 2022 年 · 单项选择题】 2022 年 1 月，某汽车生产企业生产了 10 辆乘用车，其中 7 辆销售给 4S 店，取得不含税价款 1 120 万元；1 辆直接销售给消费者，不含税售价为 180 万元；其余待售。已知该乘用车生产环节消费税税率为 12%。该汽车生产企业当月应缴纳消费税（　　）万元。

A. 268　　B. 286　　C. 156　　D. 174

【答案】 D

【解析】 本题考查消费税应纳税额的计算。

自 2016 年 12 月 1 日起，对超豪华小汽车，在生产（进口）环节按现行税率征收消费税基础上，在零售环节加征消费税，税率为 10%。国内汽车生产企业直接销售给消费者的超豪华小汽车，消费税税率按照生产环节税率和零售环节税率加总计算，超豪华小汽车征收范围为每辆零售价格 130 万元（不含增值税）及以上的乘用车和中轻型商用客车。该企业应缴纳消费税 = 1 120×12% + 180×(12%+10%) = 174（万元）。

私教点拨

对于超豪华小汽车［每辆零售价格 130 万元（不含增值税）及以上的乘用车和中轻型商用客车］，计算应缴纳消费税时，生产环节和零售环节需加总计算。

【例题 2 · 2022 年 · 单项选择题】 下列选项中，实行从量定额和从价定率相结合计算应纳税额的复合计税办法的是（　　）。

A. 成品油　　B. 黄酒　　C. 卷烟　　D. 啤酒

【答案】C

【解析】本题考查消费税应纳税额的计算。

粮食白酒、薯类白酒、卷烟实行从量定额和从价定率相结合计算应纳税额的复合计税办法。

私教点拨

消费税的税率形式见表4-9。

表4-9 消费税的税率形式

征税方式	范围
复合征税（含批发环节销售的卷烟）	卷烟、白酒
定额税率	啤酒、黄酒、成品油
比例税率	其他应税消费品

【例题3·2020年·单项选择题】下列选项中，属于委托加工应税消费品的是（　　）。

A. 由委托方提供原料和主要材料，受托方只收取加工费和代垫部分辅助材料加工的应税消费品

B. 由受托方以委托方的名义购进原材料生产的应税消费品

C. 由受托方提供原材料生产的应税消费品

D. 受托方先将原材料卖给委托方，然后再接受加工的应税消费品

【答案】A

【解析】本题考查委托加工的概念。

委托加工定义为由委托方提供原料和主要材料，受托方只收取加工费和代垫部分辅助材料进行加工的应税消费品。故选项A正确。

私教点拨

对于由受托方提供原材料生产的应税消费品，或者受托方先将原材料卖给委托方，然后再接受加工的应税消费品，以及由受托方以委托方名义购进原材料生产的应税消费品，不论纳税人在财务上是否作销售处理，都不得作为委托加工应税消费品，而应当按**销售自制应税消费品**缴纳消费税。

该考点还常考计税价格的计算公式。考生要注意区分：委托加工的应税消费品，按照受托方的同类消费品的销售价格计算纳税；没有同类消费品销售价格的，按照组成计税价格计算纳税。计算公式如下：

组成计税价格＝(材料成本+加工费)/(1-消费税税率)。

【例题4·2018年·单项选择题】2×18年2月，某化妆品厂将一批自产高档护肤类化妆品用于集体福利，生产成本35 000元；将新研制的香水用于广告样品，生产成本20 000元。上述产品的成本利润率为5%，消费税税率为30%。上述货物已全部发出，均无同类产品售价，2×18年2月该化妆品厂上述业务应纳消费税为（　　）元。

A. 22 392.60　　B. 24 750.00

C. 35 150.00　　D. 50 214.00

【答案】B

【解析】本题考查消费税的计算。

2×18 年 2 月该化妆品厂上述业务应纳消费税 =（35 000+20 000）×（1+5%）/（1−30%）×30% = 24 750（元）

自产自用应税消费品的计税价格，若有同类消费品销售价格的，使用同类消费品销售价格；若无同类消费品销售价格的，使用组价公式：成本×(1+成本利润率)/(1−消费税税率)。获得消费税计税价格，得出消费税=消费税计税价格×消费税税率。

私教点拨

使用组价公式应注意前提，观察是否有同期同类应税消费品售价。若无则使用组价公式，公式如下：

从价组价公式=成本×(1+成本利润率)/(1−消费税税率)

既从价又从量组价公式=[成本×(1+成本利润率)+消费税定额税率×销售数量]/(1−消费税税率)

由于价格是组合而来的，只包含了成本和利润，因此需要除以（1−消费税税率）进行价格的**还原**，使得组合价格是包含价内税消费税的价格。与增值税价税分离除以（1+增值税税率）的逻辑是不同的，需要加以区分。

考点十一 消费税的征收管理

【例题·2022 年·多项选择题】关于消费税纳税义务发生时间的说法，正确的有（　　）。

A. 某高档手表厂采取预收货款方式销售高档手表，其纳税义务发生时间为销售合同规定的收款日期的当天

B. 某酒厂销售葡萄酒，直接收取价款，其纳税义务发生时间为收款当天

C. 某汽车厂自产自用的小汽车，其纳税义务发生时间为小汽车移送使用的当天

D. 某烟花企业采用托收承付结算方式销售焰火，其纳税义务发生时间为发出焰火并办妥托收手续的当天

E. 某化妆品厂采用赊销方式销售化妆品，合同规定收款日期为 6 月 10 日，7 月 20 日收到货款，纳税义务发生时间为 6 月

【答案】BCDE

【解析】本题考查消费税纳税义务发生的时间。

采取预收货款方式销售货物，其纳税义务发生时间为发出应税消费品的当天，选项 A 错误。

私教点拨

消费税义务发生时间详见表4-10。

表4-10　消费税义务发生时间

销售方式	义务发生时间	
	销售结算方式	义务发生时间
销售应税消费品	采取赊销和分期收款方式结算的	（1）为书面合同约定的，收款日期的当天； （2）书面合同没有约定收款日期或者无书面合同的，为发出应税消费品的当天
	采取预收货款结算方式的	为发出应税消费品的当天
	采取托收承付和委托银行收款方式的	为发出应税消费品的当天
	采取其他结算方式的	为收讫销售款或者取得索取销售款凭证的当天
自产自用应税消费品	为移送使用的当天	
委托加工应税消费品	为纳税人提货的当天	
进口应税消费品	为报关进口的当天	

考点十二　关税的纳税人

【例题·2015年·单项选择题】属于关税法定纳税义务人的是（　　）。

A. 进口货物的收货人　　B. 进口货物的代理人

C. 出口货物的代理人　　D. 出境物品的携带人

【答案】A

【解析】本题考查关税的法定纳税义务人。

货物的纳税人是经营**进出口**货物的收货人、发货人，选项A正确，选项BC错误。

物品的纳税人：（1）**入境时**随身携带行李、物品的携带人（选项D错误）；（2）各种**入境**交通工具上携带自用物品的持有人；（3）馈赠物品以及其他方式**入境**个人物品的所有人；（4）**进口**个人邮件的收件人。

私教点拨

关税的纳税义务人原则是最好能找到负税人，不然能找到谁就是谁。

经营进出口货物的，其收货人和发货人都比较固定，故以收货人和发货人为纳税义务人。

物品的纳税人，目的千变万化，寻找到最终负税人的难度较大，所以以携带人、持有人为纳税义务人。

邮件没有携带人、持有人，但是必然有收件人，因此以收件人为纳税义务人。

考点十三 关税的完税价格和应纳税额的计算

【例题1·2022年·单项选择题】下列关于关税制度的说法，错误的是（　　）。

A. CIF是“成本加运费，保险费”的价格术语的简称，又称“到岸价格”

B. CFR是“到岸价格”的简称

C. 货物的关税纳税人是经营进出口货物的收货人和发货人

D. 无商业价值的广告品和货样免征关税

【答案】B

【解析】本题考查关税制度的概念。

CFR是“成本加运费”的价格术语的简称，又称“离岸加运费价格”，选项B错误。

私教点拨

三种价格具体内容及记忆方法详见表4-11。

表4-11 进出口价格

英文名称	中文名称	具体内容
FOB	离岸价格	实际成交价格
CFR	离岸加运费价格	实际成交价格+运费
CIF	到岸价格	实际成交价格+运费+保险费
记忆方法：可以按照“F”的位置来记忆各类价格。FOB是出口装上船的价格，因此F在最前面；运输途中加上运费为CFR，F在中间；最终到达港口，加上保险费为CIF，F在最后		

【例题2·2018年·单项选择题】某企业2×18年4月将一台账面原值100万元、已提折42万元的进口设备运往境外修理，当月在海关规定的期限内复运入境。经海关审定的境外修理费5万元、料件费14万元、运费1.5万元。假定设备的进口关税税率为20%。则该企业应缴纳关税为（　　）万元。

A. 3.2　　B. 3.8　　C. 8.4　　D. 12

【答案】B

【解析】本题考查关税特殊货物的完税价格。

运往境外修理的机械器具、运输工具或者其他货物，出境时已向海关报明，并且在海关规定的期限内复运进境的，应当以境外修理费和料件费为基础审查确定完税价格。

该企业应缴纳关税=(5+14)×20%=3.8（万元），选项B正确。

私教点拨

关税完税价格确定详见表 4-12。

表 4-12　关税完税价格

<table>
<tr><td rowspan="3">进口货物完税价格</td><td>一般货物</td><td>成交价格+运费及相关费用+保险费</td></tr>
<tr><td rowspan="2">特殊货物</td><td>运往境外修理=修理费+物料费</td></tr>
<tr><td>运往境外加工=加工费+物料费+运费及相关费用+保险费</td></tr>
<tr><td rowspan="2">特殊计算</td><td colspan="2">运费无法确定的，应当按照该货物进口同期运输行业公布的运费率计算运费</td></tr>
<tr><td colspan="2">保险费无法确定的，保险费=(货价+运费)×3‰</td></tr>
<tr><td>出口货物完税价格</td><td colspan="2">成交价格+运费及相关费用+保险费</td></tr>
</table>

考点十四　关税的税收优惠

【例题·2022 年·多项选择题】下列属于免征关税的进出口货物的有（　　）。

A. 国际组织无偿赠送的物资

B. 海关放行前损失的货物

C. 关税税额在 100 元人民币以下的一票货物

D. 盛装货物的容器

E. 货样

【答案】AB

【解析】本题考查免征关税项目的内容。

下列进出口货物，免征关税：

①关税税额在人民币 50 元以下的一票货物，选项 C 错误；

②无商业价值的广告品和货样，选项 E 错误；

③外国政府、国际组织无偿赠送的物资，选项 A 正确；

④海关放行前损失的货物，选项 B 正确；

⑤进出境运输工具装载的途中必需的燃料、物料和饮食用品。

私教点拨

对于在某金额以下的货物、物品免税共涉及两个税种，关税与船舶吨税，均是 50 元以下。

关税为关税税额在人民币 50 元以下的一票货物免税关税。

船舶吨税为应纳税额在人民币 50 元以下的船舶免征船舶吨税。

考点十五 增值税、消费税、关税综合

【例题 1 · 2015 年 · 单项选择题】下列关于计税价格的说法中，符合现行增值税与消费税规定的是（　　）。

A. 将自产的应税消费品用于对外赠送，应当以最高售价计征消费税，但以同类消费品的平均价格计征增值税

B. 将自产的应税消费品用于连续生产应税消费品，应以同类消费品的平均价格计征消费税与增值税

C. 将自产的应税消费品用于对外分配，应当以最高售价计征消费税，但以同类消费品的平均价格计征增值税

D. 将自行生产的应税消费品用于投资入股，应以同类消费品的最高售价计征消费税，但以同类消费品的平均价格计征增值税

【答案】D

【解析】本题考查增值税与消费税计税价格的相关规定。

自产用于交换、抵债、投资的应税消费品，以同类应税消费品的最高销售价格作为计税依据。

选项 A，自产的应税消费品用于对外赠送，属于视同销售，应以同类平均价计征消费税与增值税，选项 A 错误。

选项 B，纳税人自产自用的应税消费品，用于连续生产应税消费品的，不纳税；用于其他方面的，于移送使用时纳税，选项 B 错误。

选项 C，自产的应税消费品用于对外分配，属于视同销售，应以同类平均价计征消费税与增值税，选项 C 错误。

选项 D，自行生产的应税消费品用于投资入股，属于特殊计征，应以同类售价最高售价计征消费税，以同类平均价计征增值税，选项 D 正确。

本题要选出符合的选项，故选项 D 当选。

私教点拨

消费税之所以会有最高售价，原因在于应税消费品用于换、抵、投的业务，往往合同与会计核算等比较复杂，有偷税漏税的空间，由于消费税存在调节作用，所以以最高售价计征，确保消费税的调节作用得到最大程度的发挥。

记忆口诀：

增值税视同销售：“外购投分送，自产加使用”。消费税最高售价计税：“自产换抵投”。

【例题 2 · 2013 年 · 单项选择题】某公司 2013 年 6 月进口 10 箱卷烟（5 万支/箱），经海关审定，关税完税价格 22 万元/箱，关税税率 50%，消费税税率 56%，定额税率 150 元/箱。2013 年 6 月该公司进口环节应纳消费税（　　）万元。

A. 1 183.64　　B. 420.34　　C. 288.88　　D. 100.8

【答案】B

【解析】 本题考查进口环节消费税的计算。

进口环节消费税=[(关税完税价格+关税+定额消费税)/(1-消费税税率)]×消费税税率+定额消费税=[22×10×(1+50%)+150×10/10 000]/(1-56%)×56%+150×10/10 000≈420.34（万元）。

私教点拨

增值税、消费税、关税的组合综合公式推导：

进口增值税=组成计税价格×增值税税率

进口消费税=从价定率消费税+从量定额消费税

从量定额消费税=定额税率×销售数量

从价定率消费税=组成计税价格×消费税比例税率

组成计税价格=(关税完税价格+关税+定额消费税)/(1-消费税比例税率)=(关税完税价格+关税+定额税率×销售数量)/(1-消费税比例税率)

公式完全展开：

进口增值税=[(关税完税价格+关税+定额税率×销售数量)/(1-消费税比例税率)]×增值税税率

案例分析题专练

【例题1·2022年·案例分析题】

	【审题过程】
甲企业是一家摩托车生产企业［1］，为增值税一般纳税人。生产A型（气缸容量300毫升）、B型（气缸容量200毫升）两款两轮摩托车［1］。2021年1月初没有留抵税额。2021年1月，该企业往来业务如下： （1）甲企业自行申报进口一批摩托车零件，支付给国外的买价120万元，包装费2万元，支付到达我国海关以前的装卸费、运输费、保险费8万元，支付购货佣金3万元［2］，由甲企业向海关缴纳税金后，海关开具增值税专用缴款书并放行。 （2）甲企业当月月初采用赊销方式销售自产A型摩托车200辆，合同约定当月月末由购买方支付价税合计金额113万元［3］，由于购买方资金紧张，仅支付了80万元。当月，甲企业将5辆A型摩托车赠送协作单位［3］。	［1］根据“摩托车”“A型（气缸容量300毫升）、B型（气缸容量200毫升）”，推测会涉及消费税税率。 ［2］材料（1）中，该公司进口申报：支付给国外的买价120万元，包装费2万元，支付到达我国海关以前的装卸费、运输费、保险费8万元，支付购货佣金3万元。这些会影响关税和增值税的计算，进而影响向海关缴纳的税费总额。 ［3］材料（2）中甲企业对外赊销摩托车，合同约定当月支付价税金额，纳税义务发生时间为书面合同约定的收款日期的当天，因此产生的增值税影响当月销项增值税。

（3）甲企业当月销售自产B型摩托车600辆，取得不含税收入120万元；支付运输公司当月运费，取得一般纳税人开具的增值税专用发票列明金额6万元［4］。 （4）甲企业将位于县城的一座2019年购进的仓库出租［5］，预收了2年的租金48万元（不含增值税）。 其他相关资料：①甲企业进口零件的关税税率为6%；②应税摩托车适用10%的消费税税率。	［4］材料（3）中甲企业取得含税收入120万元，会影响增值税销项。 ［5］材料（4）中购进的仓库位于县城，城市维护建设税按纳税人所在地的不同，设置了三档地区差别比例税率，注意区别。①市区：7%；②县城、镇：5%；③不在市区、县城或镇的：1%。

根据以上资料，回答下列问题：

1. 甲企业进口摩托车零件应向海关缴纳的税费总额为（　　）万元。

A. 7.8　　B. 17.914　　C. 25.714　　D. 30

2. 甲企业业务（2）和业务（3）当月的增值税销项税额为（　　）万元。

A. 25.03　　B. 28.925　　C. 15.6　　D. 20

3. 甲企业业务（2）和业务（3）当月应缴纳的消费税税额为（　　）万元。

A. 15.25　　B. 12　　C. 22.25　　D. 10.25

4. 甲企业业务（4）在县城预缴的增值税税额为（　　）万元。

A. 2.4　　B. 1.44　　C. 4.32　　D. 6.24

5. 甲企业位于县城的仓库适用的城市维护建设税税率为（　　）。

A. 5%　　B. 7%　　C. 1%　　D. 3%

1. **【答案】**C

【解析】本题考查关税应纳税额的计算。

应缴纳关税税额＝(120+2+8)×6%＝7.8（万元），应缴纳增值税税额＝(120+2+8+7.8)×13%＝17.914（万元）。故应向海关缴纳的税费总额＝7.8+17.914＝25.714（万元）。

2. **【答案】**B

【解析】本题考查增值税的计算。

业务（2）当月的增值税销项税额＝113/(1+13%)/200×(200+5)×13%＝13.325（万元），业务（3）当月的增值税销项税额＝120×13%＝15.6（万元）。合计＝13.325+15.6＝28.925（万元）。

3. **【答案】**D

【解析】本题考查消费税。

业务（2）当月应缴纳的消费税税额＝113/(1+13%)/200×(200+5)×10%＝10.25（万元）；

业务（3）销售自产的B型摩托车（气缸容量不足250毫升）无需缴纳消费税。故当月应当缴纳消费税税额为10.25万元。

4.【答案】B

【解析】本题考查计算不动产经营租赁增值税税额。

一般纳税人出租其2016年5月1日后取得的、与机构所在地不在同一县（市）的不动产，应按照3%的预征率在不动产所在地预缴税款后，向机构所在地主管税务机关进行纳税申报。因此甲企业业务（4）在县城预缴的增值税税额=48×3%=1.44（万元）。

5.【答案】A

【解析】本题考查城市维护建设税税率。

城市维护建设税按纳税人所在地的不同，设置了三档地区差别比例税率。具体内容包括：①纳税人所在地在市区的，税率为7%；②纳税人所在地在县城、镇的，税率为5%；③纳税人所在地不在市区、县城或镇的，税率为1%。

【例题2·2020年·案例分析题】

某工业企业为增值税一般纳税人，生产销售机床，适用13%的增值税税率［1］，2×20年5月发生下列业务。 （1）购进原材料一批，取得增值税专用发票注明的价款40万元，增值税为5.2万元，材料已经验收入库，款项尚未支付［2］。 （2）购进低值易耗品一批，取得增值税专用发票注明的价款5万元，增值税为0.65万元［3］，款项已经支付，低值易耗品尚未验收入库。 （3）销售机床给甲公司，开出增值税专用发票，价款为90万元，增值税为11.7万元；同时收取包装物押金3.29万元［4］ （4）将产品投资入股20万元（成本价），该企业没有同类产品售价，适用成本利润率为10%［5］。 （5）该企业附设一非独立核算的维修部，取得产品维修费全部收入1.13万元［6］。。	**【审题过程】** ［1］抓取数据“适用13%的增值税税率”。 ［2］材料（1）中购进原材料取得了专票，不需要价税分离，进项税额可以抵扣，即使款项尚未支付，增值税义务也已发生。抓取数据“价款40万元，增值税为5.2万元”，5.2万元为**进项税额**。 ［3］材料（2）中购进低值易耗品取得了增值税专用发票，不需要价税分离，进项税额可以抵扣。抓取数据“价款5万元，增值税为0.65万元”，0.65万元为**进项税额**。 ［4］材料（3）中销售机床，开具了专票，不需要价税分离。包装物押金，非酒类（除啤酒、黄酒），不直接计入销售额。抓取数据“价款为90万元，增值税为11.7万元”，11.7万元为**销项税额** ［5］材料（4）中产品投资，**视同销售，无同类产品售价**，用组价公式。抓取数据“成本价20万元，适用成本利润率为10%”。 ［6］材料（5）取得产品维修全部收入需要进行价税分离。抓取数据“全部收入1.13万元”，价款1万元，税款0.13万元，0.13万元为**销项税额**。

根据以上资料，回答下列问题：

1. 本月销售给甲公司的机床应计提增值税销项税额（　　）元。

A. 5 100　　B. 117 000　　C. 158 100　　D. 158 967

2. 本月允许抵扣的增值税进项税额为（　　）元。

A. 54 000　　B. 58 000　　C. 58 500　　D. 85 000

3. 视同销售的投资入股产品的增值税计税价格为（　　）元。

A. 200 000　　B. 220 000　　C. 240 000　　D. 260 000

4. 本月应缴纳增值税（　　）元。

A. 88 400.00　　B. 114 354.37　　C. 117 300.00　　D. 119 000.00

1. **【答案】**B

【解析】本题考查销项税额的计算。

销售机床开具了增值税专用发票，不需要价税分离，税款 11.7 万元。

2. **【答案】**C

【解析】本题考查进项税额的计算。

材料（1）（2）为采购业务，开具了增值税专用发票，不需要价税分离。材料（1）税款 5.2 万元和材料（2）税款 0.65 万元均为进项税额。

本月允许抵扣的增值税进项税额＝5.2+0.65＝5.85（万元）＝58 500（元）。

3. **【答案】**B

【解析】本题考查视同销售情形下销售额的确定。

视同销售有同类用同类，无同类使用组价公式。成本价 20 万元，成本利润率 10%。

视同销售的投资入股产品的增值税计税价格＝20×(1+10%)＝22（万元）。

4. **【答案】**A

【解析】本题考查增值税的计算。

增值税一般纳税人，应缴纳增值税额＝销项税额−进项税额。

销项税额为材料（3）（4）（5）。

进项税额为材料（1）（2）。

销项税额＝22×13%+11.7+1.13/(1+13%)×13%＝14.69（万元）。

进项税额为 5.85 万元。

应缴纳增值税＝14.69−5.85＝8.84（万元）。

【例题 3·2018 年·案例分析题·改编】

北京某进出口公司从美国进口一批货物，货物成交价格折合人民币为 700 万元，境外运费和保险费合计 50 万元［1］，另支付货物运抵我国上海港的运费、保险费等 20 万元［2］。假设该货物适用的关税税率为 20%、增值税税率为 13%、消费税税率为 10%［3］。	**【审题过程】** ［1］抓取数据“700 万、50 万”，关税完税价格＝750 万元。 ［2］运抵我国，明确为完税价格的迷惑条件。 ［3］抓取税率“关税 20%，增值税 13%，消费税 10%”。

根据以上资料，回答下列问题：

1. 该公司应纳关税为（　　）万元。

A. 150　　B. 300　　C. 1 500　　D. 1 600

2. 该公司组成增值税（消费税）计税价格是（　　）万元。

A. 1 000　　B. 3 000　　C. 7 000　　D. 8 000

3. 该公司应纳消费税（　　）万元。

A. 100　　B. 500　　C. 700　　D. 800

4. 该公司应纳增值税（　　）万元。

A. 100　　B. 130　　C. 200　　D. 260

1. 【答案】A

【解析】本题考查关税的计算。

进口货物的完税价格，由海关以该货物的成交价格以及货物运抵我国境内输入地点起卸前的运输及其他费用、保险费为基础审查确定。

该公司应纳关税税额＝(700+50)×20%＝150（万元）。

2. 【答案】A

【解析】本题考查进口环节组成计税价格公式的运用。

组成计税价格＝(关税完税价格+关税)/(1−消费税比例税率)。

根据公式：组成计税价格＝(750+150)/(1−10%)＝1 000（万元）。

3. 【答案】A

【解析】本题考查进口环节消费税的计算。

组成计税价格＝1 000（万元），消费税税率 10%。应纳税额＝组成计税价格×税率。

根据公式：应纳税额＝1 000×10%＝100（万元）。

4. 【答案】B

【解析】本题考查进口环节增值税的计算。

组成计税价格＝1 000（万元），增值税税率 13%。应纳税额＝组成计税价格×税率。

根据公式：应纳税额＝1 000×13%＝130（万元）。

真题演练

一、单项选择题

1.（2021 年）下列关于消费税纳税义务发生时间的说法中，正确的是（　　）。

A. 委托加工应税消费品的，为支付加工费的当天

B. 采取分期收款结算方式的，为发出应税消费品的当天

C. 进口应税消费品的，为报关进口的当天

D. 采取预收货款结算方式的，为收到预收款的当天

2. （2021 年）根据增值税法律制度，下列行为中属于其他生活服务的是（　　）。

A. 纳税人提供植物养护服务

B. 提供餐饮服务的纳税人销售的外卖食品

C. 宾馆提供会议场所及配套服务

D. 纳税人对安装运行后的电梯提供的维护保养服务

3. （2021 年）根据增值税法律制度，下列行为中属于应税劳务的是（　　）。

A. 提供缝纫劳务

B. 利用橱窗为客户进行广告发布、宣传、展示

C. 对建筑物进行修饰装修服务

D. 通过铁路运送旅客的运输业务活动

4. （2021 年）销售小轿车时一并向购买方收取的款项中，应作为价外费用计算增值税销项税额的是（　　）。

A. 收取的保险费　　B. 小轿车改装费

C. 收取的车辆牌照费　　D. 收取的车辆购置税

5. （2020 年）某增值税一般纳税人将购进的一批货物分配给投资者，下列税务处理中，正确的是（　　）。

A. 该批货物视同销售计算销项税额，但不得抵扣其进项税额

B. 该批货物不计算销项税额，但可以抵扣其进项税额

C. 该批货物不计算销项税额，不得抵扣该批货物的进项税额

D. 该批货物视同销售计算销项税额，其进项税额符合条件的可以抵扣

6. （2018 年）某生产企业属于增值税小规模纳税人，2×18 年 2 月对部分资产盘点后进行处理：销售边角废料，由税务机关代开增值税专用发票，取得不含税收入 60 000 元；销售自己使用过的小汽车 1 辆，小汽车原值为 130 000 元，销售后取得含税收入 36 000 元，该企业上述业务应缴纳增值税为（　　）元。

A. 1 800　　B. 2 499. 03　　C. 3 400　　D. 4 200

7. （2018 年）下列关于增值税纳税义务发生时间的说法中，错误的是（　　）。

A. 采取赊销方式销售货物且未签订书面合同的，为货物发出的当天

B. 采取预收货款方式销售货物的，为收到预收款的当天

C. 采取分期付款方式销售货物的，为按合同约定的收款日期当天

D. 采取直接付款方式销售货物的，为收到销售款或取得索取销售款凭据的当天

8. （2017 年）下列增值税征税范围中，不属于无形资产的是（　　）。

A. 自然资源使用权　　B. 著作权　　C. 鉴证咨询　　D. 技术

9. （2017 年·改编）下列关于增值税税率的说法中，正确的是（　　）。

A. 进口粮食，税率为 9%　　B. 销售电子出版物，税率为 13%

C. 提供交通运输服务，税率为 6%　　D. 提供有形动产租赁服务，税率为 6%

二、多项选择题

1.（2021 年）在计算关税完税价格时，计入出口货物完税价格的有（　　）。

A. 在货物价款中单独列明的货物运至中华人民共和国境内输出地点装载后的运输及相关费用、保险费

B. 货物运至我国境内输出地点装载前的保险费

C. 货物运至我国境内输出地点装载前的运输及其相关费用

D. 出口关税

E. 由卖方承担的佣金

2.（2021 年）根据消费税法律制度，征收消费税的行为有（　　）。

A. 白酒生产企业用于广告宣传的样品白酒

B. 器材厂委托加工收回后直接销售的高尔夫球

C. 木材厂将自产的实木地板用于连续生产实木地板

D. 卷烟生产企业用于本企业招待所的卷烟

E. 汽车生产企业将自产的小汽车用于抵偿债务

3.（2021 年）海关审查确定进口货物关税完税价格的方法包括（　　）。

A. 最低限价法

B. 相同货物成交价格估价方法

C. 类似货物成交价格估价方法

D. 倒扣价格估价方法

E. 计算价格估价方法

4.（2020 年）下列关于关税制度的说法中，正确的有（　　）。

A. CFR 是“到岸价格”的简称

B. 无商业价值的货样免征关税

C. FOB 是“成本加运费”的价格的简称

D. 进口货物完税价格的确定首先应按相同货物成交价格估算

E. CIF 是“成本加运费、保险费”的价格的简称，又称到岸价格

5.（2019 年）根据进出口关税条例，下列说法错误的有（　　）。

A. 出口货物的关税完税价格不包含出口关税

B. 进口货物成交价格“CIF”的含义是“成本加运费、保险费”的价格术语简称，又称“到岸价格”

C. 进口货物成交价格“FOB”的含义是“船上交货”的价格术语简称，又称“离岸价格”

D. 进口货物成交价格“CFR”的含义是“到岸价格”的价格术语简称

E. 进口货物的保险费无法确定时，海关应按照售价的 5‰计算保险费

6.（2018 年）下列进出口货物中，免征关税的有（　　）。

A. 无商业价值的广告品和货样

B. 海关放行前损失的货物

C. 关税税额在 50 元人民币以下的一票货物

D. 盛装货物的容器

E. 货样

7. (2017 年) 下列关于消费税纳税义务发生时间的说法中，正确的有（　　）。

A. 某酒厂销售葡萄酒 20 箱，直接收取价款 4 800 元，其纳税义务发生时间为收款当天

B. 某汽车厂自产自用 3 台小汽车，其纳税义务发生时间为小汽车移送使用的当天

C. 某烟花企业采用托收承付结算方式销售烟火，其纳税义务发生时间为发出烟火并办完托收手续的当天

D. 某化妆品厂采用赊销方式销售化妆品，合同规定收款日期为 6 月 23 日，7 月 20 日收到货款，纳税义务发生时间为 6 月份

E. 某高档手表厂采取预收货款方式销售高档手表，其纳税义务发生时间为销售合同规定的某天

8. (2014 年) 根据关税的有关规定，进口货物中可以享受法定免税的有（　　）。

A. 有商业价值的进口货样

B. 外国政府无偿赠送的物资

C. 科贸公司进口的科教用品

D. 贸易公司进口的残疾人专用品

E. 关税税额在人民币 50 元以下的一票货物

三、案例分析题

(2014 年·改编) 某白酒生产企业为增值税一般纳税人，2×14 年 6 月业务如下：

(1) 向某烟酒专卖店销售粮食白酒 30 吨，开具普通发票，取得收入 350 万元。

(2) 将外购价值 6 万元的黄酒委托乙企业加工散装药酒 1 000 千克，收回时向乙企业支付不含增值税的加工费 1 万元，乙企业无同类产品售价，但已代收代缴消费税。

(3) 委托加工收回后将其中 700 千克散装药酒继续加工成瓶装药酒 1 500 瓶，与自产粮食白酒组成成套礼品盒对外销售，每套礼盒中含药酒 2 瓶，500 克白酒 2 瓶，共出售 750 套礼盒，每套含税售价 248.6 元；将 200 千克散装药酒馈赠给相关单位；剩余 100 千克散装药酒作为福利分给职工。同类药酒的含税销售价为每千克 150 元。

已知：药酒的消费税税率为 10%；白酒的消费税税率为 20%，0.5 元/500 克。

根据以上资料，回答下列问题：

1. 白酒生产企业向专卖店销售白酒应缴纳消费税为（　　）万元。

A. 73.00　　B. 70.00　　C. 63.00　　D. 64.95

2. 乙企业已代收代缴的消费税为（　　）万元。

A. 0　　B. 0.778　　C. 0.8　　D. 1.282

3. 白酒生产企业本月销售成套礼盒应纳消费税税额为（　　）万元。

A. 3.3750　　B. 3.3000　　C. 2.4026　　D. 1.6500

4. 白酒生产企业本月馈赠散装药酒应纳增值税税额为（　　）万元。

A. 0　　B. 0.3846　　C. 0.3451　　D. 0.9

5. 关于白酒生产企业的涉税处理，正确的有（　　）。

A. 若白酒生产企业额外收取品牌使用费，应按无形资产税目计算缴纳营业税

B. 若白酒生产企业额外收取品牌使用费，应计算缴纳增值税

C. 若白酒生产企业额外收取品牌使用费，应计算缴纳消费税

D. 白酒生产企业本月分给职工散装药酒，应视同销售计算缴纳增值税

【2013 年·改编】北京某货运公司（增值税一般纳税人）2×13 年 4 月发生如下业务：

（1）购入新载货车，取得机动车专用发票注明税额 5.1 万元。

（2）购买成品油，取得增值税专用发票注明税额 4.25 万元。

（3）购买材料、低值易耗品，支付动力费用，取得增值税专用发票注明税额 5.92 万元。

（4）修理载货车，取得增值税专用发票注明税额 2.34 万元。

（5）货运业务取得含税收入 114.45 万元。

（6）装卸搬运服务取得含税收入 12.72 万元。

（7）经营性出租载货车（不配司机）业务取得含税收入 67.8 万元（租赁合同约定每月租赁费 22.6 万元，二季度租赁费在季度初一次性支付）。

（8）销售旧载货车（2×10 年 3 月购入），取得含税收入 20.6 万元。

根据以上资料，回答下列问题：

6. 该货运公司当月应抵扣进项税额为（　　）万元。

A. 10.17　　B. 11.69　　C. 15.27　　D. 17.61

7. 该货运公司当月销项税额为（　　）万元。

A. 17.97　　B. 22.47　　C. 22.87　　D. 23.27

8. 该货运公司当月销售旧载货车业务应纳增值税税额为（　　）万元。

A. 0　　B. 0.4　　C. 0.408　　D. 0.416

9. 该货运公司当月应纳增值税税额（　　）万元。

A. 0　　B. 0.20　　C. 0.76　　D. 0.66

10. 下列关于该货运公司涉税业务的说法中，正确的有（　　）。

A. 购入新载货车属于固定资产，不能抵扣进项税额

B. 货运和装卸搬运服务均按 9%税率计算销项税额

C. 销售旧载货车不涉及货物和劳务税问题

D. 经营性出租载货车应按“营改增”试点后政策缴纳增值税

真题演练答案及解析

一、单项选择题

1. 【答案】C

【解析】本题考查消费税纳税义务发生的时间。

选项 A 应为提货当天，选项 A 错误。

选项B应为书面合同约定的收款日期当天，若无约定收款日期或无书面合同，为发出应税消费品当天，选项B错误。

选项D为发出货物当天，选项D错误。

故选项C正确。

2.【答案】A

【解析】本题考查增值税征税范围。

自2017年5月1日起，纳税人提供植物养护服务，按照其他生活服务缴纳增值税。故选项A正确。

3.【答案】A

【解析】本题考查增值税征税范围。

选项B属于文化创意服务中的广告服务。选项C属于建筑服务中的装饰服务。选项D属于交通运输服务。故选项A正确。

4.【答案】B

【解析】本题考查价外费用。

销售货物的同时代办保险等而向购买方收取的保险费，以及向购买方收取的代购买方缴纳的车辆购置税、车辆牌照费不属于价外费用。故选项B正确。

5.【答案】D

【解析】本题考查视同销售的增值税处理。

视同销售即以销售的状态来理解，等同处理即可。销售行为确认收入，计算销项税额，可以抵扣进项，那么视同销售也相同。将外购商品投资、分配、赠送皆属于视同销售，所以将购进的一批商品分配给股东需要视同销售计算销项税额，选项BC错误，其进项税额符合抵扣条件可以抵扣，故选项A错误，选项D正确。

6.【答案】B

【解析】本题考查简易计税。

小规模纳税人征收率为3%，税务局代开增值税发票，不含税收入为60 000元；卖自己使用过的固定资产，3%减按2%征收。60 000×3%+36 000/(1+3%)×2%≈2 499.03（元）。故选项B正确。

7.【答案】B

【解析】本题考查增值税纳税义务发生时间。

采取预收货款方式销售货物的，其增值税纳税义务发生时间为货物发出的当天。但生产销售生产工期超过12个月的大型机械设备、船舶、飞机等货物，为收到预收款或者书面合同约定的收款日期当天。本题要选出错误的选项，故选项B当选。

8.【答案】C

【解析】本题考查无形资产的定义。

无形资产，是指不具实物形态，但能带来经济利益的资产，包括技术（选项D)，商标、著作权（选项B)、商誉、自然资源使用权（选项A）和其他权益性无形资产。其中，技术包括专利技术和非专利技术。选项C，鉴证咨询属于现代服务。本题要选出“不属于”的选项，故选项C当选。

9. 【答案】A

【解析】本题考查增值税税率。

选项 B 为特殊货物，增值税税率 9%；选项 C 为交通运输服务，增值税税率 9%；选项 D 为有形动产经营租赁，增值税税率 13%。故选项 A 正确。

二、多项选择题

1. 【答案】BC

【解析】本题考查进出口货物完税价格的内容。

出口货物的完税价格由海关以该货物的成交价格为基础审查确定，并且应当包括货物运至我国境内输出地点装载前的运输及其相关费用、保险费（选项 BC 正确），不包括出口关税（选项 D 错误），以及在货物价款中单独列明的货物运至我国境内输出地点装载后的运输及相关费用、保险费（选项 A 错误），和在货物中单独列明由卖方承担的佣金（选项 E 错误）。根据题意选择计入出口货物完税价格的选项，故选项 BC 当选。

2. 【答案】ABDE

【解析】本题考查消费税的征税范围。

选项 AD 属于自产自用除了用于连续生产应税消费品的，用于其他方面的，于移交使用时纳税。选项 B 属于委托加工后直接出售需要以不高于委托加工收回的价格出售才不征收消费税。选项 E 属于换、抵、投，视同销售。故选项 ABDE 正确。

3. 【答案】BCDE

【解析】本题考查进口货物关税完税价格的确定方法。

进口货物的成交价格不符合成交价格条件，或者成交价格不能确定的，海关经了解有关情况，并与纳税义务人进行价格磋商后，依次以相同货物成交价格估价方法（选项 B）、类似货物成交价格估价方法（选项 C）、倒扣价格估价方法（选项 D）、计算价格估价方法（选项 E）或者合理方法的顺序审查确定该货物的完税价格。纳税义务人向海关提供有关资料后，可以提出申请，颠倒倒扣价格估价方法和计算价格估价方法的适用次序。

故选项 BCDE 正确。

4. 【答案】BE

【解析】本题考查关税制度中三种价格的概念。

选项 A，CFR 是“成本加运费”的简称，又称“离岸加运费价格”，选项 A 错误。

选项 B，无商业价值的广告品和货样免征关税，选项 B 正确。

选项 C，FOB 是“船上交货”的简称，又称“离岸价格”，选项 C 错误。

选项 D，进口货物完税价格由海关以进口货物的实际成交价格以及该货物运抵我国境内输入地点起卸前的运输及其相关费用、保险费为基础审查确定，选项 D 错误。

选项 E，CIF 是“成本加运费、保险费”的简称，又称“到岸价格”，选项 E 正确。

故选项 BE 正确。

5.【答案】DE

【解析】本题考查关税完税价格的含义。

进口货物成交价格“CFR”的含义是“离岸加运费价格”，而非“到岸价格”的价格术语简称（选项 D）。进口货物的保险费无法确定时，海关应按照“货价加运费”的3‰而非5‰计算保险费（选项 E）。本题要选出错误的选项，故选项 DE 当选。

6.【答案】ABC

【解析】本题考查关税免征项目的内容。

免征关税的进出口货物包括：

（1）关税税额在人民币 50 元以下的一票货物（选项 C 正确）；

（2）无商业价值的广告品和货样（选项 A 正确）；

（3）外国政府、国际组织无偿赠送的物资；

（4）在海关放行前损失的货物（选项 B 正确）；

（5）进出境运输工具装载的途中必需的燃料、物料和饮食用品。

选项 DE 属于暂不缴纳关税的进出口货物。故选项 ABC 正确。

7.【答案】ABCD

【解析】本题考查消费税纳税义务发生时间。

采取预收货款结算方式的，其消费税纳税义务发生时间为发出应税消费品的当天，选项 E 错误。故选项 ABCD 正确。

8.【答案】BE

【解析】本题考查关税法定免税。

免征关税的进出口货物包括：

（1）关税税额在人民币 50 元以下的一票货物（选项 E）；

（2）无商业价值的广告品和货样；

（3）外国政府、国际组织无偿赠送的物资（选项 B）；

（4）在海关放行前损失的货物；

（5）进出境运输工具装载的途中必需的燃料、物料和饮食用品。

故选项 BE 正确。

三、案例分析题

1.【答案】D

【解析】本题考查白酒复合计征。

应纳消费税=350/(1+13%)×20%+30×2 000×0.5÷10 000≈64.95（万元）。

2.【答案】B

【解析】本题考查委托加工组成计税价格公式的运用。

乙企业代收代缴消费税=(6+1)/(1−10%)×10%≈0.778（万元）。

3.【答案】A

【解析】本题考查成套销售消费税的计算。

纳税人将适用不同税率的应税消费品组成成套消费品销售的，应根据组合产制品的销售金额按适用最高税率的消费品税率征税。应纳消费税=从价部分+从量部分，其中，从价部分消费税=248.6×750/(1+13%)×20%=33 000，从量部分消费税=2×750×0.5=750。故应纳消费税=33 000+750=33 750（元）=3.375（万元）。选项A正确。

4.【答案】C

【解析】本题考查增值税视同销售。

纳税人将委托加工的货物用于无偿馈赠，视同销售增值税=150×200/(1+13%)×13%≈3451.33（元）。

5.【答案】BCD

【解析】本题考查增值税和消费税的计税依据和视同销售。

白酒生产企业额外收取品牌使用费，应并入白酒销售额中一并缴纳消费税和增值税（选项BC）。将委托加工收回的货物用于集体福利，视同销售计算缴纳增值税（选项D）。

6.【答案】D

【解析】本题考查进项税额的计算。

该货运公司当月应抵扣进项税额=5.1+4.25+5.92+2.34=17.61（万元）。

7.【答案】A

【解析】本题考查销项税额的计算。

该货运公司当月销项税额=114.45/(1+9%)×9%+12.72/(1+6%)×6%+67.8/(1+13%)×13%=17.97（万元）。

8.【答案】B

【解析】本题考查简易计税。

该货运公司当月销售旧载货车业务应纳增值税税额=20.6/(1+3%)×2%=0.4（万元）。

9.【答案】C

【解析】本题考查增值税的计算。

该货运公司当月应纳增值税税额=17.97-17.61+0.4=0.76（万元）。

10.【答案】D

【解析】本题考查增值税的相关规定。

属于营改增交通运输服务的陆路运输。

第五章 所得税制度

本章考情 Q&A

Q：本章的重要性和难度如何?

A：本章属于**重点**章节。

本章难度高，考点多，考生掌握本章需要一定的学习时间和精力，本章对通过考试意义重大。

从历年真题来看，每年客观题考查的分值在 4~12 分，案例题考查在 10 分左右。

Q：本章在考试中通常以什么形式出现?

A：从历年真题来看，本章在单项选择题、多项选择题与案例分析题三种题型中均有涉及。

Q：本章 2023 年的内容有改动么?

A：本章删除免税收入、加速折旧部分内容；调整小型微利企业税收优惠和个人所得税专项附加扣除项目的相关表述；新增 10 处知识点，包括优惠税率（2 处）、企业所得税税收优惠（3 处）、加计扣除（2 处）、加速折旧（1 处）、个人所得税的税收优惠（1 处）、办理地点（1 处），其他内容无实质性变动。

Q：本章考点在历年考试中的分布情况如何?

A：以下是老师们的统计：

考点	2022 年	2021 年	2020 年	2019 年	2018 年	2017 年	2016 年	2015 年	2014 年	2013 年
企业所得税的征税对象			√							√
企业所得税的税率		√	√		√			√	√	
企业收入确认		√		√	√				√	√
企业所得税的税前扣除	√			√	√	√				
企业资产的税务处理					√		√		√	
企业所得税的应纳税额的计算										√
企业所得税税收优惠	√		√	√			√	√		√
企业所得税的源泉扣缴							√			
企业所得税的特别纳税调整					√	√			√	
企业所得税的征收管理	√						√			
个人所得税的税率			√	√						
个人所得税的计税依据		√		√						
个人所得税的税收优惠	√			√	√	√			√	
个人所得税的征收管理			√		√					

经典例题

考点一　企业所得税的征税对象

【例题 1 · 2022 年 · 单项选择题】下列选项中，不属于企业所得税纳税人的是（　　）。

A. 社会团体　　B. 事业单位　　C. 个人独资企业　　D. 企业

【答案】C

【解析】本题考查企业所得税的纳税人。

企业所得税的纳税人包括企业、事业单位、社会团体，不包括个人独资企业和合伙企业。

本题要选出“不属于”的选项，故选项 C 当选。

私教点拨

个人独资企业、合伙企业不具有法人资格，因此不需要缴纳企业所得税，投资人获得分红后需按规定缴纳个人所得税。

【例题 2 · 2020 年 · 多项选择题】根据企业所得税法，下列判断来源于中国境内、境外的所得的原则中，正确的有（　　）。

A. 销售货物所得，按照生产货物所在地确定

B. 提供劳务所得，按照劳务发生地确定

C. 股息所得，按照被投资企业所在地确定

D. 利息所得，按照负担、支付所得的企业或者机构、场所所在地确定

E. 不动产转让所得，按照不动产所在地确定

【答案】BDE

【解析】本题考查关于判断来源于中国境内、境外所得的原则，即判断收入发生所在地的原则。

选项 A，销售货物所得，按照**交易活动**发生地确定（选项 A 错误）。

选项 B，提供劳务所得，按照劳务发生地确定（选项 B 正确）。

选项 C，股息、红利等权益性投资所得，按照**分配所得**的企业所在地确定（选项 C 错误）。

选项 D，利息所得、租金所得、特许权使用费所得，按照负担、支付所得的企业或者机构、场所所在地确定，或者按照负担、支付所得的个人的住所地确定（选项 D 正确）。

选项 E，不动产转让所得，按照不动产所在地确定（选项 E 正确）。

故选项 BDE 正确。

实质上判断收入发生所在地，并不是指我们收到钱的地点，而是指我们收钱的权利所产生的地点或收钱的权利实现的地点。

考点二 企业所得税的税率

【例题1·2021年·单项选择题】非居民企业在中国境内未设立机构、场所的，或者虽设立机构、场所但取得的所得与其机构、场所没有实际联系的，其境内所得减按（　　）的税率征收企业所得税。

A. 25%　　B. 10%　　C. 15%　　D. 20%

【答案】B

【解析】本题考查非居民企业适用税率。

非居民企业在中国境内未设立机构、场所的，或者虽设立机构、场所但取得的所得与其所设机构、场所没有实际联系的，其来源于中国境内的所得，法定税率为20%，其境内所得减按10%的税率征收企业所得税。故选项B正确。

私教点拨

对企业所得税税率的梳理，详见表5-1。

表5-1 企业所得税税率

<table>
<tr><th>税率</th><th>适用企业</th><th colspan="3">适用条件</th></tr>
<tr><td>25%</td><td>居民企业</td><td colspan="3">无</td></tr>
<tr><td rowspan="4">20%</td><td>非居民企业</td><td colspan="3">在中国境内未设立机构、场所的，或者虽设立机构、场所但取得的所得与其所设机构、场所没有实际联系的，其来源于中国境内的所得，法定税率为20%</td></tr>
<tr><td rowspan="3">小型微利企业</td><td>年应纳税所得额不超过300万元</td><td colspan="2" rowspan="3">自2021年1月1日至2022年12月31日，对小型微利企业年应纳税所得额不超过100万元的部分，减按12.5%计入应纳税所得额，按20%的税率缴纳企业所得税；自2022年1月1日至2024年12月31日，对年应纳税所得额超过100万元但不超过300万元的部分，减按50%计入应纳税所得额，按20%的税率缴纳企业所得税</td></tr>
<tr><td>从业人数不超过300人</td></tr>
<tr><td>资产总额不超过5 000万元</td></tr>
<tr><td rowspan="8">15%</td><td rowspan="6">高新技术企业</td><td colspan="3">（1）对企业主要产品（服务）发挥核心支持作用的技术属于《国家重点支持的高新技术领域》规定的范围</td></tr>
<tr><td rowspan="3">（2）企业近3个会计年度的研究开发费用总额占同期销售收入总额的比例符合要求</td><td>最近1年销售收入小于5 000万元（含）</td><td>比例不低于5%</td></tr>
<tr><td>最近1年销售收入5 000万元至2亿元（含）</td><td>比例不低于4%</td></tr>
<tr><td>最近1年销售收入大于2亿元</td><td>比例不低于3%</td></tr>
<tr><td colspan="3">（3）近1年高新技术产品（服务）收入占企业同期总收入的比例不低于60%</td></tr>
<tr><td colspan="3">（4）企业从事研发和相关技术创新活动的科技人员占企业当年职工总数的比例不低于10%</td></tr>
<tr><td>技术先进型企业</td><td colspan="3">无</td></tr>
<tr><td>西部地区鼓励类企业</td><td colspan="3">2021年1月1日至2030年12月31日，对以《西部地区鼓励类产业目录》中规定的产业项目为主营业务，且其主营业务收入占企业收入总额60%以上的企业</td></tr>
<tr><td>10%</td><td>非居民企业</td><td colspan="3">在中国境内未设立机构、场所的，或者虽设立机构、场所但取得的所得与其所设机构、场所没有实际联系的，其境内所得减按10%的税率征收企业所得税。（法定税率20%，实际执行10%）</td></tr>
</table>

【例题2·2020年·单项选择题·改编】2×19年度某企业资产总额2 000万元，从业人数100人，主营业务收入1 000万元，相关成本费用800万元，则该企业应缴纳企业所得税（ ）万元。

A. 50　　B. 40　　C. 15　　D. 12.5

【答案】D

【解析】本题考查小型微利企业税率优惠政策。

符合条件的小型微利企业，减按20%的税率征收企业所得税。符合条件的小型微利企业是指从事国家非限制和禁止行业，且同时符合年度应纳税所得额不超过300万元、从业人数不超过300人、资产总额不超过5 000万元等3个条件的企业。

本题某企业资产总额2 000万元低于5 000万元，年度应纳税所得额=(1 000-800)=200（万元），小于300万元，从业人数100人小于300人，符合小型微利企业范围。

自2021年1月1日至2022年12月31日，对小型微利企业年应纳税所得额不超过100万元的部分，减按12.5%计入应纳税所得额，按20%缴纳企业所得税。

100×12.5%=12.5（万元）。

12.5×20%=2.5（万元）。

对年应纳税所得额超过100万元但不超过300万元的部分，减按50%计入应纳税所得额，按20%的税率缴纳企业所得税。

(200-100)×50%=50（万元）。

50×20%=10（万元）。

2.5+10=12.5（万元）。

故选项D正确。

私教点拨

小型微利企业优惠政策的适用：

（1）先根据小微企业的条件判定该公司是否适用该政策；

（2）再将该公司所得分为100万以内的部分与超过100万的部分，并分别乘以12.5%与50%得出其应纳税所得额；

（3）将两部分应纳税所得额相加后乘以适用税率得出应纳税额。

考点三 企业收入确认

【例题1·2021年·单项选择题】A企业与B企业于2×19年11月15日签订股权转让协议，协议约定B企业应于2×19年11月30日向A企业支付价款，2×20年1月18日办理了股权变更手续，则A企业该项股权收入的实现时间为（ ）。

A. 2×19年11月15日　　B. 2×19年11月30日

C. 2×20年1月18日　　D. 2×20年11月30日

【答案】C

【解析】本题考查特殊项目收入实现日期。

转让股权收入，应于转让协议生效且完成股权变更手续时确认收入的实现。2×19 年 11 月 15 日签订股权转让协议，2×20 年 1 月 18 日办理了股权变更手续，2×20 年 1 月 18 日两项条件皆具备，故选项 C 正确。

私教点拨

特殊项目收入确认日期：

（1）利息、红利等权益性投资收益，除另有规定外，按照被投资方**做出利润分配决定的日期**确认收入实现。

（2）利息收入，按照合同约定的债务人应付利息的日期确认收入的实现。

（3）租金收入，按照合同约定的承租人应付租金的日期确认收入的实现，其中，合同约定租赁期跨年度，且租金提前一次性支付的，可在租赁期内分期均衡确认收入的实现。

（4）特许权使用费收入，按照合同约定的特许权使用人应付特许权使用费的日期确认收入的实现。

（5）接受捐赠收入，按照**实际收到捐赠资产**的日期确认收入的实现。

（6）以分期收款方式销售货物的，按照合同约定的收款日确认收入的实现。

（7）企业受托加工制造大型设备、船舶、飞机，以及从事建筑、安装、装配工程业务或者提供其他劳务等，**持续时间超过 12 个月的**，按照纳税年度内**完工进度或者完成的工作量**确认收入的实现。

（8）采用产品分成方式取得收入的，按照企业分得产品的日期确认收入的实现。

（9）转让股权收入，应于**转让协议生效且完成股权变更手续**时确认收入的实现。

（10）债务重组收入，应在债务重组合同或协议生效时确认收入的实现。

【例题 2 · 2022 年 · 多项选择题】下列收入中，属于企业所得税的免税收入的有（　　）。

A. 地方政府债券利息收入

B. 非营利组织从事营利性活动取得的收入

C. 企业购买国债取得的利息收入

D. 在境内设立机构的非居民企业从居民企业取得与该机构有实际联系的红利收入

E. 在中国境内设立机构的非居民企业连续持有上市公司股票不足 12 个月取得的投资收益

【答案】ACD

【解析】本题考查企业所得税的免税收入。

企业的下列收入为免税收入：①国债利息收入（选项 C）；②地方政府债券利息收入（选项 A）；③符合条件的居民企业之间的股息、红利等权益性投资收益；④在中国境内设立机构、场所的非居民企业从居民企业取得与该机构、场所有实际联系的股息、红利等权益性投资收益（**不包括**连续持有**居民企业**公开发行并上市流通的股票不足 12 个月取得的投资收益）（选项 D）；⑤符合条件的非营利组织的收入（捐赠收入、政府补助收入、会费等）（选项 B 错误）。

故选项 ACD 正确。

私教点拨

本考点要注意区分免税收入与不征税收入。不征税收入为：

（1）财政拨款。

（2）依法收入并纳入财政管理的行政事业性收费。

（3）依法收入并纳入财政管理的政府性基金。

（4）国务院规定的专项用途财政性资金，是指企业从县级以上各级人民政府财政部门及其他部门取得的应计入收入总额，且同时符合以下条件的财政性资金：

① 企业能够提供规定资金专项用途的资金拨付文件；

② 财政部门或其他拨付资金的政府部门对该资金有专门的资金管理办法或具体管理要求；

③ 企业对该资金以及以该资金发生的支出单独进行核算。

（5）国务院规定的其他不征税收入。

【例题 3 · 2013 年 · 单项选择题】 根据企业所得税法，不属于企业销售货物收入确认条件的是（　　）。

A. 货物销售合同已经签订，企业已将货物所有权相关的主要风险和报酬转移给购货方

B. 收入的金额能够可靠地计量

C. 相关的经济利益很可能流入企业

D. 已发生或将发生的销售方成本能够可靠地核算

【答案】 C

【解析】 本题考查一般收入项目的收入确认条件。

选项 C“相关的经济利益很可能流入企业”属于提供劳务收入的确认条件。

本题要选出“不属于”的选项，故选项 C 当选。

私教点拨

一般收入项目销售货物收入与提供劳务收入确认条件的对比，详见表 5－2。

表 5－2　销售货物收入与提供劳务收入确认条件

对比项目	确认条件
销售货物收入	（1）货物销售合同已经签订，企业已将货物所有权相关的主要风险和报酬转移给购货方； （2）企业对已售出的货物既没有保留通常与所有权相联系的继续管理权，也没有实施有效控制； （3）收入的金额能够可靠地计量； （4）已发生或将发生的销售方成本能够可靠地核算
提供劳务收入	（1）收入的金额能够可靠地计量； （2）**交易的完工进度能够可靠地确定；** （3）交易中已发生和将发生的成本能够可靠地核算； （4）**相关的经济利益很可能流入企业**

考点四 企业所得税的税前扣除

【例题1·2022年·单项选择题】下列支出项目中，准予在企业所得税税前扣除的是（　　）。

A. 税收滞纳金

B. 库存商品销售成本

C. 非公益性捐赠支出

D. 企业为投资者或者职工支付的商业保险费

【答案】B

【解析】本题考查企业所得税的税前扣除。

禁止税前扣除的项目包括：①向投资者支付的股息、红利等权益性投资收益款项；②企业所得税税款；③税收滞纳金（选项A错误）；④罚金、罚款和被没收财物的损失；⑤非公益性捐赠支出（选项C错误）；⑥赞助支出；⑦未经核定的准备金支出；⑧企业为投资者或者职工支付的商业保险费（选项D错误）；⑨企业按照投资资产处理，购买的用于收藏、展示、保值增值的文物、艺术品等。

故选项B正确。

私教点拨

在真实性、相关性和合理性原则下，企业实际发生的“与取得收入直接相关的、合理的支出，包括成本、费用、税金、损失和其他支出”，准予在计算应纳税所得额时扣除。

【例题3·2019年·单项选择题】某电器制造企业2×18年取得销售收入为1 000万元，广告费用支出额为300万元，该企业在计算企业所得税时，可以扣除的广告费用为（　　）万元。

A. 150　　B. 200　　C. 300　　D. 500

【答案】A

【解析】本题考查广告费税前扣除的规定。

企业发生的符合条件的广告费和业务宣传费支出，除国务院财政、税务主管部门另有规定外，不超过当年销售（营业）收入15%的部分，准予扣除；超过部分，准予在以后纳税年度结转扣除。

$1\ 000\times15\%=150<300$，所以可以扣除的广告费用为150万元。

故选项A正确。

私教点拨

对税前扣除标准及主要项目的梳理，详见表5-3。

表5-3 税前扣除的标准及主要项目

项目	扣除标准	超过部分的处理
工资、薪金所得	全额	—
补充保险（补充养老保险、补充医疗保险）	≤职工工资总额5%的部分	不得扣除
非金融企业向非金融企业借款的利息支出	≤按照金融企业同期同类贷款利率计算的数额的部分可扣除	不得扣除
职工福利费	≤工资薪金总额14%的部分	不得扣除
工会经费	≤工资薪金总额2%的部分	不得扣除
职工教育经费	≤工资薪金总额8%的部分	超过部分，准予在以后纳税年度结转扣除
业务招待费	Min{发生额的60%，当年销售（营业）收入的5‰}	不得扣除
广告费和业务宣传费	≤当年销售（营业）收入15%的部分	超过部分，准予在以后纳税年度结转扣除
化妆品制造或销售、医药制造和饮料制造（不含酒类制造）行业的广告费和业务宣传费	≤当年销售（营业）收入30%的部分	超过部分，准予在以后纳税年度结转扣除
环境保护、生态恢复等方面的专项资金	全额	—
非居民企业境内机构、场所分摊境外总机构费用	全额	—
公益性捐赠支出	≤年度会计利润总额12%的部分	超过部分，准予结转以后三年内在计算应纳税所得额时扣除
人身意外保险费	全额	—
企业纳入管理费用的党组织工作经费	≤职工年度工资薪金总额1%的部分	不得扣除
重点记忆口诀："招待六成或千五，业务宣传是十五，化妆看病喝饮料，广告宣传要做好。福利教育和工会，关乎职工不可少，十四和八和百二，教育超出可结转"。 招待费：招待费的60%与营业收入的5‰，计入两者中较低的数据。 广宣费：营业收入的15%，化妆品、医药和饮料制造行业为营业收入的30%。 职工福利费：工资总额的14%。 职工教育费：工资总额的8%，可以后年度结转。 工会费：工资总额的2%		

【**例题3·2018年·多项选择题**】依据企业所得税相关规定，在计算应纳税所得额时不得扣除的有（　　）。

A. 无形资产转让费用

B. 赞助支出
C. 超出规定标准的捐赠支出
D. 违约后支付的违约金
E. 向投资者支付的股息

【答案】 BE

【解析】 本题考查禁止税前扣除的项目。

选项A，无形资产转让费用属于转让资产的成本，可以扣除（选项A错误）。

选项B，赞助支出属于禁止税前扣除的项目（选项B正确）。

选项C，超出规定标准的捐赠支出准予结转以后年度扣除（选项C错误）。

选项D，违约金不属于罚金、罚款，属于营业外支出，可以扣除（选项D错误）。

选项E，向投资者支付的股息是从税后利润中支出的，属于禁止税前扣除的项目（选项E正确）。

故选项BE正确。

私教点拨

禁止税前扣除的重点项目：

（1）向投资者支付的股息、红利等权益性投资收益款项；

【注】 由于对投资者支付的股息、红利等为息税后利润，故不得在计算所得税时扣除。

（2）企业所得税税款；

（3）税收滞纳金；

（4）罚金、罚款和被没收财务的损失；

【注】违约金不属于（3）（4）款所规定的**行政处罚性罚款、罚金**，故可以税前扣除。

（5）非公益性捐款支出；

（6）赞助支出；

（7）除企业依照国家有关规定为特殊工种职工支付的人身安全保险费和国务院财政、税务主管部门规定可以扣除的其他商业保险费外，企业为投资者或者职工支付的商业保险费；

（8）烟草企业的烟草广告费和业务宣传费支出。

考点五 企业资产的税务处理

【例题·2018年·单项选择题】 企业重组的税务处理区分不同条件，分别适用一般性税务处理规定和特殊性税务处理规定。其中，适用特殊性税务处理规定的企业重组，重组交易对价中非股权支付金额不得高于交易支付总额的（　　）。

A. 15%　　B. 25%　　C. 75%　　D. 85%

【答案】 A

【解析】本题考查特殊性税务处理规定。

重组交易对价中涉及股权支付金额不低于交易支付总额的85%。故选项A正确。

私教点拨

关于企业重组的税务处理，详见表5-4。

表5-4 企业重组的相关规定

处理方法	具体规定
一般性税务处理	应当在交易发生时确认有关资产的转让所得或损失，相关资产应当按照交易价格重新确定计税依据
特殊性税务处理	企业重组适用特殊性税务处理规定，重组交易各方对交易中股权支付部分**暂不确定**有关资产的**转让所得或损失**，其非股权支付部分仍应在交易当期确认相应的资产转让所得或损失，并调整相应资产的计税基础。 符合以下条件的适用特殊性税务处理： (1) 具有合理的商业目的，且不以减少、免除或者推迟缴纳税款为主要目的； (2) 被收购、合并或分立部分的资产或股权比例符合规定的比例； (3) 企业重组后的**连续12个月**内不改变重组资产原来的实质性经营活动； (4) 重组交易对价中涉及股权支付金额不低于交易支付总额的**85%**； (5) 企业重组中取得股权支付的原主要股东，在重组后**连续12个月**内，不得转让所取得的股权
非货币性资产对外投资税务处理规定	居民企业以非货币性资产对外投资确认的非货币性资产转让所得，可在**不超过5年期限内，分期均匀计入**相应年度的应纳税所得额，按规定计算缴纳企业所得税

考点六 企业所得税的应纳税额的计算

【例题·2013年·单项选择题】某公司2×11年成立，当年经税务机关核实亏损20万元，2×12年度该公司利润总额为200万元。假设公司无其他纳税调整事项，也不享受税收优惠，则2×12年度该公司应纳所得税额为（　　）万元。

A. 45　　B. 50　　C. 59.4　　D. 66

【答案】A

【解析】本题考查企业所得税应纳税额的计算。

(200-20)×25%=45（万元）

故选项A正确。

私教点拨

企业所得税应纳税额公式：

应纳税额=应纳税**所得**额×适用税率-减免税额-抵免税额

考点七 企业所得税税收优惠

【例题 1 · 2022 年 · 单项选择题】飞机、火车、轮船、机器、机械和其他生产设备的最低折旧年限是（ ）年。

A. 5 B. 10 C. 15 D. 20

【答案】B

【解析】本题考查固定资产的折旧年限。

飞机、火车、轮船、机器、机械和其他生产设备的最低折旧年限是 10 年。故选项 B 正确。

私教点拨

除国务院财政、税务主管部门另有规定外，关于固定资产的最低折旧年限详见表 5－5。

表 5－5 税法折旧摊销年限

折旧年限	资产类型
20 年	房屋、建筑物
10 年	飞机、火车、轮船，机器、机械和其他生产设备
5 年	与生产经营活动有关的器具、工具、家具等
4 年	飞机、火车、轮船以外的运输工具
3 年	电子设备，畜类生产性生物资产
不得低于 10 年	无形资产
记忆口诀：“不动 20 动了 10，不跑 5 年跑 4 年，玩不明白就 3 年。生产性生物资产，木头 10 年牛羊 3，无形资产大于 10”。 “不动”：不动产。 “动了”：飞机、火车、轮船等，注意有机器、机械等其他大型生产设备。 “不跑”：与生产经营活动有关的器具、工具、家具。 “跑”：除飞机、火车、轮船外的运输工具。 “玩不明白”：经常迭代更新的电子设备。 “木头”：林木类生物资产。 “牛羊”：畜类生产性生物资产	

【例题 2 · 2022 年 · 单项选择题】制造业企业在开展研发活动中实际发生的研发费用，未形成无形资产，自 2021 年 1 月 1 日后，在按规定据实扣除的基础上，再按照实际发生额的（ ）在税前加计扣除。

A. 75% B. 90% C. 60% D. 100%

【答案】D

【解析】本题考查企业所得税税收优惠。

企业开展研发活动中实际发生的研发费用，未形成无形资产计入当期损益的，在按规定据实扣除的基础上，在 2018 年 1 月 1 日至 2023 年 12 月 31 日期间，再按照实际发生额的 75%（2021 年 1 月 1 日后，制造业为 100%）在税前加计扣除。故选项 D 正确。

私教点拨

常考优惠政策梳理：

（1）企业开展研发活动中实际发生的研发费用，未形成无形资产计入当期损益的，在按规定据实扣除的基础上，在2018年1月1日至2023年12月31日期间，再按照实际发生额的75%（2021年1月1日后，**制造业为100%**；2022年1月1日后，科技型中小企业为100%）在税前加计扣除；形成无形资产的，在上述期间按照无形资产成本的175%（2021年1月1日后，**制造业为200%**；2022年1月1日后，科技型中小企业为200%）在税前摊销。

（2）企业按《中华人民共和国残疾人保障法》规定安置残疾人员的，在按照支付残疾职工工资据实扣除的基础上，可以在计算应纳税所得额时按照**支付给残疾职工工资的100%加计扣除**。

（3）对所有行业企业**2014年1月1日后**新购进的专门用于研发的仪器、设备，单位价值**不超过100万元的**，允许**一次性计入**当期成本费用在计算应纳税所得额时扣除，不再分年度计算折旧；单位价值超过100万元的，可由企业选择缩短折旧年限或采取加速折旧的方法。

（4）自2014年1月1日起，对所有行业企业持有的单位价值不超过**5 000元**的固定资产，**允许一次性计入**当期成本费用在计算应纳税所得额时扣除，不再分年度计算折旧。

（5）企业在**2018年1月1日至2023年12月31日**期间新购进的**设备**、**器具**，单位价值**不超过500万元的**，**允许一次性计入**当期成本费用在计算应纳税所得额时扣除，不再分年度计算折旧。设备、器具是指除房屋、建筑物以外的固定资产。

（6）企业购置并实际适用《环境保护专用设备企业所得税优惠目录》《节能节水专用设备企业所得税优惠目录》《安全生产专用设备企业所得税优惠目录》规定的**环境保护**、**节能节水**、**安全生产**等专用设备，该专用设备投资额的10%可以从企业当年的应纳税额中抵免；当年不足抵免的，可以在以后**5个纳税年度结转抵免**。

（7）国家鼓励的重点集成电路设计、装备、材料、封装、测试企业和软件企业，自获利年度起，第一年至第二年免征企业所得税，第三年至第五年按照25%的法定税率减半征收企业所得税。

（8）自2021年1月1日至2022年12月31日，对小型微利企业年应纳税所得额不超过100万元的部分，减按12.5%计入应纳税所得额，按20%的税率缴纳企业所得税；自2022年1月1日至2024年12月31日，对年应纳税所得额超过100万元但不超过300万元的部分，减按50%计入应纳税所得额，按20%的税率缴纳企业所得税。

考点八 企业所得税的源泉扣缴

【例题·2016 年·单项选择题】企业所得税法规定应当源泉扣缴所得税，但扣缴义务人未依法缴扣，纳税人也未依法缴纳的，税务机关可以从该纳税人在中国境内其他收入项目的支付人应付的款项中，追缴该纳税人的应纳税额，这种行为属于企业所得税源泉扣缴的（　　）。

A. 法定扣缴　　B. 特定扣缴　　C. 指定扣缴　　D. 商定扣缴

【答案】B

【解析】本题考查源泉扣缴的类型。

源泉扣缴分为法定扣缴、指定扣缴、特定扣缴三种。

特定扣缴：依照税法规定应当扣缴的所得税，扣缴义务人未依法扣缴或者无法履行扣缴义务的，由纳税人在所得发生地缴纳。纳税人未依法缴纳的，税务机关可以从该纳税人在中国境内其他收入项目的支付人应付的款项中，追缴该纳税人的应纳税款。

故选项 B 正确。

私教点拨

关于企业所得税源泉扣缴具体内容，详见表 5-6。

表 5-6　源泉扣缴类型

扣缴类型	具体内容
法定扣缴	非居民企业在中国境内未设立机构、场所的，或者虽设立机构、场所但取得的所得与其所设机构、场所没有实际联系的，应当就其来源于中国境内的所得应缴纳的企业所得税实行源泉扣缴，以支付人为扣缴义务人，以支付人所在地为纳税地点。税款由扣缴义务人在每次支付或者到期应支付时，从支付或者到期应支付的款项中扣缴
指定扣缴	对非居民企业在中国境内取得**工程作业和劳务所得**应缴纳的所得税，税务机关可以指定工程价款或者劳务费的支付人为扣缴义务人。可以指定扣缴义务人的情形包括： （1）预计工程作业或者提供劳务期限不足一个纳税年度，且有证据证明不履行纳税义务的； （2）没有办理税务登记或者临时税务登记，且未委托中国境内的代理人履行纳税义务的； （3）未按照规定期限办理企业所得税纳税申报或者预缴申报的
特定扣缴	依照税法规定应当扣缴的所得税，扣缴义务人**未依法扣缴或者无法履行扣缴义务**的，由纳税人在所得发生地缴纳。**纳税人未依法缴纳的，**税务机关可以从该纳税人在中国境内**其他收入项目**的支付人应付的款项中，**追缴该纳税人的应纳税款**

考点九 企业所得税的特别纳税调整

【例题 1·2018 年·单项选择题】企业与其关联方之间的业务往来，不符合独立交易原则而减少企业或者其关联方应纳税收入或者所得额的，税务机关有权按照合理方法调整，该调整的追溯期为（　　）。

A. 3 年　　B. 5 年　　C. 10 年　　D. 无限期

【答案】 C

【解析】 本题考查追溯调整期限。

企业与其关联方之间的业务往来，不符合独立交易原则，或者企业实施其他不具有合理商业目的安排的，税务机关有权在该业务发生的纳税年度起 10 年内，进行纳税调整。故选项 C 正确。

私教点拨

企业关联方交易涉及企业所得税的特别纳税调整，详见表 5－7。

表 5－7　关联方交易企业所得税特别纳税调整内容

<table>
<tr><th>特别调整</th><th colspan="2">具体内容</th></tr>
<tr><td rowspan="7">转让定价调整</td><td colspan="2">企业与其关联方之间的业务往来，不符合独立交易原则而减少企业或者其关联方应纳税收入或者所得额的，税务机关有权按照合理方法调整。
独立交易原则是指没有关联关系的交易各方，按照公平成交价格和营业常规进行业务往来遵循的原则。
合理方法包括以下几种：</td></tr>
<tr><td>可比非受控价格法</td><td>按没有关联关系的交易各方进行相同或类似业务往来的价格进行定价的方法</td></tr>
<tr><td>再销售价格法</td><td>按从关联方购进商品再销售给没有关联的交易方的价格减去相同或类似业务销售毛利进行定价的方法</td></tr>
<tr><td>成本加成法</td><td>成本加合理的费用和利润进行定价的方法</td></tr>
<tr><td>交易净利润法</td><td>没有关联关系的交易各方进行相同或者类似业务往来取得的净利润水平确定利润的方法</td></tr>
<tr><td>利润分割法</td><td>企业与其关联方的合并利润或者亏损在各方之间采用合理标准进行分配的方法</td></tr>
<tr><td colspan="2">其他符合独立交易原则的方法</td></tr>
<tr><td>成本分摊协议</td><td colspan="2">企业与其关联方共同开发、受让无形资产，或者共同提供、接受劳务发生的成本，在计算应纳税所得额时应当按照独立交易原则进行分摊。
企业可以按照独立交易原则与其关联方分摊共同发生的成本，达成成本分摊协议。企业与其关联方分摊成本时，应当按照成本与预期收益相配比的原则进行分摊，并在税务机关规定的期限内，按照税务机关的要求报送有关资料。违反上述规定的，其自行分摊的成本不得在计算应纳税所得额时扣除</td></tr>
<tr><td>预约定价安排</td><td colspan="2">企业就其未来年度关联交易的定价原则和计算方法，向税务机关提出申请，与税务机关按照独立交易原则协商、确认后达成的协议。
企业可以向税务机关提出与其关联方之间业务往来的定价原则和计算方法，税务机关与企业协商、确认后，达成预约定价安排</td></tr>
<tr><td>追溯调整</td><td colspan="2">企业与其关联方之间的业务往来，不符合独立交易原则，或者企业实施其他不具有合理商业目的的安排的，税务机关有权在该业务发生的纳税年度起10 年内，进行纳税调整</td></tr>
</table>

【例题 2 · 2017 年 · 单项选择题】 某商业银行从其关联方接受债权性投资与权益性投资的比例超过规定比例（　　）而发生的利息支出，不得在计算应纳税所得额时扣除。

A. 5 : 1　　B. 2 : 1　　C. 3 : 2　　D. 5 : 3

【答案】 A

【解析】 本题考查防范资本弱化规定。

企业从其关联方接受的债权性投资与权益性投资的比例超过以下规定比例而发生的支出，不得在计算应纳税所得额时扣除：(1) 金融企业为5：1；(2) 其他企业为2：1。商业银行为金融企业，故选项A正确。

私教点拨

随着商业环境的不断发展，股权投资成为普遍的公司运营实务，股权分红是从被投资公司的息税后利润中分配，若对被投资公司进行借款，那么利息费用可以从被投资单位的税前利润中扣除。因此投资公司的分红可以通过借款利息从被投资公司输送回投资公司，其利息费用部分还可以抵税。为了抵抗这种避税行为，因此有了资本弱化规定。由于金融企业以股权投资为主营业务，故金融企业的资本弱化比例为5倍，比其他企业的2倍高。

考点十 企业所得税的征收管理

【例题·2016年·单项选择题】某企业经营5年后，按章程规定进行注销。2×15年3月1日开始清算，6月30日完成清算。该企业应在（　　）之前向主管税务机关进行企业所得税申报。

A. 3月16日　　B. 6月15日　　C. 6月30日　　D. 7月15日

【答案】D

【解析】本题考查清算申报。

企业应当在办理注销登记前，就其清算所得向税务机关申报并依法缴纳企业所得税。

企业应当自清算结束之日起**15日内**，向主管税务机关报送“中华人民共和国企业清算所得税申报表”及其附表和相关材料，完成清算所得税申报，结清税款。

故选项D正确。

私教点拨

企业所得税按纳税年度计算，我国为历年制，自1月1日起至12月31日作为一个纳税年度。企业在一个纳税年度中间开业或者终止经营活动，使该纳税年度的实际经营期不足12个月的，应当以其实际经营期作为一个纳税年度；清算时，应以清算期间作为一个纳税年度。申报类型及期限见表5－8。

表5－8　申报类型及期限

预缴申报	企业无论盈利还是亏损，都应当自月份或者季度终了之日起**15日内**，向税务机关报送预缴企业所得税纳税申报表，**预缴**税款
汇算清缴	企业无论盈利还是亏损，都应当自年度终了之日起**5个月内**，向税务机关报送年度企业所得税纳税申报表，并**汇算清缴**，结清应缴应退税款。年度中间**终止经营活动**的，应当自实际经营终止之日起**60日内**，向税务机关办理当期企业所得税**汇算清缴**
清算申报	企业应当自清算结束之日起**15日内**，向主管税务机关报送“中华人民共和国企业清算所得税申报表”及其附表和相关材料，完成清算所得税申报，结清税款

考点十一 个人所得税的税率

【例题·2020年·多项选择题】按照现行个人所得税法的规定，下列所得项目中实行超额累进税率的所得项目有（ ）。

A. 偶然所得
B. 工资、薪金所得
C. 经营所得
D. 劳务报酬所得
E. 利息、股息、红利所得

【答案】BCD

【解析】本题考查个人所得税适用超额累进税率的所得项目。

经营所得（选项C正确）与综合所得适用超额累进税率。综合所得包括个人取得工资薪金所得（选项B正确）、劳务报酬所得（选项D正确）、稿酬所得以及特许权使用费所得。纳税人取得利息、股息、红利所得（选项E错误），财产租赁所得，财产转让所得，偶然所得（选项A错误），分别按适用税率计算个人所得税。

故选项BCD正确。

私教点拨

个人所得税中综合所得适用3%至45%的七级累进税率表，经营所得适用5%至35%的五级累进税率表。

（1）综合所得包括工资、薪金所得，劳务报酬所得，稿酬所得，特许权使用费所得。

记忆口诀："功（工）劳特高（稿）"。

（2）利息、股息、红利所得，财产租赁所得，财产转让所得，偶然所得，适用比例税率，税率为20%。

考点十二 个人所得税的计税依据

【例题1·2021年·单项选择题】个人所得税专项附加扣除时，除本人或配偶发生的大病医疗支出扣除外，还可以扣除其他亲属的是（ ）。

A. 已成年子女
B. 父母
C. 兄弟姐妹
D. 未成年子女

【答案】D

【解析】本题考查个人所得税专项附加扣除。

大病医疗支出，纳税人发生的医药费用支出可以选择由本人或者其配偶扣除；未成年子女发生的医药费用支出可以选择由其父母一方扣除。故选项D正确。

私教点拨

对专项附加扣除的梳理，详见表5-9。

表5-9 专项附加扣除

<table>
<tr><th>扣除项目</th><th colspan="3">具体内容</th></tr>
<tr><td>子女教育支出</td><td colspan="3">纳税人的子女接受全日制学历教育的相关支出，按照每个子女每月1 000元的标准定额扣除。学历教育包括义务教育、高中阶段教育、高等教育。年满3岁至小学入学前处于学前教育阶段的子女，也可享受该扣除。可夫妻双方各扣50%，也可单人扣除100%</td></tr>
<tr><td>继续教育支出</td><td colspan="3">(1) 纳税人在中国境内接受学历（学位）继续教育的支出，在学历（学位）教育期间按照每月400元定额扣除。同一学历（学位）继续给予的扣除期限不能超过48个月。
(2) 纳税人接受技能人员职业资格继续教育、专业技术人员职业资格继续教育的支出，在取得相关证书的当年，按照3 600元定额扣除</td></tr>
<tr><td>大病医疗支出</td><td colspan="3">在一个纳税年度内，纳税人发生的与基本医保相关的医药费用支出，扣除医保报销后个人负担的累计超过15 000元的部分，由纳税人在办理年度汇算清缴时，在80 000元限额内据实扣除。纳税人发生的医药费用支出可以选择由本人或者其配偶扣除；未成年子女发生的医药费用支出可以选择由其父母一方扣除</td></tr>
<tr><td>住房贷款利息支出</td><td colspan="3">纳税人本人或配偶，单独或共同使用商业银行或住房公积金个人住房贷款，为本人或其配偶购买中国境内住房，发生的首套住房贷款利息支出，在实际发生贷款利息的年度，按照每月1 000元的标准定额扣除，扣除期限最长不超过240个月。纳税人只能享受一次首套住房贷款的利息扣除</td></tr>
<tr><td rowspan="3">住房租金支出</td><td rowspan="3">纳税人在主要工作城市没有自有住房而发生的住房租金支出，可以按照右边标准定额扣除：</td><td>直辖市、省会城市、计划单列市以及国务院确定的其他城市</td><td>每月1 500元</td></tr>
<tr><td>市辖区户籍人口超过100万人的城市</td><td>每月1 100元</td></tr>
<tr><td>市辖区户籍人口不超过100万人的城市</td><td>每月800元</td></tr>
<tr><td>赡养老人支出</td><td colspan="3">纳税人赡养一位及以上被赡养人（60岁以上）的赡养支出，统一按照以下标准定额扣除：纳税人为独生子女的，按照每月2 000元的标准定额扣除；纳税人为非独生子女的，由其与兄弟姐妹分摊每月2 000元的扣除额度，每人分摊的额度不能超过每月1 000元，可以由赡养人均摊或者约定分摊，也可以由被赡养人指定分摊</td></tr>
<tr><td>3岁以下婴幼儿照护专项附加扣除</td><td colspan="3">父母（监护人）按照每孩每月1 000元的标准定额扣除，可选择由其中一方100%扣除，也可以由双方分别按扣除标准的50%扣除</td></tr>
</table>

【例题2·2019年·多项选择题】 可以在计算综合所得时扣除的专项扣除包括（　　）。

A. 住房公积金　　B. 大病医疗　　C. 基本医疗保险　　D. 基本养老保险金

E. 住房租金

【答案】 ACD

【解析】 本题考查个人所得税专项扣除。

专项扣除，包括居民个人依照国家规定的范围和标准缴纳的基本养老保险（选项D正确）、基本医疗保险（选项C正确）、失业保险等社会保险费和住房公积金等支出（选项A正确）。选项BE属于专项附加扣除。故选项ACD正确。

私教点拨

居民个人的综合所得，以每一纳税年度的收入额减除费用6万元以及专项扣除、专项附加扣除和依法确定的其他扣除后的余额，为应纳税所得额。对个人所得税扣除内容的梳理，详见表5－10。

表5－10 个人所得税扣除

扣除项目	具体内容
费用	一年6万元，分摊至每月为5 000元
专项扣除	三险一金（基本养老保险、基本医疗保险、失业保险及住房公积金）
专项附加扣除	子女教育、继续教育、大病医疗、住房贷款利息、住房租金、赡养老人支出、3岁以下婴幼儿照护
其他扣除	个人缴付符合国家规定的企业年金、职业年金，个人购买符合国家规定的商业保险、递延型商业养老保险
公益捐赠扣除	个人将其所得**通过中国境内的公益性社会组织及国家机关**向**教育、扶贫**等公益慈善事业进行捐赠，捐赠额**未超过**纳税人申报的**应纳税所得额30%**的部分，可以从其应纳税所得额中扣除

【例题3·2019年·单项选择题】劳务报酬所得以收入减除（　　）的费用后的余额为收入额。

A. 20%　　B. 30%　　C. 40%　　D. 50%

【答案】A

【解析】本题考查劳务报酬所得收入额的确认。

劳务报酬所得、稿酬所得、特许权使用费所得以收入减除20%（选项A正确）的费用后的余额为收入额。稿酬所得的收入额减按70%计算。故选项A正确。

私教点拨

对收入额（应纳税所得额）计算的梳理，详见表5－11。

表5－11 收入额（应纳税所得额）计算

收入类型	计次方式	计算方式
劳务报酬所得	一次性收入的，以取得该项收入为一次。同一项目连续性收入的，以一个月内取得的收入为一次	以收入减除20%的费用后的余额为收入额（80%）
特许权使用费所得	一次性收入的，以取得该项收入为一次。同一项目连续性收入的，以一个月内取得的收入为一次	以收入减除20%的费用后的余额为收入额（80%）
稿酬所得	一次性收入的，以取得该项收入为一次。同一项目连续性收入的，以一个月内取得的收入为一次	以收入减除20%的费用后的余额减按70%为收入额（56%）
财产租赁所得	以一个月内取得的收入为一次	每次收入不超过4 000元的，减除费用800元
财产转让所得	以取得该项收入为一次	减除财产原值和合理费用后的余额为收入额
利息、股息、红利所得	以取得该项收入为一次	每次收入为收入额
偶然所得	以取得该项收入为一次	每次收入为收入额

考点十三 个人所得税的税收优惠

【例题·2022年·单项选择题】个人取得的下列收入中，应征收个人所得税的是（　　）。

A. 个人取得的保险赔款

B. 企业为职工缴纳的企业年金

C. 个人投保的商业意外保险

D. 个人购买体育彩票取得的中奖收入8 000元

【答案】C

【解析】本题考查个人所得税的税收优惠。

个人缴付符合国家规定的企业年金(选项B)、职业年金，个人购买符合国家规定的商业健康保险、税收递延型商业养老保险的支出，以及国务院规定可以扣除的其他项目，可以在计算个人所得税应纳税所得额时扣除。保险赔款(选项A)和不超过1万元的彩票中奖收入(选项D)免征个人所得税。

故选项C正确。

私教点拨

注意区分：个人购买符合国家规定的商业**健康**保险可以在计算个人所得税应纳税所得额时扣除；但个人投保的商业**意外**保险不能扣除。

个人所得税税收优惠政策详见表5-12。

表5-12　个人所得税税收优惠政策

优惠形式	具体项目
免征个人所得税	(1) 省级人民政府、国务院部委和中国人民解放军军以上单位，以及外国组织、国际组织颁发的科学、教育、技术、文化、卫生、体育、环境保护等方面的奖金； (2) 国债和国家发行的金融债权利息； (3) 按照国家统一规定发给的补贴、津贴； (4) 福利费、抚恤金、救济金； (5) 保险赔款； (6) 军人的转业费、复员费、退役金； (7) 按照国家统一规定发给干部、职工的安家费、退职费、基本养老金或者退休费、离休费、离休生活补助费； (8) 依照有关法律规定应予免税的各国驻华使馆、领事馆的外交代表、领事官员和其他人员的所得
减征个人所得税	(1) 孤疾、孤老人员和烈属的所得； (2) 因自然灾害遭受重大损失的
其他免税或暂免征收项目	(1) 个人举报、协查各种违法、犯罪行为获得的奖金； (2) 个人办理代扣代缴税款手续按规定取得的扣缴手续费； (3) 个人转让自用5年以上且唯一的家庭住房取得的收入； (4) 个人购买福利、体育彩票，一次性中奖在1万元以下的收入； (5) 2019年1月1日至2023年12月31日深圳市对在大湾区工作的境外(含港澳台)高端紧缺人才给予的补贴； (6) 对在海南自由贸易港工作的高端人才和紧缺人才，其个人所得税实际税负超过15%的部分，免征个人所得税
其他优惠政策	2022年10月1日至2023年12月31日，对出售自有住房并在现住房出售后1年内在市场重新购买住房的纳税人，对其出售现住房已缴纳的个人所得税予以退税优惠。其中，新购住房金额大于或等于现住房转让金额的，全部退还已缴纳的个人所得税；新购住房金额小于现住房转让金额的，按新购住房金额占现住房转让金额的比例退还出售现住房已缴纳的个人所得税

考点十四　个人所得税的征收管理

【例题·2018 年·多项选择题·改编】 必须自行申报纳税的个人所得有（　　）。

A. 非居民个人在中国境内从两处或两处以上取得工资所得

B. 取得应税所得，没有扣缴义务人

C. 从中国境外取得所得的

D. 年税额 12 万元以上的

E. 个体工商户的生产经营所得

【答案】 ABC

【解析】 本题考查应当自行申报的情形。

应当自行申报的情形：

（1）取得综合所得需要办理汇算清缴。

（2）取得应税所得没有扣缴义务人（选项 B 正确）。

（3）取得应税所得，扣缴义务人未扣缴税款。

（4）取得境外所得（选项 C 正确）。

（5）因移居境外注销中国户籍。

（6）非居民个人在中国境内从两处以上（包含两处）取得工资、薪金所得（选项 A 正确）。

（7）国务院规定的其他情形。

选项 D 属于需要汇算清缴个人所得税的条件（选项 D 错误）。

选项 E 属于经营所得汇算清缴的内容（选项 E 错误）。

故选项 ABC 正确。

私教点拨

个人所得税根据情形需要进行自行申报或进行汇算清缴的情形及时间详见表 5-13。

表 5-13　个人所得税征收管理

税务处理	具体情形
必须自行申报的情形	（1）取得综合所得需要办理汇算清缴； （2）取得应税所得没有扣缴义务人； （3）取得应税所得，扣缴义务人未扣缴税款； （4）取得境外所得； （5）因移居境外注销中国户籍； （6）非居民个人在中国境内从两处以上取得工资、薪金所得； （7）国务院规定的其他情形
需要办理年度汇算清缴的情形	（1）已**预缴税额大于年度应纳税额且申请退税**的； （2）综合所得收入**全年超过 12 万元且**需要**补税金额超过 400 元的**
无须办理年度汇算清缴的情形	（1）年度汇算补税但综合所得收入**全年不超过 12 万元**的； （2）年度汇算需**补税金额不超过 400 元**的； （3）已预缴税额与年度应纳税额一致或者不申请退税的

案例分析题专练

【例题 1 · 2022 年 · 案例分析题】

某跨地区经营，汇总缴纳企业所得税的企业，总公司设在北京，在天津和上海分别设有一家分司，2021 年第一季度共实现应纳税所得额 1 200 万元 [1]，假设企业按季预缴，企业所得税税率为 25% [2]。另外，天津、上海分公司 2019 年度的经营收入，职工工资，资产总额分别为 200 万元，100 万元，500 万元和 1 800 万元，100 万元，2 000 万元 [3]。经营收入，职工工资，资产总额的权重依次为 0.35，0.35，0.30 [4]。2021 年 7 月，该企业按规定在总机构和分支机构之间计算分摊税款就地预缴。	[1] 抓取数据“第一季度共实现应纳税所得额 1 200 万元”。 [2] 抓取数据“企业所得税税率为 25%”，第二季度应纳企业所得税额 = 1 200×25% = 300（万元）。 [3] 抓取数据“经营收入，职工工资，资产总额分别为 200 万元，100 万元，500 万元和 1 800 万元，100 万元，2 000 万元”，该数据影响分支机构分摊预缴的企业所得税款。 [4] 抓取数据“权重依次为 0.35，0.35，0.30”，该数据影响分摊比例。

根据以上资料，回答下列问题：

1. 该企业 2021 年第二季度的应纳企业所得税额为（　　）万元。

A. 150　　B. 200　　C. 300　　D. 330

2. 总公司在北京就地分摊预缴的企业所得税款为（　　）万元。

A. 50　　B. 125　　C. 150　　D. 250

3. 上海分公司就地分摊预缴的企业所得税款为（　　）万元。

A. 50.00　　B. 69.75　　C. 109.50　　D. 150.00

4. 天津分公司就地分摊预缴的企业所得税款为（　　）万元。

A. 40.50　　B. 55.25　　C. 75.00　　D. 150.00

5. 居民企业为跨地区经营汇总纳税企业，实行（　　）的企业所得税征收管理办法。

A. 统一计算　　B. 统一管理　　C. 就地预缴的　　D. 汇总清算

1. 【答案】C

【解析】本题考查企业所得税的征收管理。

该企业第二季度的应纳企业所得税额 = 1 200×25% = 300（万元）。

2. 【答案】C

【解析】本题考查总机构分摊的所得税税款。

总机构分摊税款 = 汇总纳税企业当期应纳企业所得税额×50% = 300×50% = 150（万元）。

3. 【答案】C

【解析】本题考查分支机构分摊的所得税税款。

上海分公司的分摊比例=1 800/2 000×0.35+100/200×0.35+2 000/2 500×0.30=0.73。上海分公司就地分摊预缴的企业所得税额=150×0.73=109.50（万元）。

4.【答案】A

【解析】本题考查分支机构分摊的所得税税款。

根据第2和第3问的计算结果，天津分公司就地分摊预缴的企业所得税额=150-109.50=40.50（万元）。

5.【答案】ACD

【解析】本题考查跨地区经营汇总缴纳企业所得税征收管理办法。

居民企业为跨地区经营汇总纳税企业，实行统一计算、分级管理、就地预缴、汇总清算、财政调库的企业所得税征收管理办法。

【例题2·2021年·案例分析题】

某产品销售公司的总机构A设立在北京，在上海、广州分别设有B、C两个分支机构。2021年1季度该公司汇总后的实际利润为1 000万元［1］。不存在纳税调整事项。该公司按季预缴分摊企业所得税，企业所得税税率为25%［2］，另外2020年B机构全年营业收入、职工薪酬、资产总额分别为9 000万元、220万元和3 000万元［3］，C机构全年营业收入、职工薪酬、资产总额分别为5 000万元、130万元和3 000万元［4］。该公司按规定在总机构和分支机构之间计算分摊税款就地预缴。	**【审题过程】** ［1］抓取数据“实际利润为1 000万元”。 ［2］抓取数据“企业所得税税率为25%”则企业所得税为1 000×25%=250万元。 ［3］抓取数据B机构全年营业收入9 000万元，职工薪酬220万元，资产总额3 000万元。 ［4］抓取数据C机构全年营业收入5 000万元，职工薪酬130万元，资产总额3 000万元。

根据以上资料，回答下列问题：

1. 该企业第1季度应缴纳的企业所得税为（　　）万元。

A. 500　　B. 250　　C. 125　　D. 200

2. 总机构A在北京就地分摊预缴的企业所得税为（　　）万元。

A. 225　　B. 125　　C. 200　　D. 500

3. 机构就地分摊预缴的企业所得税为（　　）万元。

A. 74.38　　B. 94.38　　C. 84.38　　D. 64.38

4. 机构就地分摊预缴的企业所得税为（　　）万元。

A. 50.62　　B. 60.63　　C. 70.63　　D. 80.63

5. 下列关于跨地区经营汇总纳税企业所得税征收管理的说法中，正确的有（　　）。

A. 企业所得税分季或者分月预缴，由总机构和二级分支机构分别核定

B. 年度终了后，总机构统一计算汇总纳税企业的年度应纳税所得额，扣除总机构和二级分支机构已预交的税款，计算出应缴应退税款

C. 实行统一计算，分级管理，就地预缴，汇总清算、财政调库的管理办法

D. 各二级分支机构应在每月或季度终了之日起15日内，就其分摊的所得税额就地申报预缴

1. 【答案】B

【解析】本题考查企业所得税税额计算。

该企业第1季度应缴纳的企业所得税=实际利润×企业所得税税率=1 000×25%=250（万元）。

2. 【答案】B

【解析】本题考查总部机构分摊税款。

总机构分摊税款占汇总纳税企业当期应纳所得税额的50%。250×50%=125（万元）。

3. 【答案】A

【解析】本题考查分支机构分摊比例的计算。

某二级分支机构分摊税款占比计算公式为某二级分支机构营业收入占全部二级分支机构营业收入比例×0.35+某二级分支机构职工薪酬占全部二级分支职工薪酬比例×0.35+某二级分支机构资产总额占全部二级分支机构资产总额比例×0.3。

B机构分摊比例=9 000/(9 000+5 000)×0.35 + 220/(220+130)×0.35 + 3 000/(3 000+3 000)×0.3=0.225 + 0.22 + 0.15=0.595=59.5%。

B机构分摊预缴的企业所得税=125×59.5%≈74.38（万元）。

4. 【答案】A

【解析】本题考查分支机构分摊税款的计算。

B机构分摊比例为59.5%，C机构分摊比例=100%-59.5%=40.5%。

C机构分摊预缴的企业所得税=125×40.5%≈50.62（万元）。

5. 【答案】BCD

【解析】本题考查总分机构缴税原则。

居民企业在中国境内跨地区设立不具有法人资格的分支机构时，该居民企业为跨地区经营汇总纳税企业，应当汇总计算并缴纳企业所得税，实行“**统一计算、分级管理、就地预缴、汇总清算、财政调库**”的企业所得税征收管理办法（选项C正确）。企业所得税分月或者分季预缴，**由总机构所在地主管税务机关**具体核定（选项A错误）。**总机构**应将本期企业应纳所得税额的50%，在每月或季度终了后**15日内就地**申报预缴；**各二级分支机构**应在每月或季度终了之日起**15日内**，就其分摊的所得税额**就地**申报预缴（选项D正确）。汇总纳税企业应当自年度终了之日起5个月内，**由总机构汇总**计算企业年度应纳所得税额，**扣除总机构和各二级分支机构已预缴的税款，计算出应缴应退税款**，按照规定的税款分摊方法计算总机构和各二级分支机构的企业所得税应缴应退税款，分别由总机构和各二级分支机构**就地**办理税款缴库或退库（选项B正确）。

故选项BCD正确。

【例题 3·2019 年·案例分析题】

2×18 年，某商业企业经营的业务如下：	**【审题过程】**
商品销售收入为 1 600 万元，公债利息收入 8 万元，债券转让净收入 152 万元［1］。	［1］材料（1）抓取数据"销售收入 1 600 万元，公债利息收入 8 万元，债券转让净收入 152 万元。"注意其中公债利息收入计入总收入，但是作为免税收入。
全年商品销售成本 940 万元［2］。	［2］材料（2）抓取数据"销售成本 940 万元"。税前可以扣除成本为 940 万元。
按规定缴纳的增值税 208 万元，城市维护建设税 19.04 万元，教育费附加 8.16 万元［3］。	［3］材料（3）抓取数据"城市维护建设税 19.04 万元，教育费附加 8.16 万元"。税前可以扣除税额为 27.2 万元。
发生营业费用 80 万元，管理费用 100 万元［4］。	［4］材料（4）抓取数据"营业费用 80 万元，管理费用 100 万元"。税前可以扣除费用为 180 万元。
营业外支出中列支 96 万元，其中：公益捐赠 80 万元；赞助当地一足球队 12 万元；缴纳税收滞纳金 4 万元［5］。	［5］材料（5）抓取数据"公益捐赠 80 万元，赞助费用 12 万元，税收滞纳金 4 万元。"公益捐赠可以在会计利润总额的 12%以内扣除，超过部分 3 年内结转；赞助费用与税收滞纳金不得扣除。

根据以上资料，回答下列问题：

1. 该企业利润总额为（　　）万元。

A. 516.8　　B. 521.6　　C. 561.8　　D. 597.2

2. 该企业公益性捐赠所得税前扣除额为（　　）万元。

A. 50.92　　B. 62.02　　C. 79.24　　D. 91.94

3. 企业所得税前营业外支出应纳税调整额为（　　）万元。

A. 20.42　　B. 25.18　　C. 33.98　　D. 41.78

4. 该企业应纳税所得额为（　　）万元。

A. 519.38　　B. 529.22　　C. 542.78　　D. 579.98

5. 该企业应纳企业所得税税额为（　　）万元。

A. 135.70　　B. 157.38　　C. 179.34　　D. 185.28

1.**【答案】**A

【解析】本题考查利润总额的计算。

该企业利润总额 =(1 600+8+152)−(940+19.04+8.16+80+100+96)= 516.8（万元）。

2.【答案】B

【解析】本题考查公益性捐赠的扣除限额。

企业发生的公益性捐赠支出，不超过年度会计利润总额12%的部分，准予扣除。该企业实际公益捐赠80万元，超过扣除限额的部分所得税前不得扣除。故该企业公益性捐赠所得税前扣除限额=516.8×12%≈62.02（万元）。

3.【答案】C

【解析】本题考查不得扣除的费用。

超过公益捐赠扣除限额的捐赠额、各项赞助支出、税收滞纳金不允许税前扣除。企业所得税前营业外支出应纳税调整额=(80-62.02)+12+4=33.98（万元）。

4.【答案】C

【解析】本题考查应纳税所得额的计算。

该企业应纳税所得额=516.8-8+33.98=542.78（万元）。

5.【答案】A

【解析】本题考查应纳税额的计算。

该企业应纳企业所得税税额=542.78×25%≈135.70（万元）。

真题演练

一、单项选择题

1.（2020年）下列选项中，最低折旧年限为20年的固定资产是（　　）。

A. 轮船　　B. 飞机　　C. 汽车　　D. 房屋

2.（2020年）非居民个人在中国境内从两处以上取得工资、薪金所得的，应当在取得所得的（　　）内，向其中一处任职、受雇单位所在地主管税务机关办理纳税申报。

A. 当月10日　　B. 当月15日

C. 次月10日　　D. 次月15日

3.（2019年）企业收入总额中属于免税收入的是（　　）。

A. 国债利息收入　　B. 企业债券利息

C. 销售货物收入　　D. 财政拨款

4.（2019年）经营所得的适用税率是（　　）。

A. 3%~35%　　B. 5%~35%

C. 3%~45%　　D. 5%~45%

5.（2018年）根据企业所得税法，企业受托加工制造船舶，持续时间超过12个月的，按照（　　）确认收入的实现。

A. 船舶交付日期　　B. 船舶完工日期

C. 实际收款日期　　D. 纳税年度内完成的工作量

6.（2017年）纳税人的下列支出中，在计算企业所得税应纳税所得额时准予扣除的是（　　）。

A. 税收滞纳金

B. 借款利息

C. 向投资者支付的股息、红利等权益性投资收益款项

D. 赞助支出

7. （2016 年）2×15 年 6 月，某劳务派遣公司购置价值 4 000 元的电脑一台，作为固定资产处理，会计折旧年限 2 年，该公司 2×15 年可在企业所得税前扣除电脑折旧（　　）。

A. 1 000　　B. 2 000　　C. 3 000　　D. 4 000

8. （2016 年）2×15 年 5 月，中国居民企业甲以其持有的一处房产向另外一家居民企业乙进行投资，双方约定投资价款 5 000 万元，该房产原值 2 000 万元，取得的货币性资产转让所得 3 000 万元，不考虑其他因素，假设甲企业最大限度地享受现行非货币性资产对外投资的企业所得税政策，则 2×15 年甲企业至少应确认非货币性资产转让所得（　　）。

A. 600　　B. 4 000　　C. 3 000　　D. 5 000

9. （2015 年・改编）某调查公司为符合条件的小型微利企业，假设 2021 年全年实现应纳税所得额 15 万元，该公司 2021 年应缴纳企业所得税（　　）元。

A. 750　　B. 1 500　　C. 3 000　　D. 3 750

10. （2013 年）根据企业所得税法，下列判断来源于中国境内、境外的所得的原则中，错误的是（　　）。

A. 销售货物所得，按照交易活动发生地确定

B. 提供劳务所得，按照劳务发生地确定

C. 股息、红利等权益性投资所得，按照分配所得的企业所在地确定

D. 权益类投资资产转让所得，按照投资方企业所在地确定

11. （2012 年）根据企业所得税法，企业与其关联方之间的业务往来，不符合独立交易原则而减少企业或者其关联方应纳税收入或者所得额的，税务机关有权按照（　　）调整。

A. 可比价格法　　B. 销售价格法

C. 成本法　　D. 利润分割法

二、多项选择题

1. （2019 年）下列属于免征个人所得税的所得有（　　）。

A. 国家发行的金融债券利息　　B. 财产租赁所得

C. 军人的复员费　　D. 抚恤金

E. 按照国家统一规定发给的补贴

2. （2014 年）根据企业所得税，符合条件的非营利组织的收入为免税收入，这些收入包括（　　）。

A. 接受个人捐赠的收入

B. 税法规定的财政拨款

C. 向政府提供服务取得的收入

D. 不征税收入孳生的银行存款利息收入

E. 按照民政部、财政部规定收取的会费

三、案例分析题

（2020 年）某自行车制造企业，2020 年实现产品销售收入 2 000 万元，支付合理的工资薪金总额 200 万元（其中，残疾职工工资 50 万元），实际发生职工福利费 60 万元，为全体员工支付补充医疗保险费 40 万元，发生广告费和业务宣传费 500 万元。另外，企业当年购置安全生产专用设备 500 万元，购置完毕即投入使用。

根据以上资料，回答下列问题：

1. 该企业 2020 年度允许税前扣除的工资薪金数额为（　　）万元。

A. 150　　B. 200　　C. 250　　D. 300

2. 该企业 2020 年度允许税前扣除的职工福利费为（　　）万元。

A. 28　　B. 32　　C. 55　　D. 60

3. 该企业 2020 年度允许税前扣除的补充医疗保险费为（　　）万元。

A. 40　　B. 30　　C. 10　　D. 5

4. 该企业 2020 年度允许税前扣除的广告费和业务宣传费为（　　）万元。

A. 200　　B. 300　　C. 500　　D. 600

（2019 年）一家天津注册的技术先进型服务企业，2018 年支付合理的工资薪金总额 3 000 万元（其中，残疾职工工资 500 万元），实际发生党组织工作经费 300 万元。另外，企业当年购置节能节水专用设备 1 000 万元，购置完毕即投入使用。

根据以上资料，回答下列问题：

5. 该企业适用的企业所得税税率为（　　）。

A. 25%　　B. 20%　　C. 15%　　D. 10%

6. 该企业允许税前扣除的工资薪金金额为（　　）万元。

A. 3 000　　B. 3 500　　C. 2 600　　D. 500

7. 该企业允许税前抵免的党组织工作经费的金额是（　　）万元。

A. 10　　B. 20　　C. 30　　D. 50

8. 根据企业所得税法的规定，企业购置并实际使用节能节水专用设备，可以按比例抵免企业当年的应纳所得税额，则该企业至多可以抵免的应纳所得税额是（　　）万元。

A. 100　　B. 80　　C. 320　　D. 400

9. 根据企业所得税法的规定，税务机关在对企业发生的工资薪金进行合理性确认时，应该掌握的原则有（　　）。

A. 企业制定了较为规范的员工工资薪金制度

B. 企业所制定的工资薪金制度不一定符合行业水平

C. 企业在一定时期所发放的工资薪金可以随机调整

D. 有关工资薪金的安排，不以减少税款为目的

真题演练答案及解析

一、单项选择题

1. 【答案】D

【解析】本题考查固定资产的折旧年限。

选项 A，轮船的折旧年限为 10 年（选项 A 错误）。

选项 B，飞机的折旧年限为 10 年（选项 B 错误）。

选项 C，汽车属于飞机、火车、轮船以外的运输工具，折旧年限为 4 年（选项 C 错误）。

选项 D，房屋的折旧年限为 20 年（选项 D 正确）。

2. 【答案】D

【解析】本题考查个人所得税纳税申报期限。

非居民个人在中国境内从两处以上取得工资、薪金所得的，应当在取得所得的次月 15 日内，向其中一处任职、受雇单位所在地主管税务机关办理纳税申报。故选项 D 正确。

3. 【答案】A

【解析】本题考查免税收入的辨析。

企业的下列收入为免税收入：

（1）国债利息收入（选项 A 正确）。

（2）地方政府债券利息收入。

（3）符合条件的居民企业之间的股息、红利等权益性投资收益。

（4）在中国境内设立机构、场所的非居民企业从居民企业取得与该机构、场所没有实际联系的股息、红利等权益性投资收益。

（5）符合条件的非营利组织的收入，包括：①接受其他单位或者个人捐赠的收入；②除税法规定的财政拨款以外的其他政府补助，不包括因政府购买服务取得的收入；③按照省级以上民政、财政部门规定收取的会费；④不征税收入和免税收入孳生的银行存款利息收入；⑤财政部、国家税务总局规定的其他收入。

选项 B，企业债券利息归属利息收入，属于收入总额计税（选项 B 错误）。

选项 C，销售货物收入属于收入总额计税（选项 C 错误）。

选项 D，财政拨款属于不征税收入（选项 D 错误）。

故选项 A 正确。

4. 【答案】B

【解析】本题考查经营所得适用税率。

经营所得适用 5%至 35%的五级累进税率表，综合所得适用 3%至 45%的七级累进税率表。故选项 B 正确。

5. 【答案】D

【解析】本题考查企业所得税收入确认。

企业受托加工制造大型机械设备、船舶、飞机，以及从事建筑、安装、装配工程业务或者提供其他劳务等，持续时间超过 12 个月的，按照纳税年度内完工进度或者完成的工作量确认收入的实现。故选项 D 正确。

6.【答案】B

【解析】本题考查企业所得税可扣除项目。

在计算企业所得税应纳税所得额时，准予税前扣除的项目包括：（1）工资、薪金；（2）补充保险；（3）利息（选项 B 正确）；（4）职工福利费；（5）工会经费；（6）职工教育经费；（7）业务招待费；（8）广告费和业务宣传费；（9）环境保护、生态恢复等方面的专项资金；（10）非居民企业境内机构、场所分摊境外总机构费用；（11）公益性捐赠支出；（12）人身意外保险费。故选项 B 正确。

7.【答案】D

【解析】本题考查加速折旧的税收优惠政策。

自 2014 年 1 月 1 日起，对所有行业企业持有的**单位价值**不超过 5 000 元的固定资产，允许一次性计入当期成本费用在计算应纳税所得额时扣除，不再分年度计算折旧。

购置的电脑单位价值 4 000 元<5 000 元，故选项 D 正确。

8.【答案】A

【解析】本题考查非货币性资产投资的优惠政策。

居民企业用非货币性资产对外投资得到的非货币性资产转让所得，允许在低于 5 年（含 5 年）期限内分期均匀计入相应年度的应纳税所得额，按规定计算缴纳企业所得税。所以 2×15 年确认非货币性资产所得＝3 000÷5＝600（万元）。

9.【答案】D

【解析】本题考查小微企业税收优惠的运用。

符合条件的小型微利企业，当年不超过 100 万元的应纳税所得额减按 12.5%计入应纳税所得额，按 20%的企业所得税率计算应纳税额。15 万元<100 万元，故 15×12.5%×20%×10 000＝3 750（元）。

10.【答案】D

【解析】本题考查企业所得税所得来源地的确定。

权益性投资资产转让所得按照被投资企业所在地确定，本题要选出错误的选项，故选项 D 当选。

11.【答案】D

【解析】本题考查企业所得税关联企业的转让定价方法。

根据企业所得税法，企业与其关联方之间的业务往来，不符合独立交易原则而减少企业或者其关联方应纳税收入或者所得额的，税务机关有权按照可比非受控价格法（选项 A 错误）、再销售价格法（选项 B 错误）、成本加成法（选项 C 错误）、交易净利润法、利润分割法（选项 D 正确）调整。故选项 D 正确。

二、多项选择题

1.【答案】ACDE

【解析】本题考查个人所得税优惠政策。

选项 A 属于国债和国家发行的金融债券利息，属于个人所得税免税收入（选项 A 正确）。

选项 B 财产租赁所得按每次不超过 4 000，扣除 800；4 000 元以上，扣除 20%的费用，其余额为应纳税所得额（选项 B 错误）。

选项 C 属于军人的转业费、复员费、退役金，属于个人所得税免税收入（选项 C 正确）。

选项 D 属于福利费、抚恤金、救济金，属于个人所得税免税收入（选项 D 正确）。

选项 E 属于按照国家统一规定发给的补贴、津贴（选项 E 正确）。

故选项 ACDE 正确。

2. 【答案】ADE

【解析】本题考查非营利组织免税收入的确认。

非营利组织的免税收入包括除税法规定的财政拨款以外的其他政府补助收入，但不包括因政府购买服务取得的收入（选项 C 错误），其中财政拨款为不征税收入（选项 B 错误）。故选项 ADE 正确。

三、案例分析题

1. 【答案】C

【解析】本题考查残疾人工资的加计扣除。

支付合理的工资薪金支出可以税前扣除，对于残疾职工工资实行加计 100%扣除。该企业允许税前扣除的工资薪金数额 = 200+50 = 250（万元）。

2. 【答案】A

【解析】本题考查职工福利费的扣除限额。

职工福利费不超过工资薪金总额 14%的部分，准予扣除。允许扣除的金额 = 200×14% = 28（万元）。

3. 【答案】C

【解析】本题考查补充保险的扣除限额。

补充医疗保险费、补充养老保险费分别在不超过工资总额 5%标准内的部分，在计算应纳税所得额时准予扣除，超过部分不允许扣除。允许扣除的补充医疗保险费 = 200×5% = 10（万元）。

4. 【答案】C

【解析】本题考查广宣费扣除限额。

企业发生的符合条件的广告费和业务宣传费，在不超过当年销售收入 15%的部分，准予扣除；超过部分，准予以后纳税年度结转扣除。允许扣除的广告费和业务宣传费 = 2 000×15% = 300（万元）。

5. 【答案】C

【解析】本题考查优惠税率的适用。

技术先进型服务企业的优惠税率为 15%。

6. 【答案】B

【解析】本题考查残疾人工资的加计扣除。

支付合理的工资薪金支出可以税前扣除，对于残疾职工工资实行加计 100%扣除。所以允许税前扣除的工资薪金数额 = 3 000+500 = 3 500（万元）。

7.【答案】C

【解析】本题考查党组织工作经费的扣除限额。

企业纳入管理费用的党组织工作经费，实际支出不超过职工年度工资薪金总额1%的部分，可以据实在企业所得税前扣除。即3 000×1%＝30（万元）。

8.【答案】A

【解析】本题考查购置环保、节能节水、安全生产等专用设备的税收优惠。

企业购置并实际使用税法规定的环境保护、节能节水、安全生产等专用设备的，该专用设备的投资额的10%可以从企业当年的应纳税额中抵免，即1 000×10%＝100（万元）。

9.【答案】AD

【解析】本题考查工资薪金合理性的原则。

税务机关在对工资薪金进行合理性确认时，可按以下原则掌握：(1) 企业制定了较为规范的员工工资薪金制度（选项A正确）；(2) 企业所制定的工资薪金制度符合行业及地区水平（选项B错误）；(3) 企业在一定时期所发放的工资薪金是相对固定的，工资薪金的调整是有序进行的（选项C错误）；(4) 企业对实际发放的工资薪金，已依法履行了代扣代缴个人所得税义务；(5) 有关工资薪金的安排，不以减少或逃避税款为目的（选项D正确）。

第六章　其他税收制度

本章考情 Q&A

Q：本章的重要性和难度如何？

A：本章属于**重点**章节，学好本章对于通过考试意义重大。

本章难度高，特别需要辨析各大税种在计税依据上的细微差别，计算时要注意政策运用与数据选取。

从历年真题来看，本章每年客观题考查的分值在 3~8 分，案例分析题考查的分值在 8~10 分。合计 11~18 分。

Q：本章在考试中通常以什么形式出现？

A：从历年真题来看，本章在单项选择题、多项选择题与案例分析题三种题型中均有涉及。

Q：本章 2023 年的内容有改动么？

A：本章删除了印花税中的 5 条特殊优惠规定，新增了房产税、契税、资源税、印花税的减免，新增了耕地占用税、车辆购置税的税收优惠，新增了印花税的征税范围、计税依据和应纳税额的计算等相关表述。

Q：本章考点在历年考试中的分布情况如何？

A：以下是老师们的统计：

考点	2022 年	2021 年	2020 年	2019 年	2018 年	2017 年	2016 年	2015 年	2014 年	2013 年
房产税	√			√	√				√	√
契税	√			√		√	√	√		
车船税	√		√			√	√	√		√
资源税	√	√	√				√	√	√	
城镇土地使用税	√	√	√				√	√	√	√
耕地占用税	√	√								
土地增值税	√		√		√		√	√	√	
印花税	√								√	√
城市维护建设税和教育费附加				√	√			√	√	
烟叶税	√	√		√	√					
环境保护税	√	√	√		√					

经典例题

考点一 房产税

【例题1·2019年·单项选择题】依据房产计税余值计税的，税率为（　　）。

A. 1.2%　　B. 4%　　C. 8%　　D. 12%

【答案】A

【解析】本题考查房产税税率。

房产税的计税依据分为**从价计征**和**从租计征**两种形式，所以房产税的税率也有两种情形：依据房产计税余值计税的，税率为1.2%（选项A正确）；依据房产租金收入计税的，税率为12%（选项D错误）。对个人出租住房，不区分用途，按4%的税率征收房产税（选项B错误）。选项C为干扰项。故选项A正确。

私教点拨

房产税税率详见表6-1。

表6-1　房产税税率表

计税方式	税率	
从价计征	1.2%	
从租计征	12%	
	向个人出租	4%

【例题2·2018年·单项选择题】李某在甲市拥有一套临街商铺，由于急需用钱，将商铺卖给王某，王某随即将商铺交给其朋友刘某使用，目前该商铺的房产税纳税人是（　　）。

A. 李某　　B. 王某　　C. 刘某　　D. 王某和刘某

【答案】C

【解析】本题考查房产税纳税人。

房产税以在征税范围内的房屋产权所有人为纳税人。

（1）产权属于全民所有的，由经营管理单位纳税；产权属集体和个人所有的，由集体单位和个人纳税。

（2）产权出典的，由承典人依照房产余值缴纳房产税。

（3）产权所有人、承典人不在房屋所在地的，由房产代管员或者使用人纳税（选项C正确）。

（4）产权未确定及租典纠纷未解决的，由房产代管员或者使用人纳税。

（5）无租使用其他单位房产的应税单位和个人，依据房产余值代缴纳房产税。

（6）融资租赁的房产，由承租人自融资租赁合同约定开始日的次月起依照房产余值缴纳房产税。合同未约定开始日，由承租人自合同签订的次月起依照房产余值缴纳房产税。

故选项C正确。

房产税的纳税人除经营租赁的房产承租人外，秉承“谁使用，谁控制，谁缴纳”的原则。

私教点拨

房产税征税范围作为次要考点也经常考查，《房产税暂行条例》规定，房产税在城市、县城、建制镇和工矿区征收。农村房屋等不作为房产税纳税范围。

考点二 契税

【例题1·2019年·单项选择题】契税实行比例税率，税率幅度为（ ）。

A. 1%～3% B. 3%～5% C. 5%～7% D. 7%～9%

【答案】B

【解析】本题考查契税税率。

契税实行比例税率，税率幅度为3%～5%。故选项B正确。

私教点拨

契税实行比例税率，税率幅度为3%～5%，因此做计算题时同学需重点关注题目给出的契税税率。

【例题2·2016年·多项选择题】纳税人在购买房屋时，下列与房屋有关的附属设施应属于契税征收范围的是（ ）。

A. 自行车库 B. 储藏室 C. 停车位 D. 顶层阁楼

E. 制冷设备

【答案】ABCD

【解析】本题考查契税的征收范围。

对于承受与房屋相关的附属设施［包括停车位（选项C正确）、汽车库、自行车库（选项A正确）、顶层阁楼（选项D正确）以及储藏室（选项B正确）］所有权或土地使用权的行为，按照契税法律法规的规定征收契税；对于不涉及土地使用权和房屋所有权转移变动的，不征收契税。制冷设备与建筑并非一体，可以拆卸（选项E错误）。故选项ABCD正确。

私教点拨

在契税中房屋附属设施的判断标准为与房屋一同转移权属的不动产。需要区分的是在房产税中，附属设施包括与房屋不可分割的各种附属设备或一般不单独计价的配套设施（故中央空调属于附属设施，扇式空调则不属于）计入房产余值，应注意辨析，判断税种。

【例题3·2015年·单项选择题】下列关于契税的说法中，错误的是（　　）。

A. 契税是以在境内转移土地、房屋权属为征税对象，向销售方征收的一种财产税

B. 土地使用权出售、房屋买卖的计税根据为成交价格

C. 法定继承人继承房屋权属的，免征契税

D. 国家机关承受土地、房屋用于办公的，免收契税

【答案】A

【解析】本题考查契税的基本概念和免税项目。

在中华人民共和国境内转移土地、房屋权属，承受的单位和个人为契税的纳税人。本题要选出错误的选项，故选项A当选。

私教点拨

契税减免政策详见表6-2。

表6-2　契税减免政策

优惠项目	具体内容
基本规定	(1) 国家机关、事业单位、社会团体、军事单位承受土地、房屋用于办公、教学、医疗、科研和军事设施的，免征契税。 (2) 非营利的学校、医疗机构、社会福利机构承受土地、房屋权属用于办公、教学、医疗、科研、养老、救助的，免征契税。 (3) 婚姻关系存续期间夫妻之间变更土地、房屋权属的，免征契税。 (4) 法定继承人通过继承承受土地、房屋权属的，免征契税。 (5) 单位和个人承受荒山、荒沟、荒丘、荒滩土地使用权，并用于农、林、牧、渔业生产的，免征契税
其他常考减征、免征契税的项目	(1) **法定继承人继承土地、房屋权属**的，免征契税。 (2) 自2016年2月22日起： ①对个人购买家庭**唯一**住房（家庭成员范围包括购房人、配偶以及未成年子女，下同），面积为**90平方米及以下**的，减按**1%**的税率征收契税；面积为**90平方米以上**的，减按**1.5%**的税率征收契税。 ②对个人购买家庭**第二套**改善型住房，面积为**90平方米及以下**的，减按**1%**的税率征收契税；面积为**90平方米以上**的，减按**2%**的税率征收契税

契税计税依据详见表6-3。

表6-3　契税计税依据

具体情形	计税依据
国有土地使用权出让、土地使用权出售、房屋买卖	成交价格
土地使用权赠与、房屋赠与	征收机关**参照**土地使用权出售、房屋买卖的市场价格**核定**
土地使用权交换、房屋交换	所交换的土地使用权、房屋的价格的**差额**

考点三 车船税

【例题·2022年·单项选择题】 车船税中船舶的具体税额由（ ）确定。

A. 省、自治区、直辖市人民政府　　B. 国家税务总局

C. 海关总署　　D. 国务院

【答案】 D

【解析】 本题考查车船税。

船舶的具体适用税额由国务院在“车船税税目税额表”规定的税额幅度内确定。故选项D正确。

私教点拨

车辆的具体适用税额由省、自治区、直辖市人民政府依照车船税税目税额表规定的税额幅度和国务院的规定确定。

船与人相同，也有国籍，中国籍的车船除免税车船外，均应缴纳车船税。

符合免征、减征优惠政策的情形，详见表6-4。

表6-4 车船税税收优惠

免税方式	具体内容
免税	（1）捕捞、养殖渔船； （2）军队、武警专用的车船； （3）警用车船； （4）悬挂应急救援专用号牌的国家综合性消防救援车辆和国家综合性救援专用船舶； （5）**新能源**车船； （6）按规定应当予以免税的外国驻华使馆、领事馆和国际组织驻华机构及其有关人员的车船； （7）境内单位和个人租入的外国籍船舶
减半征收	**节能**汽车

考点四 资源税

【例题1·2022年·单项选择题】 扩大水资源税改革试点不包括（ ）。

A. 北京　　B. 天津　　C. 河南　　D. 重庆

【答案】 D

【解析】 本题考查资源税。

自2017年12月1日起，在北京（选项A）、天津（选项B）、山西、内蒙古、山东、河南（选项C）、四川、陕西、宁夏9个省（自治区、直辖市）扩大水资源税改革试点，采取水资源费改税方式，将地表水和地下水纳入征税范围，实行从量计征。本题要选出“不包括”的选项，故选项D当选。

私教点拨

若考查涉及资源税，考试会提供资源税税目税率表。

（1）从量定额征收：应纳税额=实际重量（或体积）×适用税额；

（2）从价定率征收：应纳税额=销售额×适用税率。

【例题 2·2020 年·单项选择题】下列关于资源税的说法中，错误的是（ ）。

A. 取用污水处理再生水的从低确定税额

B. 水资源税按照从量定额的办法计征

C. 资源税的征税范围包括矿产品、盐和水资源

D. 规定限额内的农业生产取用水免征水资源税

【答案】A

【解析】本题考查资源税和水资源税的免征项目。

取用污水处理再生水，免征水资源税，而非从低确定税额。故选项 A 当选。

私教点拨

由于水资源费改税，税收优惠要区分**资源税与水资源税**。

资源税的减免政策详见表 6－5。

表 6－5 资源税减免政策

优惠项目	具体内容	
免征资源税	（1）开采原油以及在油田范围内运输原油过程中用于加热的原油、天然气； （2）煤炭开采企业因安全生产需要抽采的煤成（层）气； （3）对青藏铁路公司及其所属单位运营期间自采自用的砂、石等材料免征资源税	
减征资源税	20%	从低丰度油气田开采的原油、天然气
	30%	（1）高含硫天然气、三次采油和从深水油气田开采的原油、天然气； （2）从衰竭期矿山开采的矿产品
	40%	稠油、高凝油
	50%	自 2014 年 12 月 1 日至 2023 年 8 月 31 日，对**充填开采置换出来的煤炭**，资源税减征 50%

水资源税的税收优惠政策详见表 6－6。

表 6－6 水资源税收优惠政策

优惠项目	具体内容
从低确定税额	（1）对超过规定限额的农业生产取用水，以及主要供农村人口生活用水的集中式饮水工程取用水； （2）对回收利用的疏干排水和地源热泵取用水
免征水资源税	（1）规定限额内的农业生产取用水； （2）取用污水处理再生水； （3）除接入城镇公共供水管网以外，军队、武警部队通过其他方式去取用水的； （4）抽水蓄能发电取用水； （5）采油排水经分离净化后在封闭管道回注的

【例题 3·2016 年·单项选择题】下列产品中，不征收资源税的是（　　）。

A. 国有矿山开采的矿产品　　B. 外商投资企业开采的矿产品

C. 进口的矿产品　　D. 个体工商户开采的矿产品

【答案】C

【解析】本题考查资源税的征税范围。

在中华人民共和国领域和中华人民共和国管辖的其他海域开发应税资源的单位和个人为资源税的纳税人，应当依照税法规定缴纳资源税。国有矿山开采的矿产品（选项 A 错误）、外商投资企业开采的矿产品（选项 B 错误）、个体工商户开采的矿产品（选项 D 错误）均位于中华人民共和国领域内。故选项 C 正确。

私教点拨

资源税、城建税和教育费附加实行**“进口不征，出口不退”**原则。即进口时不征收其资源税、城建税和教育费附加；出口时也不退还其缴纳的资源税、城建税和教育费附加。

考点五 城镇土地使用税

【例题·2020 年·单项选择题】某市一大型水电站的下列用地中，应免予征收城镇土地使用税的是（　　）。

A. 水库库区用地　　B. 坝内厂房用地　　C. 生活用地　　D. 生产用地

【答案】A

【解析】本题考查城镇土地使用税的征税对象。

对水电站的发电厂房用地（**包括坝内、坝外式厂房**）（选项 B 错误），生产（选项 D 错误）、办公、生活用地（选项 C 错误），**照章征收城镇土地使用税；对其他用地给予免税照顾**。水库库区用地（选项 A 正确），属于“其他用地”范围，免征城镇土地使用税。故选项 A 正确。

私教点拨

城镇土地使用税的减免政策详见表 6－7。

表 6－7　城镇土地使用税的减免政策

优惠项目	具体内容
免税基本规定	（1）国家机关、人民团体、军队**自用**的土地； （2）由国家财政部门拨付事业经费的单位**自用**的土地； （3）宗教寺庙、公园、名胜古迹**自用**的土地； （4）商场自办托儿所按税法规定免税； （5）直接用于农、林、牧、渔业的生产用地； （6）经批准开山填海整治的土地和改造的废弃土地，从使用的月份起免缴土地使用税 5 年至 10 年； （7）由财政部另行规定的能源、交通、水利用地和其他用地

续表

优惠项目	具体内容
特殊免税规定	(1) 对非营利性医疗机构、疾病控制机构和妇幼保健等卫生机构自用的土地，免征城镇土地使用税； (2) 对社区提供养老、托育、家政等服务的机构自有或其通过承租、无偿使用等方式取得并用于提供社区养老、托育、家政服务的土地，免征城镇土地使用税； (3) 免税单位**无偿使用**纳税单位的土地，免征城镇土地使用税
其他常考减免税优惠	(1) 房地产开发公司建造商品房的用地，除经批准开发建设经济适用房的土地外，一律不得减免城镇土地使用税。 (2) 对企业厂区（包括生产、办公及生活区）以内的绿化用地，应照章征收城镇土地使用税，厂区以外的公共绿化用地和向社会开放的公园用地，暂免征收城镇土地使用税。 (3) 机场飞行区（包括跑道、滑行道、停机坪、安全带、夜航灯光区）用地，场内外通信导航设施用地和飞行区四周排水防洪设施用地，免征城镇土地使用税。 机场道路，区分为场内、场外道路。场外道路用地免征城镇土地使用税；场内道路用地依照规定征收城镇土地使用税。 机场工作区（包括办公、生产和维修用地及候机楼、停车场）用地、生活区用地、绿化用地，均须依照规定征收城镇土地使用税。 (4) 对个人出租住房，不区分用途，免征城镇土地使用税

考点六 耕地占用税

【例题 1·2022 年·多项选择题】 根据耕地占用税有关规定，下列各项土地中属于耕地的有（　　）。

A. 果园　　B. 工业用地　　C. 茶园　　D. 花圃

E. 桑园

【答案】 ACDE

【解析】 本题考查耕地占用税征税范围。

耕地占用税的征收范围是建房或从事其他非农业建设而占用的国家所有和集体所有的耕地。耕地是指种植农业作物的土地，包括菜地、园地。园地包括花圃、苗圃、茶园、果园、桑园和其他种植经济林木的土地。故选项 ACDE 正确。

私教点拨

占用园地建设建筑物、构筑物或从事其他非农业建设，也视同占用耕地，必须依法征收耕地占用税。

【例题 2·2021 年·单项选择题】 下列应缴纳耕地占用税的是（　　）。

A. 占用耕地建筑农田水利设施　　B. 占用耕地修建铁路

C. 幼儿园占用耕地牧草自用　　D. 福利机构占用林地自用

【答案】B

【解析】本题考查耕地占用税的优惠政策。

耕地占用税的税收优惠：

（1）占用耕地建设农田水利设施的，不缴纳耕地占用税（选项A错误）。

（2）军事设施、学校、幼儿园、社会福利机构、医疗机构占用耕地，免征耕地占用税（选项CD错误）。

（3）铁路线路、公路线路、飞机场跑道、停机坪、港口、航道、水利工程占用耕地，减按每平方米2元的税额征收耕地占用税（选项B正确）。

（4）农村居民在规定用地标准以内新建自用住宅，按照当地适用税额减半征收耕地占用税；其中农村居民经批准搬迁，新建自用住宅占用耕地不超过原宅基地面积的部分，免征耕地占用税。

（5）农村烈士遗属、因公牺牲军人遗属、残疾军人以及符合农村最低生活保障条件的农村居民，在规定用地标准以内新建自用住宅，免征耕地占用税。

（6）纳税人因建设项目施工或地质勘查临时占用耕地，应当依照规定缴纳耕地占用税。纳税人在批准临时占用耕地期满之日1年内依法复垦，恢复种植条件的，全额退还已经缴纳的耕地占用税。

故选项B正确。

私教点拨

与城镇用地使用税相同，耕地占用税在民生、福利、教育、军事等设施方面的政策是免税的。在耕地占用税税收优惠政策中，大多为免税，下列两条需特别注意：

（1）铁路线路等交通基础设施**减按**每平方米2元的税额征收耕地占用税；

（2）在**规定用地标准内**新建自用住宅，减半征收耕地占用税。

考点七 土地增值税

【例题1·2022年·单项选择题】关于土地增值税的说法，错误的是（　　）。

A. 土地增值税适用的最高税率为80%

B. 土地增值税的征收范围是对转让国有土地使用权、地上建筑物及其附着物征税

C. 纳税人转让房地产取得的应税收入是指转让房地产取得的货币收入、实物收入和其他收入

D. 因国家建设需要依法征用、收回的房地产，免征土地增值税

【答案】A

【解析】本题考查土地增值税。

土地增值税实行四级超率累进税率，分别为30%、40%、50%、60%，选项A错误。

本题要求选择错误的表述，故选项A当选。

土地增值税实行四级超率累进税率，土地增值税税率表具体见表6－8。

表6－8　土地增值税税率表

级数	增值额与扣除项目金额的比率	税率（%）	速算扣除系数（%）
1	未超过50%的部分	30	0
2	超过50%、未超过100%的部分	40	5
3	超过100%、未超过200%的部分	50	15
4	超过200%的部分	60	35

【例题2·2020年·单项选择题】下列关于土地增值税税收优惠的说法中，错误的是（　　）。

A. 建造普通标准住宅出售，其增值额未超过扣除项目金额20%的，予以免税

B. 建造普通标准住宅出售，其增值额超过扣除项目金额20%的，应就其超出部分按规定计税

C. 因国家建设需要依法征用、收回的房地产，免征土地增值税

D. 对企事业单位、社会团体以及其他组织转让旧房作为改造安置住房房源，且增值额未超过扣除项目金额20%的，免征土地增值税

【答案】B

【解析】本题考查土地增值税的优惠政策。

土地增值税的税收优惠：

（1）建造普通标准住宅的税收优惠。纳税人建造普通标准住宅（高级公寓、别墅、度假村等不属于普通标准住宅）出售，增值额未超过扣除项目金额20%的，免征土地增值税（选项A正确）；增值额超过扣除项目金额20%的，应就其全部增值额而非超出部分按规定计税（选项B错误）。

（2）对企事业单位、社会团体以及其他组织转让旧房作为公租房房源，且增值额未超过扣除项目金额20%的，免征土地增值税（选项D正确）。

（3）因国家建设需要依法征用、收回的房地产，免征土地增值税（选项C正确）。

（4）因城市实施规划、国家建设的需要而搬迁，由纳税人自行转让原房地产的，免征土地增值税。

（5）自2008年11月1日起，对居民个人销售住房，免征土地增值税。

本题要选出错误的选项，故选项B当选。

私教点拨

土地增值税实行**30%至60%**的以增值额与扣除项目金额比率作为基础的**四级超率**累进税率。在税收优惠政策中以20%作为一个特别的比率，普通标准住宅及事业单位等转让旧房作为公租房房源的房屋增值额未超过20%的，免征土地增值税，若超过20%，则就其全部增值额按规定计税。

考点八 印花税

【例题1·单项选择题】 印花税是对境内（ ）所征收的一种税。

A. 应税凭证　　B. 证券交易

C. 应税凭证和证券交易　　D. 书立合同

【答案】 C

【解析】 本题考查印花税的基本概念。

印花税是对境内应税凭证、证券交易所征收的一种税。故选项C正确。

私教点拨

凡在我国境内书立应税凭证、进行证券交易的单位和个人，都是印花税的纳税人。在我国境外书立在境内使用的应税凭证的单位和个人，也应当依照规定缴纳印花税。

【例题2·多项选择题】 下列属于印花税征税范围的合同（指书面合同）的是（ ）。

A. 借款合同　　B. 买卖合同

C. 仓储合同　　D. 人身保险合同

E. 营业账簿

【答案】 ABCE

【解析】 本题考查印花税的征税范围。

印花税税目表中的合同（指书面合同），包括营业账簿、借款合同、融资租赁合同、买卖合同、承揽合同、建设工程合同、运输合同、技术合同、租赁合同、保管合同、仓储合同、**财产**保险合同（选项D错误）。故选项ABCE正确。

私教点拨

考生需注意掌握印花税的税率，详情见表6-9。

表6-9 印花税税率表

适用税率	适用对象
0.25‰	营业账簿
0.1‰	租赁合同、保管合同、仓储合同、财产保险合同、证券交易
0.05‰	借款合同、融资租赁合同、土地使用权出让书据、土地使用权、房屋等建筑物和构筑物所有权转让书据、股权转让书据
0.03‰	买卖合同、承揽合同、建设工程合同、运输合同、技术合同、商标专用权、著作权、专利权、专有技术使用权转让书据

考点九 城市维护建设税和教育费附加

【例题·2018 年·单项选择题】下列关于城建税税收减免的说法中，错误的是（　　）。

A. 城建税按减免后实际缴纳的“两税”税额计征，随“两税”的减免而减免

B. 对于因减免税而需进行“两税”退库的，城建税也同时退库

C. 海关对进口产品代征的增值税、消费税，减征城建税

D. 为支持国家重大水利工程建设，对国家重大水利工程建设基金免征城市维护建设税和教育费附加

【答案】C

【解析】本题考查城建税的基本概念。

海关对进口产品代征的“两税”，不征收城建税。故选项 C 错误。

私教点拨

城市维护建设税和教育费附加作为附加税种，是按照负税单位和个人实际缴纳的“两税”（增值税、消费税）来征收缴纳的，其中实际缴纳的“两税”不包括海关对进口产品代征的“两税”。附加税种的税基为实际缴纳的“两税”税款，因此必然有一个征收的环节，所以在城建税与教育费附加的减免政策中，附加税按减免后实际缴纳的“两税”税额计征，随“两税”的减免而减免；由于减免而退库的“两税”，附加税可同时退库；对“两税”实行先征后返，先征后退，即征即退等办法的，附加税不返还；海关出口退税的“两税”，不退还附加税。

总结：附加税以税务机关实际征收的“两税”税额为基准，海关作为代征单位排除在外，征税计算后除减免税政策需要退税退库外，其余政策导致实际税款变动的，均与附加税无关。

城建税和教育费附加税率详见表 6－10。

表 6－10　附加税费税率

税种		税率
城市维护建设税	市区	7%
	县城、镇	5%
	其他	1%
教育费附加	现行教育费附加征收比率	3%
	地方教育附加征收比率	2%

考点十 烟叶税

【例题·2022 年·单项选择题】根据烟叶税的规定，烟叶税的税率是（　　）。

A. 10%　　B. 20%　　C. 25%　　D. 30%

【答案】B

【解析】本题考查烟叶税。

烟叶税实行比例税率，税率统一为20%。故选项B正确。

私教点拨

烟叶税计税依据为纳税人收购烟叶实际支付的价款总额，包括纳税人支付给烟叶生产销售单位和个人的烟叶收购价款和价外补贴。烟叶税实行比例税率，税率统一为20%。价外补贴统一按烟叶收购价款的10%计算。

考点十一 环境保护税

【例题1·2022年·单项选择题】下列各项中，应计算缴纳环境保护税的是（　　）。

A. 依法设立的城乡污水集中处理场所排放符合规定标准的应税水污染物

B. 农业生产非规模化养殖排放应税污染物

C. 机动车等流动污染源排放应税污染物

D. 纳税人排放应税水污染物的浓度值低于国家和地方规定的污染物排放标准的50%

【答案】D

【解析】本题考查环境保护税。

纳税人排放应税大气污染物或者水污染物的浓度值低于国家和地方规定的污染物排放标准50%的，减按50%征收环境保护税。故选项D正确。

纳税人排放应税大气污染物或者水污染物的浓度值低于国家和地方规定的污染物排放标准30%的，减按75%征收环境保护税。

【例题2·2021年·多项选择题】根据环境保护税法律制度，暂免征收环境保护税的有（　　）。

A. 机动车行驶排放应税污染物的

B. 纳税人综合利用的固体废物，符合国家和地方环境保护标准的

C. 依法设立的城乡污水集中处理场所排放相应应税污染物不超过国家和地方规定的排放标准的

D. 规模化养殖排放应税污染物的

E. 农业种植排放应税污染物的

【答案】ABCE

【解析】本题考查环境保护税的优惠政策。

环境保护税的税收优惠：

（1）农业生产（**不包括规模化养殖**）排放应税污染物的（选项E正确，选项D错误）。

（2）机动车、铁路机车、非道路移动机械、船舶和航空器等流动污染源排放应税污染物的（选项 A 正确）。

（3）依法设立的城乡污水集中处理、生活垃圾集中处理场所排放的相应应税污染物，**不超过国家和地方规定**的排放标准的（选项 C 正确）。

（4）纳税人综合利用的固体废物，**符合国家和地方环境保护标准的**（选项 B 正确）。

故选项 ABCE 正确。

> **私教点拨**
>
> 环保税税收优惠可从无法确定污染源及合理利用污染物两方面进行记忆。

【例题 3·2021 年·单项选择题】某造纸厂因排放污染物种类过多而不具备污染物监测条件，在计算该造纸厂应缴纳环境保护税时应该（　　）。

A. 按照省、自治区、直辖市人民政府生态环境主管部门规定的抽样测算的方法计算

B. 按照第三方有监测能力的监测机构出具的符合国家有关规定的监测数据计算

C. 按照同类企业污染物排放量水平进行相应调整的方法计算

D. 按照国务院生态环境主管部门规定的排污系数、物料衡算方法计算

【答案】D

【解析】本题考查环境保护税的计税依据确认方法。

应税大气污染物、水污染物、固体废物的排放量和噪声的分贝数，按照下列方法和顺序计算：

（1）纳税人安装使用符合国家规定和监测规范的污染物自动检测设备的，按照污染物自动检测数据计算；

（2）纳税人未安装使用污染物自动监测设备的，按照监测机构出具的符合国家有关规定的监测规范的监测数据计算（选项 B 错误）；

（3）因排放污染物种类多等原因不具备监测条件的，按照国务院生态环境主管部门规定的排序系数、物料衡算方法计算（选项 D 正确）；

（4）不能按照上述第（1）项至第（3）项规定的方法计算的，按照省、自治区、直辖市人民政府生态环境主管部门规定的抽样测算的方法核定计算（选项 A 错误）。

选项 C 为干扰项，故选项 D 正确。

> **私教点拨**
>
> 此题干扰因素过多，需抓住核心因素才能快速解题。本题题干所述是某造纸厂不具备监测条件，而选项 AB 所指均为具备监测条件下的计算，因此都可排除，选项 C 属于干扰项不选，因此选项 D 正确。

【例题 4·2018 年·单项选择题】下列关于环境保护税计税依据的说法中，错误的是（　　）。

A. 应税大气污染物按照污染物的排放量确定

B. 应税水污染物按照污染物排放量折合的污染当量数确定

C. 应税固体废物按照固体废物的排放量确定

D. 应税噪声按照超过国家规定标准的分贝数确定

【答案】A

【解析】本题考查环境保护税的计税依据。

环境保护税的征收范围为应税污染物，即应税污染和当量表规定的大气污染物、水污染物、固体废料和噪声。应税大气污染物按照污染物排放量折合的污染当量数确定（选项 A 错误）；应税水污染物按照污染物排放量折合的污染当量数确定（选项 B 正确）；应税固体废物按照固定废物的排放量确定（选项 C 正确）；应税噪声按照超过国家规定标准的分贝数确定（选项 D 正确）。本题要选出错误的选项，故选项 A 当选。

私教点拨

大气污染物与水污染物是以**污染当量**作为计税依据，因为大气污染物和水污染物的种类繁多，对于环境的影响也各不相同，为了秉承环境保护的税种目的需要计算出对环境的影响，也即污染当量，以做到公平纳税，所以以污染当量作为计税依据。固体污染物虽然也各不相同，但是对比大气污染物与水污染物，其重量是相对容易计算的，所以以重量作为排放量，作为计税依据。噪声分贝的计税依据最为特殊，按照超标分贝数分为六档税额，以分贝达到的区间范围，在同一区间内征收固定税额。

案例分析题专练

【例题 1·2022 年·案例分析题】

张某于 2021 年 2 月购入一套 100 平方米的住房，属于家庭唯一住房［1］，购买价款为 300 万元。10 月又购入一套 150 平方米的住房［2］，购买价款为 450 万元，11 月将该套房产出租给个人居住，租金每月 1.5 万元［3］。11 月，张某将某上市公司股票卖出，取得股权转让书据，所载售价为 8 万元，随后购买了封闭式证券基金 10 万元。证券（股票）交易印花税税率为 1‰［4］。	【审题过程】 ［1］抓取数据：购入一套 100 平方米的唯一住房。面积 90 平方米及以下，减按 1%税率；90 平方米以上：1.5%。 ［2］抓取数据：购买第二套房 150 平方米。面积为 90 平方米以上的，减按 2%的税率征收契税。 ［3］抓取数据："出租给个人"，减按 4%的税率征收房产税。 ［4］抓取数据：股权转让，购买了封闭式证券基金影响印花税。

根据以上资料，回答下列问题：

1. 张某购入第一套房产需缴纳契税（　　）万元。

A. 0　B. 3.0　C. 4.5　D. 15.0

2. 张某购入第二套房产需缴纳契税（　　）万元。

A. 0　B. 4.50　C. 6.75　D. 9.00

3. 2021 年，张某需缴纳房产税（　　）万元。

A. 0　B. 0.08　C. 0.12　D. 0.24

4. 张某购买基金应缴纳印花税（　　）元。

A. 0　B. 30　C. 50　D. 100

5. 下列关于契税的说法，正确的是（　　）。

A. 契税的征税对象是土地使用权和房屋所有权权属转移的土地和房屋

B. 契税实行幅度比例税率，税率幅度为 2%～5%

C. 房屋赠与不属于契税的征税范围

D. 契税的申报以不动产单元为基础单位

1. **【答案】**C

【解析】本题考查契税。

对于个人购买的家庭唯一住房，面积为 90 平方米及以下的，减按 1%的税率征收契税；面积为 90 平方米以上的，减按 1.5%的税率征收契税。则张某购入第一套房产需缴纳契税＝300×1.5%＝4.5（万元）。

2. **【答案】**D

【解析】本题考查契税。

对于个人购买的家庭第二套改善性住房，面积为 90 平方米及以下的，减按 1%的税率征收契税；面积为 90 平方米以上的，减按 2%的税率征收契税。则张某购入第二套房产需缴纳契税＝450×2%＝9（万元）。

3. **【答案】**C

【解析】本题考查房产税。

根据出租给个人居住用房的计税公式：应纳税额＝租金收入×4%＝1.5×2×4%＝0.12（万元）。

4. **【答案】**A

【解析】本题考查印花税。

对投资者买卖封闭式证券基金，免征印花税。

5. **【答案】**AD

【解析】本题考查契税。

契税实行幅度比例税率，税率幅度为 3%～5%，选项 B 错误。契税的征税范围包括：①土地使用权出让；②土地使用权转让；③房屋买卖、赠与、互换；④房屋附属设施；⑤其他应当缴纳契税的情形。选项 C 错误。

【例题 2 · 2021 年 · 案例分析题】

某铁矿山 2×21 年 3 月份于甲地开采铁原矿 5 000 吨，当月直接对外销售 800 吨，售价为 500 元/吨［1］，另移送原铁矿 1 000 吨至乙地工厂，用于继续生产铁精粉 1 200 吨；4 月份又销售已开发铁原矿 800 吨，售价 600 元/吨，销售自产铁精粉 300 吨，售价 1 100 元/吨［2］；5 月份将铁精粉 200 吨［3］用于继续冶炼生产非应税产品；6 月份该企业将自采原矿 500 吨用于偿债，铁原矿市价 700 元/吨［4］。 铁原矿资源税税率 3%；铁精粉资源税税率 2%［5］。	**【审题过程】** ［1］抓取数据：3 月销售原矿 800 吨，售价 500 元/吨，则资源税计税依据为 800×500 = 400 000（元）。 ［2］抓取数据：4 月销售原矿 800 吨，售价 600 元/吨；销售精粉 300 吨，售价 1 100 元/吨，则资源税计税依据为 800×600 = 480 000（元）及 300×1 100 = 330 000（元）。 ［3］抓取数据：5 月用于生产非应税产品的 200 吨铁精粉应纳资源税。 ［4］抓取数据：6 月抵债原矿 500 吨，市价 700 元/吨，视同销售应缴纳资源税，计税依据为 500×700 = 350 000（元）。 ［5］抓取数据：原矿资源税税率 3%，精粉资源税税率 2%。

根据以上资料，回答下列问题：

1. 计算 3 月份缴纳的资源税（ ）元。

A. 12 000　　B. 0　　C. 75 000　　D. 24 000

2. 计算 4 月份缴纳的资源税（ ）元。

A. 17 250　　B. 0　　C. 14 400　　D. 21 000

3. 计算 5 月份缴纳的资源税（ ）元。

A. 0　　B. 2 200　　C. 4 400　　D. 2 999

4. 计算 6 月份缴纳的资源税（ ）元。

A. 7 500　　B. 0　　C. 9 000　　D. 10 500

5. 该企业铁原矿与精粉的纳税地点分别为（ ）。

A. 甲，甲　　B. 甲，乙　　C. 乙，甲　　D. 乙，乙

1. **【答案】** A

【解析】 本题考查应纳税额的计算。

应纳税额 = 800×500×3% = 12 000（元）。

2. 【答案】D

【解析】本题考查应纳税额的计算。

应纳税额＝800×600×3%＋300×1 100×2%＝14 400＋6 600＝21 000（元）。

3. 【答案】C

【解析】本题考查资源税视同销售的情形。

纳税人自用应税产品应当缴纳资源税的情形，包括纳税人以应税产品用于非货币性资产交换、捐款、偿债、赞助、集资、投资、广告、样品、职工福利、利润分配或者连续生产非应税产品等。

有自用应税产品行为而无销售额的，主管税务机关可以按下列方法和顺序确定其应税产品销售额：

（1）按纳税人最近时期同类产品的平均销售价格确定；

（2）按其他纳税人最近时期同类产品的平均销售价格确定；

（3）按后续加工非应税产品销售价格，减去后续加工环节的成本利润后确定；

（4）组成计税价格＝成本×(1＋成本利润率)/(1－资源税税率)；

（5）按其他合理方法确定。

应纳税额＝200×1 100×2%＝4 400（元）。

4. 【答案】D

【解析】本题考查应纳税额的计算。

应纳税额＝500×700×3%＝10 500（元）。

5. 【答案】A

【解析】本题考查资源税的纳税地点。

纳税人应当在矿产品的开采地或者海盐的生产地缴纳资源税。

【例题3·2020年·案例分析题】

题目	【审题过程】
居民甲有两套住房，将其中一套住房出售给居民乙，成交价格为200万元［1］，将另一套住房与居民丙交换，换得一套三室两厅两卫住房。同时，居民甲向居民丙支付差价款100万元［2］。此后，居民甲将此三室两厅两卫住房出租给居民丁居住，2×20年全年租金为5万元［3］（与市场租金水平相当），居民丙取得房屋后，将此房屋等价交换［4］给居民丙的同事。（假设该省规定按房产原值一次扣除30%后的余值计税，契税税率为3%［5］）	［1］抓取数据：成交价格，买方为契税纳税人，计税依据为成交价格200万元。 ［2］抓取数据：居民交换房屋补价差的，付款方作为契税纳税人，计税依据为差价款100万元。 ［3］抓取数据：全年租金5万元，为从租计算房产税计税依据。 ［4］抓取信息：等价交换不缴纳契税。 ［5］抓取数据：原值扣除额30%，契税税率3%。

根据以上资料，回答下列问题：

1. 应缴纳契税的居民有（　　）。

A. 甲　　B. 乙　　C. 丙　　D. 丁

2. 甲与丙交换得到一套三室两厅两卫住房，并将其出租给丁居住，则（　　）。

A. 2×20 年丁无须缴纳房产税

B. 2×20 年丁缴纳的房产税为 0.6 万元

C. 2×20 年丁缴纳的房产税为 0.24 万元

D. 2×20 年丁缴纳的房产税为 0.2 万元

3. 甲出租房屋应缴纳的房产税为（　　）。

A. 0　　B. 0.2　　C. 0.3　　D. 0.64

4. 上述居民缴纳的契税合计为（　　）。

A. 1.8　　B. 4.8　　C. 9　　D. 10.8

1. **【答案】** AB

【解析】 本题考查房产交换下契税的计算。

契税的纳税人应该是承受房产的一方，作为互换房屋，支付差价的一方缴纳契税。甲将其中一套住房出售给乙，承受房产的一方是乙，由乙缴纳契税；甲将另一套房屋与丙交换并支付差价，由支付差价方甲缴纳契税。

2. **【答案】** A

【解析】 本题考查房产税的纳税义务人。

拥有房产的一方缴纳房产税，丁为租户，所以应该是房东甲从租缴纳房产税。

3. **【答案】** B

【解析】 本题考查从租计征的房产税计算。

对个人出租住房的，按照 4%的税率计算，房产税＝5×4%＝0.2（万元）。

4. **【答案】** C

【解析】 本题考查应纳税额的计算。

应纳税额＝计税依据×税率＝200×3%＋100×3%＝9（万元）。

真题演练

一、单项选择题

1. （2021 年）某公司 2×20 年 12 月向烟农收购一批晾晒烟叶，支付收购价款为 117 万元，实际支付的价外补贴是 10 万元，则应缴纳的烟叶税为（　　）万元。

A. 25.74　　B. 23.4　　C. 18　　D. 16

2. （2020 年）境内某单位将船舶出租到境外的，相应车船的车船税应（　　）。

A. 不征收　　B. 减半征收

C. 正常征收　　D. 省人民政府根据当地实际情况决定是否征收

3. (2019 年) 某企业 2×18 年实际缴纳增值税 100 000 元，消费税 50 000 元。则该企业应缴纳教育费附加（　　）元。

A. 3 000　　B. 4 500　　C. 6 000　　D. 7 500

4. (2018 年) 下列关于土地增值税的说法中，错误的是（　　）。

A. 土地增值税是对转让国有土地使用权、地上建筑物及其附着物征收

B. 收入额减除国家规定各项扣除项目金额后的余额，就是纳税人在转让房地产中获得的增值额

C. 纳税人转让房地产取得的应税收入是指转让房地产取得的货币收入、实物收入和其他收入

D. 土地增值税适用的最高税率为 100%

5. (2017 年) 个人购买家庭唯一一套住房，面积 85 平方米，契税适用税率（　　）。

A. 1%　　B. 1.5%　　C. 3%　　D. 6%

6. (2017 年) 根据车船税法，应缴纳车船税的是（　　）。

A. 商场待售的载货汽车　　B. 武装警察部队专用车

C. 无偿出借的载客汽车　　D. 经批准临时入境的外国车船

7. (2016 年) 通过“招、拍、挂”程序承受土地使用权的应按（　　）计征契税。

A. 土地成交总价款

B. 土地成交总价款扣除土地前期开发成本

C. 土地成交总价款扣除土地开发成本

D. 土地成交总价款扣除开发成本

8. (2013 年) 下列房产中，不属于房产税征税范围的是（　　）。

A. 位于城市的房产　　B. 位于县城的房产

C. 位于农村的房产　　D. 位于建制镇的房产

二、多项选择题

1. (2021 年) 现行资源税的税率形式包括（　　）。

A. 超额累进税率　　B. 超率比例税率

C. 定额税率　　D. 固定比例税率

E. 幅度比例税率

2. (2015 年) 下列用途的土地，应缴纳城镇土地使用税的有（　　）。

A. 建立在城市、县城、建制镇和工矿区以外的企业用地

B. 学校附设的影剧院用地

C. 军队的训练场用地

D. 农副产品加工场地

E. 企业厂区内的绿化用地

3. (2013 年) 城镇土地使用税的纳税人不包括（　　）。

A. 土地的实际使用人　　B. 农用耕地的承包人

C. 拥有土地使用权的单位　　D. 土地使用权共有的各方

E. 林地的承包人

三、案例分析题

（2019 年）2×18 年 8 月，某公司为新成立的企业，营业账簿中记载实收资本 600 万元，资本公积 400 万元，新启用其他营业账簿 4 本，当年发生活动如下：（1）因改制签订产权转移书据 2 份。（2）签订以物易物合同一份，用库存 7 000 元的 A 材料换取对方同等金额的 B 材料。（3）签订贴息贷款合同一份，总金额 50 万元。（4）签订采购合同一份，合同金额为 6 万元，但因故合同未能兑现。已知：购销合同的印花税税率为 0.3‰，借款合同的印花税税率为 0.05‰。

根据以上资料，回答下列问题：

1. 该公司设置营业账簿应缴纳印花税（　　）元。

A. 5 020　　B. 3 020　　C. 2 500　　D. 2 020

2. 该公司签订产权转移书据应缴纳印花税（　　）元。

A. 0　　B. 5　　C. 10　　D. 15

3. 该公司签订以物易物合同应缴纳印花税（　　）元。

A. 0　　B. 2.1　　C. 4.2　　D. 6.0

4. 该公司签订贴息贷款合同应缴纳印花税（　　）元。

A. 0　　B. 25　　C. 150　　D. 250

5. 该公司签订采购合同应缴纳印花税（　　）元。

A. 0　　B. 18　　C. 30　　D. 60

（2018 年）王某 2×18 年 2 月购入一套 95 平方米的住房，属于家庭唯一住房，买价 300 万元。10 月份又购入一套 150 平方米的住房，买价 500 万元，11 月将该套房产出租给个人居住，租金每月 1 万元；11 月份将某上市公司股票卖出，取得股权转让书据，所载售价为 8 万元，随后购买了封闭式证券基金 10 万元。证券（股票）交易印花税税率为 1‰。

根据以上资料，回答下列问题：

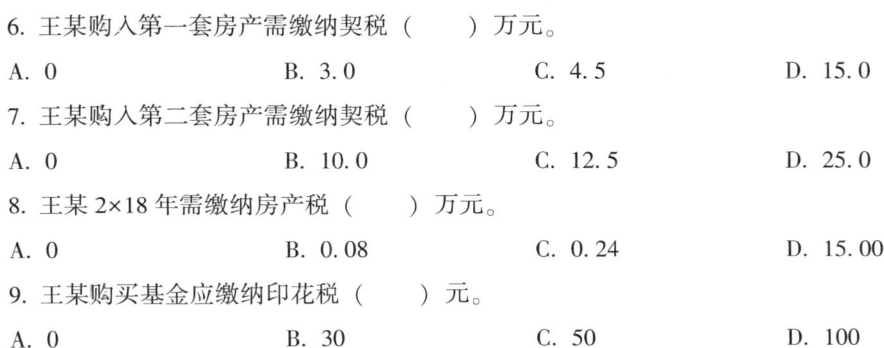

6. 王某购入第一套房产需缴纳契税（　　）万元。

A. 0　　B. 3.0　　C. 4.5　　D. 15.0

7. 王某购入第二套房产需缴纳契税（　　）万元。

A. 0　　B. 10.0　　C. 12.5　　D. 25.0

8. 王某 2×18 年需缴纳房产税（　　）万元。

A. 0　　B. 0.08　　C. 0.24　　D. 15.00

9. 王某购买基金应缴纳印花税（　　）元。

A. 0　　B. 30　　C. 50　　D. 100

真题演练答案及解析

一、单项选择题

1. 【答案】A

【解析】本题考查烟叶税的计算。

烟叶税的应纳税额按照纳税人收购烟叶实际支付的价款总额乘以税率计算。其计算公式：实际支付价款=收购金额×(1+10%)。

应纳税额=117×(1+10%)×20%=25.74（万元）。故选项 A 正确。

2. 【答案】C

【解析】本题考查车船税的征税范围。

境内单位和个人租入外国籍船舶的，不征收车船税。境内单位和个人将船舶出租到境外的，应依法征收车船税。故选项 C 正确。

3. 【答案】B

【解析】本题考查教育费附加的计税依据。

教育费附加以各单位和个人实际缴纳的增值税、消费税税额为计征依据。故该企业应缴纳教育费附加=(100 000+50 000)×3%=4 500（元）。故选项 B 正确。

4. 【答案】D

【解析】本题考查土地增值税的相关内容。

土地增值税实行四级超率累进税率，分别为 30%、40%、50%、60%四级。选项 D 错误，本题要选出错误的选项，故选项 D 当选。

5. 【答案】A

【解析】本题考查契税的税收优惠。

对个人购买家庭唯一住房（家庭成员范围包括购房人、配偶以及未成年子女），面积为 90 平方米及以下的，减按 1%的税率征收契税；面积为 90 平方米以上的，减按 1.5%的税率征收契税。故选项 A 正确。

6. 【答案】C

【解析】本题考查车船税的征税范围。

车船税是以车船为征收对象，向车船的所有人或者管理人征收的一种税。选项 A，没有权属，不征收车船税。选项 BD 属于免征车船税的范围。故选项 C 正确。

7. 【答案】A

【解析】本题考查契税的计税依据。

通过“招、拍、挂”程序承受土地使用权的应按土地成交总价款计征契税。故选项 A 正确。

8. 【答案】C

【解析】本题考查房产税的征税范围。

房产税在城市、县城、建制镇和工矿区征收。故选项 C 正确。

二、多项选择题

1. 【答案】CDE

【解析】本题考查资源税的税率形式。

现行资源税实行固定比例税率（选项 D 正确）、幅度比例税率（选项 E 正确）和定额税率（选项 C 正确）。选项 A，超额累进税率适用于个人所得税；选项 B，超率比例税率适用于土地增值税。故选项 CDE 正确。

2. 【答案】BDE

【解析】本题考查城镇土地使用税的税收优惠。

城镇土地使用税的征税范围为城市、县城、建制镇和工矿区，不包括农村。选项 A，建立在城市、县城、建制镇和工矿区以外的企业用地不在城镇土地使用的征税范围内，不用缴纳城镇土地使用税。选项 C，军队训练用地是军队自用的土地，免征城镇土地使用税。故选项 BDE 正确。

3. 【答案】BE

【解析】本题考查城镇土地使用税的征税范围。

农用地、林地不属于城镇土地使用税的纳税范围。故选项 BE 正确。

三、案例分析题

1. 【答案】C

【解析】本题考查印花税的税收优惠。

营业账簿中记载资金的账簿，其税率为 0.25‰，该企业设置营业账簿应缴纳的印花税＝(6 000 000+4 000 000)×0.25‰＝2 500（元）。

2. 【答案】A

【解析】本题考查印花税的税收优惠。

企业因改制签订的产权转移书据免征印花税。

3. 【答案】C

【解析】本题考查以物易物形式下印花税的计算。

以物易物是购销合同的一种形式，包括购和销两种行为，在计算印花税时按照 0.3‰的税率进行计算。即 7 000×0.3‰×2＝4.2（元）。

4. 【答案】A

【解析】本题考查印花税的税收优惠。

无息、贴息贷款合同免征印花税。

5. 【答案】B

【解析】本题考查购销合同的印花税计算。

按照购销合同的印花税税率 0.3‰进行计算，即 60 000×0.3‰＝18（元）。

6. 【答案】C

【解析】本题考查契税的税收优惠。

对于个人购买家庭唯一住房，面积为 90 平方米及以下的，减按 1%的税率征收契税；面积为

90 平方米以上的，减按 1.5%的税率征收契税。故王某购入第一套房产需缴纳契税 = 300×1.5% = 4.5（万元）。

7. 【答案】B

【解析】本题考查契税的税收优惠。

对于个人购买家庭第二套改善性住房，面积为 90 平方米及以下的，减按 1%的税率征收契税；面积为 90 平方米以上的，减按 2%的税率征收契税。故王某购入第二套房产需缴纳契税 = 500×2% = 10.0（万元）。

8. 【答案】B

【解析】本题考查房产税税额计算。

出租给个人居住用房的计税公式：应纳税额 = 租金收入×4% = 1×2×4% = 0.08（万元）。

9. 【答案】A

【解析】本题考查印花税的税收优惠。

对投资者买卖封闭式证券基金，免征印花税。

第七章　税务管理

本章考情 Q&A

Q：本章的重要性和难度如何？

A：本章属于非重点章节。

本章难度略高，考查以记忆为主。

从历年真题来看，每年考查的分值在 5~10 分。

Q：本章在考试中通常以什么形式出现？

A：从历年真题来看，本章在单项选择题、多项选择题与案例分析题三种题型中均有涉及。

Q：本章 2023 年的内容有改动么？

A：本章重新编写知识点：税务登记制度；新增 2 个小知识点：电子发票管理、延期缴纳税款制度。

其他内容无实质性变动。

Q：本章考点在历年考试中的分布情况如何？

A：以下是老师们的统计：

考点	2022 年	2021 年	2020 年	2019 年	2018 年	2017 年	2016 年	2015 年	2014 年	2013 年
税务登记					√		√	√	√	√
账簿、凭证管理	√	√	√		√				√	√
发票管理			√	√			√	√	√	√
纳税申报	√					√				
税款征收的管理	√	√	√	√	√	√	√	√	√	√
出口退税的管理	√				√		√	√	√	√
纳税信用管理	√									
税务行政救济管理	√									

经典例题

考点一 税务登记

【例题·2018 年·单项选择题】纳税人未按照规定期限办理税务登记手续，情节较为严重的，可处以（　　）的罚款。

A. 2 000 元以上，5 000 元以下　　B. 5 000 元以上，20 000 元以下

C. 5 000 元以上，10 000 元以下　　D. 2 000 元以上，10 000 元以下

【答案】D

【解析】本题考查纳税登记的惩罚措施。

纳税人不办理税务登记的，税务机关应当自发现之日起 3 日内责令其限期改正；逾期不改正的，处 2 000 元以下的罚款；情节严重的，处 2 000 元以上 10 000 元以下的罚款（选项 D 正确）。故选项 D 正确。

私教点拨

由于五证合一，纳税人不再单独需要进行税务登记证登记，但是仍然需要进行税务登记，不登记的处罚措施为：

（1）未在规定时间内办理税务登记的，由税务机关责令其限期改正，可以处 2 000 元以下的罚款；情节严重的，处 2 000 元以上 10 000 元以下的罚款。

（2）纳税人不办理税务登记的，由税务机关责令其限期改正，逾期不改正的经税务机关提请，由工商行政管理机关吊销其营业执照。

考点二 账簿、凭证管理

【例题·2021 年·单项选择题】下列税收凭证中，属于完税凭证的是（　　）。

A. 提退减免凭证　　B. 票款结算单　　C. 纳税保证金收据　　D. 缴款书

【答案】D

【解析】本题考查凭证的分类。

完税凭证类，包括各种完税证和缴款书（选项 D 正确），是纳税人依法缴纳税款后，税务机关所出具的完税证明，它反映了纳税人的纳税情况。

综合类凭证，包括各种提退减免凭证（选项 A 错误）、罚款收据、票款结算单（选项 B 错误）、代扣代缴税款专用发票、纳税保证金收据（选项 C 错误）、税票调换证等。

故选项 D 正确。

私教点拨

提退减免凭证代表其能够进行税收减免。票款结算单代表款项结算而非税款结算。纳税保证金收据也不能够代表税款结算，只能代表缴纳了税款保证金。除了完税证和缴款书外，别的凭证均只能代表其名称显示的事项而不能代表税款已缴纳。

考点三 发票管理

【例题 1 · 2019 年 · 单项选择题】纳税人需先将已填用过的发票存根联交主管税务机关审核无误后，再领购新发票，已填用过的发票存根联由用票单位自己保管。这种发票领购方式称为（　　）。

A. 验旧购新　　B. 批量供应

C. 交旧购新　　D. 定额供应

【答案】A

【解析】本题考查发票领用的方式。

发票领购方式：

（1）交旧购新。用票单位和个人交回已填开的发票存根联，经税务机关审核后留存，允许领购新发票（选项 C 错误）。

（2）验旧购新。用票单位和个人将已填开的发票存根联交税务机关审验后，领购新票（选项 A 正确）。

（3）批量供应。这主要是针对领购自用发票的纳税人采取的购票方式，大部分是按月供应或按季供应（选项 B 错误）。

选项 D 为干扰项，故选项 A 正确。

私教点拨

发票领购方式通过字面联系即可判断。

交旧购新对应**交回**已填开的发票存根联；**验**旧购新对应将已填开的发票存根联交税务机关**审验**。

【例题 2 · 2019 年 · 单项选择题】下列行为中，属于违反发票管理办法的规定，税务机关可以处 1 万元以下罚款的是（　　）。

A. 违反发票管理办法规定虚开发票 2 万元的

B. 转借、转让、介绍他人转让发票、发票监制章和发票防伪专用品的

C. 拆本使用发票的

D. 非法代开发票的

【答案】C

【解析】本题考查发票使用的违法惩罚措施。

违反发票管理办法的规定，有下列情形之一的，由税务机关责令改正，可以处 1 万元以下的罚款：

（1）应当开具而未开具发票，或者未按规定的时限、顺序、栏目，全部联次一次性开具发票，或者没加盖发票专用章的；

（2）使用税控装置开具发票，未按期向主管税务机关报送开具发票的数据的；

（3）使用非税控电子器具开具发票，未将非税控电子器具使用的软件程序说明资料报主管税务

机关备案，或未按规定保存、报送开具发票的数据的；

(4) 拆本使用发票的（选项C正确）；

(5) 扩大发票使用范围的；

(6) 以其他凭证代替发票使用的；

(7) 跨规定区域开具发票的；

(8) 未按照规定缴销发票的；

(9) 未按规定存放和保管发票的。

违反发票管理办法规定虚开发票的，由税务机关没收违法所得；虚开金额在1万元以下的，可以并处5万元以下的罚款；情节严重的，并处5万元以上50万元以下的罚款；构成犯罪的，依法追究刑事责任（选项A错误）。非法代开发票的，依照上述规定处罚（选项D错误）。

有下列情形之一的，由税务机关处1万元以上5万元以下的罚款；情节严重的，处5万元以上50万元以下的罚款；有违法所得的予以没收：

(1) 转借、转让、介绍他人转让发票、发票监制章和发票防伪专用品的（选项B错误）；

(2) 知道或者应当知道是私自印制、伪造、变造、非法取得或者废止的发票而受让、开具、存放、携带、邮寄、运输的。

故选项C正确。

私教点拨

对发票管理处罚规定的梳理，详见表7-1。

表7-1 处罚规定

处罚手段	违规情形
由税务机关责令改正，可以处1万元以下的罚款；有违法所得的予以没收	(1) 应当开具而未开具发票，或者未按规定的时限、顺序、栏目，全部联次一次性开具发票，或者没加盖发票专用章的； (2) 使用税控装置开具发票，未按期向主管税务机关报送开具发票的数据的； (3) 使用非税控电子器具开具发票，未将非税控电子器具使用的软件程序说明资料报主管税务机关备案，或未按规定保存、报送开具发票的数据的； (4) **拆本使用发票**的； (5) 扩大发票使用范围的； (6) 以其他凭证代替发票使用的； (7) **跨规定区域开具发票**的； (8) 未按照规定缴销发票的； (9) 未按规定存放和保管发票的
由税务机关责令改正，可以处1万元以下的罚款；情节严重的，处1万元以上3万元以下的罚款；有违法所得的予以没收	跨规定的使用区域携带、邮寄、运输空白发票，以及携带、邮寄或者运输空白发票入境的。**丢失发票或者擅自损毁发票的**

续表

处罚手段	违规情形
由税务机关没收违法所得；虚开金额在1万元以下的，可以并处5万元以下的罚款；虚开金额超过1万元的，并处5万元以上50万元以下的罚款；构成犯罪的，依法追究刑事责任	违反发票管理办法规定虚开发票的。**非法代开发票**的
由税务机关没收违法所得，没收、销毁作案工具和非法物品，并处1万元以上5万元以下的罚款；情节严重的，并处5万元以上50万元以下的罚款；构成犯罪的，依法追究刑事责任	私自印制、伪造、变造发票，非法制造发票防伪专用品，伪造发票监制章，窃取、截留、篡改、出售、泄露发票数据的
由税务机关处1万元以上5万元以下的罚款；情节严重的，处5万元以上50万元以下的罚款；有违法所得的予以没收	（1）转借、转让、介绍他人转让发票、发票监制章和发票防伪专用品的； （2）知道或者应当知道是私自印制、伪造、变造、非法取得或者废止的发票而受让、开具、存放、携带、邮寄、运输的
税务机关可以向社会公告	对违反发票管理规定2次以上或者情节严重的单位和个人
由税务机关没收违法所得，可以并处未缴、少缴或者骗取的税款1倍以下的罚款	违反发票管理法规，导致其他单位或者个人未缴、少缴或者骗取税款的

【例题3·2016年·单项选择题】下列关于发票印制管理的说法中，正确的是（　　）。

A. 发票应当套印全国统一发票监制章

B. 发票实行定期换版制度

C. 发票只能使用中文印制

D. 在境外从事生产经营的企业，经批准可以在境外印制发票

【答案】A

【解析】本题考查发票印制管理的内容。

发票印制管理：（1）增值税专用发票由**国务院税务主管部门**确定的企业印制，其他发票按照国务院税务主管部门的规定，由省、自治区、直辖市税务机关确定的企业印制。禁止私自印制、伪造、变造发票。禁止在境外印制发票（选项D错误）。（2）印制发票应当使用国务院税务主管部门确定的全国统一的发票防伪专用品。禁止非法制造发票防伪专用品。（3）发票**应当套印全国统一发票监制章**（选项A正确）。全国统一发票监制章的式样和发票版面印刷的要求，由**国务院税务主管部门规定**。发票监制章由省、自治区、直辖市税务机关制作。禁止伪造发票监制章。（4）发票实行不定期换版制度（选项B错误）。（5）发票应当使用中文印制。民族自治地方的发票，**可以加印**当地一种通用的民族文字。有实际需要的，也可以**同时使用**中外文字印刷（选项C错误）。

故选项A正确。

私教点拨

关于发票印制规定详见表 7－2。

表 7－2 发票印制规定

发票类型	具体规定
增值税专用发票	国务院税务主管部门确定的企业印制
其他发票	由省、自治区、直辖市税务机关确定的企业印制
发票监制章	监制章的式样和发票版面印制的要求，由国务院税务主管部门规定，省、自治区、直辖市税务机关制作
通行规定	禁止私自印制、伪造、变造发票； 禁止伪造发票监制章； 禁止在境外印制发票

【例题 4·2016 年·单项选择题·改编】下列关于发票管理的说法中，正确的是（　　）。

A. 税务机关是发票的主管机关，负责发票的印刷、采购、开具、取得、保管、缴销的管理及监督

B. 需要临时使用发票的单位和个人，主管税务机关有权要求其提供纳税担保人；不能提供纳税担保人的，可以视其情况，要求其提供保证金，并限制缴销发票

C. 发票登记簿应该保存 3 年

D. 发票可以跨省、直辖市、自治区使用

【答案】A

【解析】本题考查发票管理的内容。

《税收征收管理法》第二十一条规定：税务机关是发票的主管机关，负责发票印制、领购、开具、取得、保管、缴销的管理和监督（选项 A 正确）。需要临时使用发票的单位和个人，可以凭购销商品、提供或者接受服务以及从事其他经营活动的书面证明、经办人身份证明，直接向经营地税务机关申请代开发票（选项 B 错误）。除国务院税务主管部门规定的特殊情形外，纸质发票限于领用单位和个人**在本省、自治区、直辖市内开具**（选项 D 错误）。发票登记簿**应该保存 5 年**（选项 C 错误）。

故选项 A 正确。

私教点拨

关于各类凭证、资料保存年限及销毁规定，详见表 7－3。

表 7－3 各类凭证、资料保存年限及销毁规定

凭证	保存年限	销毁规定
账簿	至少保存 10 年	保管期满需要销毁时，应编造销毁清册，报主管部门和税务机关批准，然后在其监督下销毁
发票存根联	至少保存 5 年	应当按照税务机关的规定存放和保管发票，不得擅自销毁

【例题 5 · 2014 年 · 单项选择题】下列关于发票检查的说法中，正确的是（　　）。

A. 税务机关只能查阅但不能复制与发票有关的凭证、资料

B. 税务机关在查处发票案件时，对与案件有关的情况和资料，可以记录、录音、录像、照相和复制

C. 由于税务检查的特殊性，在税务机关进行检查时，无须出具税务任何凭证即可调出，经查无问题后予以返还纳税人

D. 税务机关需要将空白发票调出查验时，无须出具任何凭证即可调出，经查无问题后予以返还纳税人

【答案】B

【解析】本题考查发票检查的内容。

发票检查的基本规定：

（1）税务机关在发票管理中有权进行下列检查：

①检查印制、领购、开具、取得、保管和缴销发票的情况；

②调出发票查验；

③**查阅、复制**与发票有关的凭证、资料（选项 A 错误）；

④向当事各方询问与发票有关的问题和情况；

⑤在查处**发票案件**时，对与案件有关的情况和资料，可以**记录、录音、录像、照相和复制**（选项 B 正确）。

（2）印制、使用发票的单位和个人，**必须接受**税务机关依法检查，如实反映情况，提供有关资料，不得拒绝、隐瞒。税务人员进行检查时，**应当出示**税务检查证（选项 C 错误）。

（3）税务机关需要将已开具的发票调出查验时，应当向被查验的单位和个人开具发票换票证。税务机关需要将**空白发票**调出查验时，**应当开具收据**；经查无问题的，应当及时返还（选项 D 错误）。

故选项 B 正确。

私教点拨

本考点常考内容：税务机关在检查时可以查验复制发票凭证，调出发票，过程中可以记录、录音、录像、拍照，但是检查前必须出示税务检查证。对已开具的发票，需要调出的应该开具发票换票证，其效力与发票相同；对空白发票，应开具收据，经检查无问题后及时归还。

考点四 纳税申报

【例题 · 2017 年 · 多项选择题】下列关于纳税申报的说法中，错误的有（　　）。

A. 纳税人、扣缴义务人可采用邮寄申报的方式纳税申报

B. 纳税人、扣缴义务人不论当期是否发生纳税义务都必须办理纳税申报

C. 纳税人依法享受免税政策，在免税期间应按规定办理纳税申报

D. 纳税人因不可抗力不能按期办理纳税申报的，可在不可抗力情形消除后 15 日内办理

E. 纳税人未按照规定的期限办理纳税申报和报送纳税资料，且情节严重的，税务机关可以处 2 000 元以上 10 000 元以下的罚款

【答案】 BD

【解析】 本题考查纳税申报的内容。

享有减税、免税待遇的纳税人，在减税、免税期间也应当依法办理纳税申报（选项 C 正确）。纳税人和扣缴义务人应在发生纳税义务和代扣代缴、代收代缴义务之后，按税法规定或税务机关核定的期限，如实向主管税务机关办理纳税申报（选项 B 错误）。纳税申报方式为直接申报、邮寄申报（选项 A 正确）、数据电文申报、委托代理申报。纳税人、扣缴义务人因不可抗力，不能按期办理纳税申报或者报送代扣代缴、代收代缴税款报告表的，可以延期办理；但是，应当在不可抗力情形消除后立即向税务机关报告（选项 D 错误）。纳税人未按规定的期限办理纳税申报和报送纳税材料的，或者扣缴义务人未按照规定的期限向税务机关报送代扣代缴、代收代缴税款报告表和有关资料的，由税务机关责令期限改正，可以处 2 000 元以下的罚款；情节严重的，可以处 2 000 元以上 10 000 元以下的罚款（选项 E 正确）。

本题要选出错误的选项，故选项 BD 当选。

私教点拨

纳税人、扣缴义务人发生纳税义务后才必须进行纳税申报，减税、免税期间由于其发生了纳税义务，也即因为发生了纳税义务，才有减税、免税的政策适用，因此必须进行纳税申报。零申报企业其商品和劳务税虽可能未发生纳税义务，但是其所得税产生了纳税义务，因此也应进行纳税申报。

考点五 税款征收的管理

【例题 1 · 2021 年 · 单项选择题】 下列关于强制执行措施的说法中，错误的是（　　）。

A. 拍卖或者变卖所得抵缴税款、滞纳金、罚款等其他法律规定的费用后，剩余部分应在 3 日内退还被执行人

B. 税务机关对单价 5 000 元以下的其他生活用品，不采取强制执行措施

C. 纳税担保人未缴纳的滞纳金不在强制执行的范围内

D. 个人及其所抚养家属维持生活必需的住房和用品，不在强制执行措施范围内

【答案】 C

【解析】 本题考查税收强制执行措施的内容。

税务机关采取强制执行措施时，对有关纳税人、扣缴义务人、纳税担保人未缴纳的滞纳金**同时强制执行**（选项 C 错误）。

个人及其所抚养家属维持生活**必需**的**住房和用品**，不在强制执行措施范围内（选项 D 正确）。

税务机关对单价**5 000元**以下的其他生活用品，不采取强制执行措施（选项B正确）。

税务机关将扣押、查封的商品、货物或者其他财产变价抵缴税款时，应当交由依法成立的拍卖机构拍卖；**无法委托拍卖**或者不适于拍卖的，**可以交由**当地商业企业代为销售，**也可以**责令纳税人限期处理；无法委托商业企业销售，纳税人也无法处理的，**可以由税务机关变价处理**，具体办法由国家税务总局规定。国家**禁止自由买卖**的商品，应当交由**有关单位**按照国家规定的价格**收购**。

拍卖或者变卖所得抵缴税款、滞纳金、罚款等其他法律规定的费用后，剩余部分应在**3日内**退还被执行人（选项A正确）。

本题要选出错误的选项，故选项C当选。

私教点拨

要特别注意，“必需”为生活所需，如代步车等并非生活必需品，但是残障人士的轮椅是其生活必需品，要加以辨析。

【例题2·2021年·单项选择题】下列措施中，属于税收保全措施的是（　　）。

A. 书面通知纳税人开户银行或者其他金融机构扣缴相当于应纳税额的存款

B. 书面通知纳税人开户银行或者其他金融机构冻结纳税人的金额相当于应纳税款的存款

C. 变卖纳税人的商品、货物或者其他财产抵缴税款

D. 拍卖纳税人的金额相当于应纳税款的商品

【答案】B

【解析】本题考查税收保全措施的内容。

经县以上税务局（分局）局长批准，税务机关可以采取下列税收保全措施：一是书面通知纳税人开户银行或者其他金融机构冻结纳税人的金额相当于应纳税款的存款（选项B正确）；二是扣押、查封纳税人的价值相当于应纳税款的商品、货物或者其他财产。

经县以上税务局（分局）局长批准，税务机关可以采取下列税收强制执行措施：一是书面通知其开户银行或者其他金融机构从其存款中扣缴税款（选项A错误）；二是扣押、查封、依法拍卖（选项D错误）或者变卖（选项C错误）其价值相当于应纳税款的商品、货物或者其他财产，以拍卖或者变卖所得抵缴税款。

故选项B正确。

私教点拨

保全措施与强制执行措施的辨析点在于款项货物是否处置。保全措施一般为控制、冻结，可以解除控制和冻结，款项与货物并未处置掉，仍然属于纳税人。强制执行措施则处置掉了款项与货物，一般为扣缴、拍卖、变卖，款项与货物不再属于纳税人。

【例题 3 · 2020 年 · 多项选择题】下列关于《税收征收管理法》对税款追征制度的说法中，正确的有（　　）。

A. 对偷税行为，税务机关可以无限期追征

B. 因纳税人失误造成未缴或少缴税款的，追征期一般为 5 年

C. 因纳税人计算错误造成少缴税款的，追征期一般为 3 年

D. 因纳税人责任致使纳税人未缴或少缴税款的，追征期为 5 年，不加收滞纳金

E. 因税务机关责任，造成未缴或少缴税款的，税务机关有权追征税款和滞纳金

【答案】AC

【解析】本题考查税款追征制度的规定。

因税务机关的责任，致使纳税人、扣缴义务人未缴或者少缴税款的，税务机关在 3 年内可以要求纳税人、扣缴义务人补缴税款，但是不得加收滞纳金（选项 E 错误）。因纳税人、扣缴义务人计算错误等失误，未缴或者少缴税款的，税务机关在 3 年内可追征税款、滞纳金；特殊情况的，追征期可以延长到 5 年（选项 BD 错误，选项 C 正确）；对偷税、抗税、骗税的，税务机关追征其未缴或者少缴的税款、滞纳金或者所骗取的税款，不受规定期限的限制（选项 A 正确）。

私教点拨

对于税款追缴，普通情况无论谁的责任都是 3 年，特殊情况因纳税人、扣缴义务人责任少扣少缴的为 5 年。其次要分清是谁的责任，纳税人的责任则应缴纳滞纳金，税务机关的责任则不应缴纳滞纳金。最例外的情形是有偷税、抗税、骗税情形，因为涉及违法，则无限追缴。税款追征时间详见表 7－4。

表 7－4　税款追征时间

<table>
<tr><th colspan="2">责任方</th><th>时间</th><th>滞纳金</th></tr>
<tr><td colspan="2">税务机关</td><td>3 年</td><td>无</td></tr>
<tr><td rowspan="3">纳税人、扣缴义务人</td><td>一般情况</td><td>3 年</td><td rowspan="3">有</td></tr>
<tr><td>特殊情况</td><td>5 年</td></tr>
<tr><td>偷税、抗税、骗税</td><td>无限</td></tr>
</table>

关于税款退还时间详见表 7－5。

表 7－5　税款退还时间

发现方	时间	银行同期存款利息
税务机关	立即	无
纳税人、扣缴义务人	3 年内	有

【例题 4 · 2020 年 · 单项选择题】对一些无完整考核依据的纳税人，一般采用的税款征收方式是（　　）。

A. 查验征收　　　　B. 查账征收

C. 查定征收　　　　D. 定期定额征收

【答案】D

【解析】本题考查征管方式的定义。

税收征管方式有：

（1）查账征收：税务机关按照纳税人提供的账表所反映的生产、经营情况，依照使用税率计算缴纳税款的方法。这种办法一般适用于财务会计制度较为健全、能够认真履行纳税义务的纳税单位（选项 B 错误）。

（2）查定征收：由纳税单位向税务机关报送纳税申请表，经税务机关审查核实，计算应征税额，开具纳税缴款书，由纳税人凭以缴纳入库的一种征收办法。一般适用于账册不够健全，但是能够控制原材料或进销货的纳税单位（选项 C 错误）。

（3）查验征收：对经营品种比较单一，经营地点、时间和商品来源不固定的纳税人实施的一种征收方法（选项 A 错误）。

（4）定期定额征收：对一些无完整考核依据的纳税人，一般采用定期定额征收方式（选项 D 正确）。

故选项 D 正确。

私教点拨

查账征收说明有账，且账务足够查实应纳税款。

查定征收比查账征收严格，说明他的账不足够查实应纳税款，所以账不够健全时适用查定征收。

查验征收比查定征收更严格，查定征收还能控制原材料或进销货，查验征收连供销渠道都比较不固定，所以其进销货时都需要由税务机关来验证、确认应纳税款。

定期定额征收则是对完全无法查实应纳税款的单位适用的方法。

考点六 出口退税的管理

【例题·2016 年·单项选择题】某具有出口经营权的电器生产企业（增值税一般纳税人）自营出口资产货物，2016 年 5 月末未退税前计算出的期末留抵税款为 19 万元，当期免抵退税额为 15 万元，当期免抵税额为（　　）。

A. 0　　B. 6　　C. 9　　D. 15

【答案】A

【解析】本题考查出口退税免抵税额的计算。

当期期末留抵税额大于当期免抵退税额时：当期应退税额 = 当期免抵退税额 = 15 万元，当期免抵税额 = 当期免抵退税额 − 当期应退税额 = 15 − 15 = 0。故选项 A 正确。

私教点拨

免抵退实行先“免”后“抵”再“退”。在出口过程中不征收销项税，此时“免”的步骤已经完成。然后进行抵扣的计算。出口免抵退税步骤与计算方法详见表7-6。

表7-6　出口免抵退税步骤与计算方法

<table>
<tr><th>步骤</th><th colspan="2">具体计算</th></tr>
<tr><td>第一步：剔税</td><td colspan="2">由于征收率大于或等于退税率，因此有一部分税无法退税，这一部分无法退税也不得抵扣，即当期不得免征和抵扣税额。
当期不得免征和抵扣税额=(当期出口货物离岸价-当期免税购进原材料价格)×(出口货物适用税率-出口货物退税率)</td></tr>
<tr><td rowspan="3">第二步：抵税</td><td colspan="2">当期应纳税额=当期内销货物的销项税额-(当期全部进项税额-当期不得免征和抵扣税额)-上期留抵税额</td></tr>
<tr><td>计算出的当期应纳税额若为正数</td><td>则进项税额已全部抵扣销项税额，当期不再退税</td></tr>
<tr><td>计算出的当期应纳税额若为负数</td><td>即在抵扣完销项税额后，仍然有没有抵完的进项税额（当期期末留抵税额）</td></tr>
<tr><td>第三步：计算退税上限(当期免抵退税额)</td><td colspan="2">当期免抵退税额=(当期出口货物离岸价-当期免税购进原材料价格)×出口货物退税率</td></tr>
<tr><td rowspan="2">第四步：比较</td><td>若当期期末留抵税额≤当期免抵退税额时</td><td>当期应退税额=当期期末留抵税额。
则当期免抵税额=当期免抵退税额-当期应退税额</td></tr>
<tr><td>若当期期末留抵税额>当期免抵退税额时</td><td>当期应退税额=当期免抵退税额。
则当期免抵税额=0</td></tr>
</table>

考点七　纳税信用管理

【例题1·2022年·多项选择题】 在纳税信用管理中，纳税信用信息主要包括（　　）。

A. 纳税人未来纳税信息

B. 纳税人信用历史信息

C. 税务内部信息

D. 税务外部信息

E. 直接判级

【答案】 BCD

【解析】 本题考查纳税信用信息采集。

纳税信用信息包括纳税人信用历史信息（选项B）、税务内部信息（选项C）、税务外部信息（选项D）。故选项BCD正确。

私教点拨

纳税信用信息采集是指税务机关对纳税人纳税信用信息的记录和收集。纳税信用信息包括纳税人信用历史信息、税务内部信息、税务外部信息。纳税信用信息的主要内容如表 7-7 所示。

表 7-7 纳税信用信息的主要内容

分类	具体内容
纳税人信用历史信息	包括基本信息和评价年度之前的纳税信用记录，以及相关部门评定的优良信用记录和不良信用记录
税务内部信息	包括**经常性指标信息和非经常性指标信息**。经常性指标信息是指涉税申报信息、税（费）款缴纳信息、发票与税控器具信息、登记与账簿信息等纳税人在评价年度内经常产生的指标信息；非经常性指标信息是指税务检查信息等纳税人在评价年度内不经常产生的指标信息
税务外部信息	外部信息包括**外部参考信息和外部评价信息**。外部参考信息包括评价年度相关部门评定的优良信用记录和不良信用记录，外部评价信息是指从相关部门取得的影响纳税人纳税信用评价的指标信息

【例题 2 · 2022 年 · 多项选择题】某企业纳税信用评价指标得分为 80 分，该企业的纳税信用等级为（ ）。

A. A 级 B. B 级

C. C 级 D. D 级

【答案】B

【解析】本题考查纳税信用评价。

纳税信用级别设 A、B、C、D 四级。A 级纳税信用为年度评价指标得分 90 分以上的；B 级纳税信用为年度评价指标得分 70 分以上不满 90 分的（选项 B 正确）；C 级纳税信用为年度评价指标得分 40 分以上不满 70 分的；D 级纳税信用为年度评价指标得分不满 40 分或者直接判级确定的。

私教点拨

纳税信用评价考点总结如表 7-8 所示。

表 7-8 纳税信用评价考点总结

项目	主要内容
纳税信用级别	纳税信用级别设 A、B、C、D 四级。 A 级纳税信用为年度评价指标得分 90 分以上的； B 级纳税信用为年度评价指标得分 70 分以上不满 90 分的； C 级纳税信用为年度评价指标得分 40 分以上不满 70 分的； D 级纳税信用为年度评价指标得分不满 40 分或者直接判级确定的

续表

项目	主要内容
不能评为 A 级的情形	有下列情形之一的纳税人，本评价年度不能评为 A 级： (1) 实际生产经营期不满 3 年的； (2) 上一评价年度纳税信用评价结果为 D 级的； (3) 非正常原因（除季节性生产经营、享受政策性减免税等正常情况原因之外的其他原因）一个评价年度内增值税连续 3 个月或者累计 6 个月零申报、负申报的； (4) 不能按照国家统一的会计制度规定设置账簿，并根据合法、有效凭证核算，向税务机关提供准确税务资料的
不影响其纳税信用评价的情形	纳税人有下列情形的，不影响其纳税信用评价： (1) 由于税务机关原因或者不可抗力，造成纳税人未能及时履行纳税义务的； (2) 非主观故意的计算公式运用错误以及明显的笔误造成未缴或者少缴税款的； (3) 国家税务总局认定的其他不影响纳税信用评价的情形

考点八 税务行政救济管理

【例题·2022 年·单项选择题】下列关于税务行政复议的税法，错误的是（　　）。

A. 行政复议机关收到行政复议申请以后，应当在 5 日内审查，决定是否受理

B. 行政复议决定书一经送达，即发生法律效力

C. 申请人可采用书面，电子邮件的形式申请，但不得口头申请

D. 因不可抗力或者被申请人设置障碍等原因耽误法定申请期限的，申请期限的计算应当扣除被耽误时间

【答案】C

【解析】本题考查税务行政复议申请与税务行政复议受理。

税务行政复议申请人可采用书面申请、电子邮件或者口头申请等形式，选项 C 错误，故选项 C 当选。

私教点拨

公民、法人和其他组织（简称为申请人）认为税务机关的具体行政行为侵犯其合法权益，可以向税务行政复议机关申请行政复议，税务行政复议机关办理行政复议事项。税务行政复议机关（简称为行政复议机关）是指依法受理行政复议申请、对具体行政行为进行审查并作出行政复议决定的税务机关。行政复议机关在申请人的行政复议请求范围内，不得作出对申请人更为不利的行政复议决定。申请人对行政复议决定不服的，可以依法向人民法院提起行政诉讼。行政复议机关受理行政复议申请，不得向申请人收取任何费用。税务行政复议申请与税务行政复议受理考点总结如表 7－9 所示。

表7-9　税务行政复议申请与税务行政复议受理考点总结

项目	主要内容
申请期限	申请人可以在知道税务机关作出具体行政行为之日起**60日内**提出行政复议申请。因不可抗力或者被申请人设置障碍等原因耽误法定申请期限的，申请期限的计算应当**扣除被耽误时间**
税务行政复议与诉讼的选择	(1) 申请人对复议范围中**征税行为不服**的，应当**先**向行政复议机关**申请行政复议**；申请人**对行政复议决定不服**的，可以向人民法院**提起行政诉讼**。其中，征税行为，包括确认纳税主体、征税对象、征税范围、减税、免税、退税、抵扣税款、适用税率、计税依据、纳税环节、纳税期限、纳税地点和税款征收方式等具体行政行为，征收税款、加收滞纳金，扣缴义务人、受税务机关委托的单位和个人作出的代扣代缴、代收代缴、代征行为等。 (2) 申请人对复议范围中**征税行为以外的其他具体行政行为不服，可以申请行政复议，也可以直接向人民法院提起行政诉讼**。申请人**对税务机关作出逾期不缴纳罚款加处罚款的决定不服的，应当先缴纳罚款和加处罚款，再申请行政复议**。 (3) 申请人向行政复议机关申请行政复议，**行政复议机关已经受理**的，在法定行政复议期限内申请人**不得向人民法院提起行政诉讼**；申请人向人民法院**提起行政诉讼**，人民法院已经依法受理的，**不得申请行政复议**
申请的方式	申请人书面申请行政复议的，可以**采取当面递交、邮寄或者传真等方式**提出行政复议申请。**有条件的**行政复议机关**可以接受以电子邮件形式**提出的行政复议申请。 申请人口头申请行政复议的，行政复议机构应当依照规定的事项，当场制作行政复议申请笔录，交申请人核对或者向申请人宣读，并由申请人确认
税务行政复议受理	行政复议机关收到行政复议申请以后，应当在**5日内**审查，决定是否受理。对不符合规定的行政复议申请，决定不予受理，并**书面告知申请人**。对不属于本机关受理的行政复议申请，应当告知申请人向有关行政复议机关提出。行政复议机关收到行政复议申请以后未按照前款规定期限审查并作出不予受理决定的，视为受理。 对应当先向行政复议机关申请行政复议，对行政复议决定不服再向人民法院提起行政诉讼的具体行政行为，行政复议机关决定不予受理或者受理以后超过行政复议期限不作答复的，申请人可以**自收到不予受理决定书之日起或者行政复议期满之日起15日内**，依法向人民法院提起行政诉讼

真题演练

一、单项选择题

1. **(2022年)** 适用于经营品种比较单一，经营地点、时间和商品来源不固定的纳税人的税款征收方式是（　　）。

A. 查验征收　　B. 查账征收　　C. 查定征收　　D. 定期定额征收

2. **(2022年)** 下列关于凭证管理的说法，错误的是（　　）。

A. 完税凭证主要包括各种完税凭证和缴款书

B. 记账凭证包括收款凭证，付款凭证和转账凭证

C. 原始凭证记载的各项内容均不得涂改

D. 原始凭证如果金额有错误的，可以在原始凭证上更正

3. （2022 年）申请人可在知道税务机关作出具体行政行为之日起（　　）日内提出行政复议申请。

A. 30　　B. 45　　C. 60　　D. 90

4. （2022 年）根据税收征收管理法律制度的规定，纳税人对税务机关的下列具体行政行为不服的，应当先向复议机关申请行政复议的是（　　）。

A. 加收滞纳金　　B. 发票管理行为

C. 停止出口退税权　　D. 代开发票

5. （2020 年）增值税专用发票由（　　）确定的企业印制。

A. 国务院税务主管部门　　B. 审计机关

C. 财政部门　　D. 工商部门

6. （2020 年）纳税人超过应纳税额缴纳的税款，税务机关发现后应当立即退还；纳税人自结算缴纳税款之日起（　　）年内发现的，可以向税务机关要求退还多缴的税款并加算银行同期存款利息，税务机关及时查实后应当立即退还。

A. 1　　B. 3　　C. 5　　D. 6

7. （2018 年）税收保全措施的范围不包括（　　）。

A. 纳税人经营的商品　　B. 纳税人生产的货物

C. 个人维持生活必需的住房和用品　　D. 机动车辆

8. （2018 年）下列关于账簿设置的说法中，错误的是（　　）。

A. 纳税人、扣税义务人会计制度健全，能够通过计算机正确、完整计算其收入和所得或者代扣代缴、代收代缴税款情况的，其计算机输出的完整的书面会计记录，可视同会计账簿

B. 账簿、收支凭证粘贴簿、进货销货登记簿等资料应一律保存 10 年以上，未经财政主管部门批准，不得销毁

C. 扣缴义务人应当自税收法律、行政法规规定的扣缴义务发生之日起 10 日内，按照所代扣、代收的税种，分别设置代扣代缴、代收代缴税款账簿

D. 生产经营规模小又确无建账能力的纳税人，若聘请专业机构或者人员有实际困难的，经县以上税务机关批准，可以按照规定建立收支凭证粘贴簿，进货销货登记簿或者税控装置

9. （2016 年）纳税人不办理税务登记的，由税务机关责令限期改正，逾期不改的由（　　）。

A. 税务机关责令停业整顿

B. 税务机关处 2 000 元以下的罚款

C. 税务机关提请工商行政管理机关吊销其营业执照

D. 税务机关处 2 000 元以上 10 000 元以下的罚款

10. （2014 年）根据发票管理办法，违法后由税务机关处 1 万元以上 5 万元以下的罚款；情节严

重的，处5万元以上50万元以下的罚款，并处没收违法所得的行为是（　　）。

A. 私自印制发票的

B. 跨规定区域开具发票的

C. 非法代开发票的

D. 转借、转让、介绍他人转让发票、发票监制章和发票防伪专用品的

11.（2013年）下列关于发票检查的说法中，错误的是（　　）。

A. 税务机关有权查阅、复制与发票有关的凭证、资料

B. 税务机关在查处发票案件时，对与案件有关的情况和资料，可以记录、录音、录像、照相和复制

C. 税务机关进行检查时，应当出示税务检查证

D. 税务机关需要将空白发票调出查验时，无须出具任何凭证即可调出，经查无问题后予以返还纳税人

二、多项选择题

1.（2022年）在我国，通行的纳税申报方式有（　　）。

A. 直接申报　　B. 邮寄申报　　C. 汇总申报　　D. 委托代理申报

E. 数据电文申报

2.（2019年）下列关于税务机关实施税收保全措施的说法中，错误的有（　　）。

A. 税收保全措施仅限于从事生产、经营的纳税人

B. 只有在事实全部查清，取得充分证据的前提下才能进行

C. 冻结纳税人的存款时，其数额要以相当于纳税人应纳税款的数额为限

D. 个人及其抚养家属维持生活必需的住房和用品，不在税收保全措施的范围之内

E. 税务机关对单价10 000元以下的其他生活用品，不采取税收保全措施

3.（2013年）企业变更税务登记适用的范围包括（　　）。

A. 改变纳税人名称的

B. 增减注册资金的

C. 改变经济性质或企业类型的

D. 因住所、经营地点或产权关系变更而涉及改变主管税务机关的

E. 改变法定代表人的

真题演练答案及解析

一、单项选择题

1.【答案】A

【解析】本题考查税款征收的管理。

查验征收适用于经营品种比较单一，经营地点、时间和商品来源不固定的纳税人。故选项A

正确。

2.【答案】D

【解析】本题考查账簿、凭证管理。

原始凭证如果金额有错误的，应由出具单位重开，不允许在原始凭证上更正。选项 D 错误，故选项 D 当选。

3.【答案】C

【解析】本题考查税务行政复议。

申请人可在知道税务机关作出具体行政行为之日起 60 日内提出行政复议申请。故选项 C 正确。

4.【答案】A

【解析】本题考查税务行政复议。

申请人对复议范围中征税行为不服的，应当先向行政复议机关申请行政复议；申请人对行政复议决定不服的，可以向人民法院提起行政诉讼。选项 A 属于复议范围中征税行为，故选项 A 正确。

5.【答案】A

【解析】本题考查增值税专用发票的印制。

增值税专用发票由**国务院税务主管部门**确定的企业印制；其他发票按照国务院税务主管部门的规定，由省、自治区、直辖市税务机关确定的企业印制。禁止私自印制、伪造、变造发票。故选项 A 正确。

6.【答案】B

【解析】本题考查多缴税款的退还。

纳税人超过应纳税额缴纳的税款，税务机关发现后应当立即退还；纳税人自结算缴纳税款之日起 3 年内发现的，可以向税务机关要求退还多缴的税款并加算银行同期存款利息，税务机关及时查实后应当立即退还；涉及从国库中退库的，依照法律、行政法规有关国库管理的规定退还。故选项 B 正确。

7.【答案】C

【解析】本题考查税收保全措施的范围。

纳税人不能提供纳税担保，经县以上税务局（分局）局长批准，税务机关可以采取下列税收保全措施：一是书面通知纳税人开户银行或者其他金融机构冻结纳税人的金额相当于应纳税款的存款；二是扣押、查封纳税人的价值相当于应纳税款的商品、货物或者其他财产（选项 ABD 错误）。个人及其所抚养家属维持生活必需的住房和用品，不在强制执行措施范围内（选项 C 正确）。故选项 C 正确。

8.【答案】B

【解析】本题考查账簿设置的内容。

账簿的设置要求：

（1）从事生产、经营的**纳税人**应自领取营业执照或者发生纳税义务之日起 **15 日内**，按照国家有关规定设置账簿。

（2）**扣缴义务人**应在税收法律、行政法规规定的扣缴义务发生之日起 **10 日内**，按照所代扣、代收的税种，分别设置代扣代缴、代收代缴税款账簿（选项 C 正确）。

纳税人、扣缴义务人会计制度健全，能够通过计算机**正确**、**完整**计算其收入和所得或者代扣代缴、代收代缴情况的，其计算机输出的完整的书面会计记录，可视同会计账簿（选项 A 正确）。

纳税人、扣缴义务人会计制度不健全，不能通过计算机正确、完整计算其收入和所得或者代扣代缴、代收代缴情况的，应当建立总账及与纳税或者代扣代缴、代收代缴税款有关的明细账等其他账簿。

（3）生产、经营规模小又确无建账能力的纳税人，可以聘请经批准从事会计代理记账业务的专业机构或者经税务机关认可的财会人员代为建账和办理账务。聘请上述机构或者人员有实际困难的，**经县以上税务机关批准**，可以按照税务机关的规定，建立收支凭证粘贴簿、进货销货登记簿或使用税控装置（选项 D 正确）。

账簿的使用要求：

账簿、收支凭证粘贴簿、进货销货登记簿等资料，**除另有规定外**，**至少要保存 10 年**，未经税务机关批准，不得销毁（选项 B 错误）。保管期满需要销毁时，应编造销毁清册，报主管部门和税务机关批准，然后在其监督下销毁。

本题要选出错误的选项，故选项 B 当选。

9.【答案】B

【解析】本题考查纳税人不办理税务登记的处罚。

纳税人不办理税务登记的，税务机关应当自发现之日起 3 日内责令其限期改正；逾期不改正的，处 2 000 元以下的罚款；情节严重的，处 2 000 元以上 10 000 元以下的罚款。故选项 B 正确。

10.【答案】A

【解析】本题考查税务处罚。

私自印制、伪造、变造发票的，由税务机关没收违法所得，没收、销毁作案工具和非法物品的，并处 1 万元以上 5 万元以下的罚款；情节严重的，并处 5 万元以上 50 万元以下的罚款；构成犯罪的，依法追究刑事责任（选项 A 正确）。

跨规定区域开具发票的，由税务机关责令改正，可以处 1 万元以下的罚款；有违法所得的予以没收（选项 B 错误）。

违反发票管理办法规定虚开发票的，由税务机关没收违法所得；虚开金额在 1 万元以下的，可以并处 5 万元以下的罚款；情节严重的，并处 5 万元以上 50 万元以下的罚款；构成犯罪的，依法追究刑事责任。非法代开发票的，依照上述规定处罚（选项 C 错误）。

转借、转让、介绍他人转让发票、发票监制章和发票防伪专用品的，由税务机关处 1 万元以上 5 万元以下的罚款；情节严重的，处 5 万元以上 50 万元以下的罚款；有违法所得的予以没收（选项 D 错误）。

故选项 A 正确。

11.【答案】D

【解析】本题考查发票检查。

发票检查的基本规定：

（1）税务机关在发票管理中有权进行下列检查：

①检查印制、领购、开具、取得、保管和缴销发票的情况；

②调出发票查验；

③查阅、复制与发票有关的凭证、资料（选项A正确）；

④向当事各方询问与发票有关的问题和情况；

⑤在查处发票案件时，对与案件有关的情况和资料，可以记录、录音、录像、照相和复制（选项B正确）。

（2）印制、使用发票的单位和个人，必须接受税务机关依法检查，如实反映情况，提供有关资料，不得拒绝、隐瞒。税务人员进行检查时，应当出示税务检查证（选项C正确）。

（3）税务机关需要将已开具的发票调出查验时，应当向被查验的单位和个人开具发票换票证。税务机关需要将空白发票调出查验时，应当开具收据；经查无问题的，应当及时返还（选项D错误）。

本题要选出错误的选项，故选项D当选。

二、多项选择题

1. **【答案】**ABDE

【解析】本题考查纳税申报方式。

纳税申报方式包括：直接申报（选项A）、邮寄申报（选项B）、数据电文申报（选项E）、委托代理申报（选项D）。故选项ABDE正确。

2. **【答案】**BE

【解析】本题考查税收保全措施。

税务机关有根据认为从事生产、经营的纳税人有逃避纳税义务行为的，可以在规定的纳税期之前，责令限期纳税（选项A正确）；在限期内发现纳税人有明显的转移、隐匿其应纳税的商品、货物以及其他财产迹象的，税务机关应责令提供纳税担保。（不一定需要事实全部查清，取得充分证据。）如果未提供担保的，经县级以上税务局（分局）局长批准，税务机关可以采取保全措施（选项B错误）：一是书面通知纳税人开户银行或者其他金融机构冻结纳税人的金额相当于应纳税款的存款（选项C正确）；二是扣押、查封纳税人的价值相当于应纳税款的商品、货物或者其他财产。

税务机关对单价5 000元以下的其他生活用品，不采取强制执行措施（选项E错误）。

个人及其所抚养家属维持生活必需的住房和用品，不在强制执行措施范围内（选项D正确）。

本题要选出错误的选项，故选项BE当选。

3. **【答案】**ABCE

【解析】本题考查企业变更税务登记适用的范围。

纳税人因住所、经营地点变动，涉及改变税务登记机关的，应当在向国家市场监督管理机关或者其他机关申请办理变更、注销登记前，或者住所、经营地点变动前，持有关证件和资料，向原税务登记机关申报办理注销税务登记，并自注销税务登记之日起30日内向迁达地的税务机关申请办理税务登记（选项D错误）。

选项ABCE为变更税务登记适用的范围。故选项ABCE正确。

第八章　纳税检查

本章考情 Q&A

Q：本章的重要性和难度如何？

A：本章属于**重点**章节。

本章难度极高，考点与第四章、第五章综合，掌握难度高。

从历年真题来看，每年客观题考查的分值为 5~10 分，案例分析题考查的分值为 8~10 分。

Q：本章在考试中通常以什么形式出现？

A：从历年真题来看，本章在单项选择题、多项选择题与案例分析题三种题型中均有涉及。本章与增值税或企业所得税结合的案例分析题为必考项。

Q：本章 2023 年的内容有改动么？

A：本章调整：利润表的检查分析中预收账款改为合同负债；新增：综合账务调整法下的相关会计分录和不征税收入和免税收入的检查相关表述，捐赠支出的稽查的表述与分录。

Q：本章考点在历年考试中的分布情况如何？

A：以下是老师们的统计：

考点	2022 年	2021 年	2020 年	2019 年	2018 年	2017 年	2016 年	2015 年	2014 年	2013 年
纳税检查的概念、必要性及范围			√	√		√	√	√	√	√
纳税检查的基本方法				√						
会计凭证、会计账簿和会计报表的检查		√								
账务调整的基本方法		√	√		√	√	√		√	
增值税检查	√	√	√	√	√	√				√
消费税检查									√	√
企业所得税检查	√	√	√	√	√	√	√	√	√	√

经典例题

考点一 纳税检查的概念、必要性及范围

【例题·2020年·单项选择题】下列关于纳税检查的说法中，错误的是（　　）。

A. 纳税检查的对象是纳税人所从事的经济活动和各种应税行为

B. 纳税检查的客体包括纳税担保人

C. 纳税检查的主体是税务师事务所

D. 纳税检查的依据是国家的各种税收法规、会计法规和企业财务制度

【答案】C

【解析】本题考查纳税检查的概念。

纳税检查是税务机关根据国家税法和财务会计制度的规定，对纳税人履行纳税义务的情况进行检查和监督，以充分发挥税收职能作用的一种管理活动。

纳税检查的主体是税务机关（选项C错误）。

纳税检查的客体是纳税人，同时包括代扣代缴义务人、代收代缴义务人、纳税担保人等（选项B正确）。

纳税检查的对象是纳税人所从事的经济活动和各种应税行为，以及履行纳税义务的情况（选项A正确）。

纳税检查的依据是国家的各种税收法规、会计法规和企业财务制度（选项D正确）。当税收法规和财务制度发生冲突时，以税收法规为准。

本题要选出错误的选项，故选项C当选。

私教点拨

纳税检查的必要性体现在：

（1）纳税检查是形式财政监督职能的具体体现；

（2）纳税检查是宏观经济管理的客观要求；

（3）纳税检查是搞好征管工作的有力保证。

纳税检查的范围详见表8-1。

表8-1 纳税检查范围

客体 事项	检查账簿、记账凭证等材料	到生产、经营场所等检查应税商品、货物	检查有关经营情况	询问税款有关问题	检查车站、码头等地托运、邮寄应纳税商品、货物或单据、凭证等
纳税人	√	√	×	√	√
扣缴义务人	√	×	√	√	×

续表

经县级以上税务局（分局）局长批准，可凭全国统一格式的检查存款账户许可证明，查询从事生产、经营的纳税人、扣缴义务人在银行或者其他金融机构的存款账户。 税务机关在调查税收违法案件时，经设区的市、自治州以上税务局（分局）局长批准，可以查询案件涉嫌人员的储蓄存款

纳税人其货物、商品与税是直接相关的，所以不仅其各种财务资料和纳税材料属于纳税检查的范畴，货物、商品、经营场所等也属于纳税检查的范畴。

扣缴义务人其财务资料和纳税材料与税收管理是直接相关的，而其自身资产等与其扣缴的这笔税收是没有关系的，故扣缴义务人只有财务资料和纳税材料属于纳税检查的范畴。

纳税检查与第七章《税务管理》中的税收保全措施、税收强制执行措施等都是日常税收工作范畴，故都是经过县级以上税务局（分局）局长批准的。而税收违法案件涉及刑法，一般为重大事件，故由经设区的市、自治州以上税务局（分局）局长批准，比县级高一个级别。

考点二 纳税检查的基本方法

【例题·2019 年·单项选择题】在发票检查中，将用票单位发票使用和管理的实际情况与有关单位进行核对，从中发现问题。这种方法是（　　）。

A. 票面逻辑推理法　　B. 逆向检查法　　C. 顺向检查法　　D. 对照检查法

【答案】C

【解析】本题考查纳税检查方法。

顺查法，是依照会计核算的顺序，从检查会计凭证开始，由凭证到账簿进而到报表，最后审查纳税情况的一种方法。在会计核算过程中，是从发票至会计凭证，再至账簿，最后到报表。故选项 C 正确。

私教点拨

纳税检查的基本方法详见表 8-2。

表 8-2 纳税检查的基本方法

检查方法类型	检查方法	定义
详查法和抽查法	详查法	对被查期内的**全部**凭证、账册、报表和其他会计资料，进行全面、系统、细致检查的一种方法
	抽查法	对被查期间内的凭证、账册、报表和其他会计资料，**抽出部分**有目的地重点检查的一种方法
顺查法和逆查法	顺查法	依照会计**核算的顺序**，从检查会计凭证开始，由凭证到账簿进而到报表，最后审查纳税情况的一种检查方法
	逆查法	逆会计核算程序，从检查报表开始到检查账簿，而后在凭证中落实检查内容，或者从经济事项的结果**逆向追查**其原始状况的一种方法

续表

检查方法类型	检查方法	定义
联系查法和侧面查法	联系查法	对相关资料**有联系**的地方，进行**互相对照**检查的一种方法
	侧面查法	根据平时掌握的征管、信访资料和职工群众反映的情况，对有关会计资料进行核查的一种检查方法
分析法	比较分析法	根据企业会计报表中的账面数据，同企业的有关计划指标、历史资料或同类企业的相关数据进行动态和静态的**对比**的一种分析方法
	推理分析法	运用**逻辑推理**，根据事物的内在联系和相互依存关系，将会计资料提供的数据，结合财务活动规律，综合对照进行推理判断的一种分析方式
	控制分析法	根据事物之间存在的相互制约、相辅相成的必然联系，用科学测定的数据，来验证账面记录或申报纳税资料是否正确的一种分析方式
盘存法	盘存法	通过对货币资金、存货和其他物资等实物资产的**盘点清查**，对照账面余额，来推算检查企业反映的生产经营成本及推算生产经营收入是否正确的一种查账方法

考点三 会计凭证、会计账簿和会计报表的检查

【例题 · 2021 年 · 多项选择题】资产负债表的审查内容包括（　　）。

A. 营业费用　　B. 递延资产

C. 应收账款　　D. 坏账准备

E. 存货

【答案】BCDE

【解析】本题考查会计报表的检查。

资产负债表的审查分析包括：

(1) 应收账款、预付账款、应付账款、预收账款项目的审查，包括：

①“应付账款”和“预收账款”中，有无隐匿已经实现的产品销售收入和其他业务收入；

②“应收账款”和“预付账款”中（选项 C 正确），有无不符合制度的任意核销和转销情况；

③对坏账损失计提的“坏账准备”金额，审查在计算所得税时是否进行了纳税调整（选项 D 正确）。

(2) 各项存货项目的审查（选项 E 正确）。

(3) 递延资产项目的审查（选项 B 正确）。

(4) 固定资产的审查。

另外，营业费用属于利润表的检查分析内容（选项 A 错误）。

故选项 BCDE 正确。

私教点拨

凭证检查、账簿检查、报表检查的内容，详见表8-3。

表8-3 凭证、账簿、报表检查内容

检查对象		检查内容
会计凭证	原始凭证	（1）对外来凭证的检查； （2）对自制凭证的检查
	记账凭证	（1）记账凭证是否附有原始凭证，两者的内容是否一致； （2）会计科目及其对应关系是否正确； （3）会计记录所反映的经济内容是否完整，处理是否及时
会计账簿	序时账的审查分析	（1）审查账簿的真实性； （2）审查借贷发生额的对应账户； （3）审查账面出现的异常情况； （4）审查银行存款收支业务
	总分类账的审查分析	（1）账账关系的查核； （2）账表关系的查核； （3）纵向关系的查核； （4）横向关系的查核
	明细分类账的检查	（1）与总分类账进行相互核对； （2）上下结算期之间相互核对； （3）审查账户余额的借贷方向； （4）账实相符的检查
会计报表	资产负债表	（1）应收账款、预付账款、应付账款、预收账款、**坏账准备**项目的审查； （2）各项**存货**项目的审查； （3）**递延资产**项目的审查； （4）**固定资产**的审查
	利润表	（1）主营业务收入的审查； （2）主营业务成本的审查； （3）**营业费用**的审查

考点四 账务调整的基本方法

【例题1·2021年·单项选择题】对于影响本年度以前月份的所得应调整的账户是（　　）。

A. 以前年度损益调整　　B. 本年利润

C. 管理费用　　D. 应收账款

【答案】B

【解析】本题考查综合账务调整法。

如果涉及会计所得，对于影响本年度的所得可以直接调整“本年利润”账户，而对于影响上年度的所得可以直接调整“以前年度损益调整”账户。故选项B正确。

私教点拨

会计是一种记录、归集、控制的经济活动，在日常记录各项经济活动的同时，月末需要将收入、成本、费用等结转至本年利润。因此当月可以直接调整相应科目，而跨月则需要追踪到原本应该调整的相应科目，在经过月末结转后，相应科目金额在本年利润里，所以需要进入本年利润进行调整。在每一年的年末还要进行年末结转，把本年利润进行结转、分配。但如果跨年了，原本应调整科目已经随着本年利润进行了分配，所以需要使用“以前年度损益调整”账户调节这部分的差错。

【例题 2 · 2020 年 · 单项选择题】 税务机关对某企业进行纳税检查时，发现该企业将生产领用的原材料 6 000 元误记为 60 000 元，企业应做的账务调整为（　　）。

A. 红字借记“原材料”科目 6 000 元　　B. 红字贷记“原材料”科目 6 000 元

C. 红字借记“原材料”科目 54 000 元　　D. 红字贷记“原材料”科目 54 000 元

【答案】 D

【解析】 本题考查红字冲销法。

目前分录为：

借：生产成本　　60 000

　　贷：原材料　　60 000

正确分录为：

借：生产成本　　6 000

　　贷：原材料　　6 000

差额 54 000 元。

红字冲销法，红字代表反向。

借：生产成本　　54 000（红字）

　　贷：原材料　　54 000（红字）

故选项 D 正确。

私教点拨

账务调整的基本方法详见表 8 - 4。

表 8 - 4　账务调整的基本方法

基本方法	适用情况	具体方法
红字冲销法	会计科目用错，以及会计科目正确但核算金额错误的情况，常用于核算金额大于应计金额的情况	先用红字冲销原错误的会计分录，再用蓝字编制正确的会计分录，重新登记账簿
补充登记法	漏计或错账所涉及的会计科目正确，但核算金额小于应计金额的情况	通过编制转账分录，将调整金额直接入账，以更正错账
综合账务调整法	一般运用于会计分录借贷方，有一方会计科目用错，而另一方会计科目正确的情况	正确的一方不调整，错误的一方用错误科目转账调整，再补充上正确的会计科目

账务调整的题目基本解题方法需要编写分录。例：以银行存款发放职工福利费，将原本应计于应付职工薪酬的福利费 5 000，计入了财务费用 2 000，应付职工薪酬 3 000。

首先抄写错误分录：

借：应付职工薪酬　　3 000
　　财务费用　　2 000
　　贷：银行存款　　5 000

再编写正确分录：

借：应付职工薪酬　　5 000
　　贷：银行存款　　5 000

对照错误分录与正确分录，划去相同的分录借方或分录贷方，则贷方银行存款 5 000 被划去，借方应付职工薪酬被划去 3 000。留下正确分录中的借方应付职工薪酬 2 000，错误分录中的借方财务费用 2 000，然后编写调整分录：

借：应付职工薪酬　　2 000
　　贷：财务费用　　2 000

考点五 增值税检查

【例题 1 · 2022 年 · 单项选择题】记录纳税人当月已缴纳的应交增值税额的是（　　）。

A. 已交税金　　B. 销项税额

C. 未交增值税　　D. 预缴

【答案】A

【解析】本题考查增值税会计科目的设置。

"已交税金"专栏，记录纳税人当月已缴纳的应交增值税额。

私教点拨

增值税明细科目梳理详见第 175 页的表 8-5。

【例题 2 · 2022 年 · 单项选择题】某企业为增值税一般纳税人。2021 年 7 月将自产的商品用于职工福利，已知原材料成本为 1 000 元，该商品对外不含税售价为 2 000 元，该企业正确的会计处理为（　　）。

A. 借：应付职工薪酬　　2 260
　　贷：库存商品　　2 260

B. 借：应付职工薪酬　　1 260

　　贷：库存商品　　1 000

　　应交税费——应交增值税（销项税额）　　260

C. 借：应付职工薪酬　　2 260

　　贷：库存商品　　2 000

　　应交税费——应交增值税（销项税额）　　260

D. 借：管理费用　　1 130

　　贷：库存商品　　1 000

　　　应交税费——应交增值税（销项税额）　　130

【答案】 B

【解析】 本题考查销项税额的检查。

企业改变资产用途但未改变资产所有权属的，可作为内部处置资产，不视同销售确认收入，不用计算缴纳企业所得税，正确的账务处理为：

借：应付职工薪酬　　1 260

　　贷：库存商品　　1 000

　　应交税费——应交增值税（销项税额）　　260

故选项 B 正确。

私教点拨

企业将资产移送他人，如用于交际应酬、职工奖励或福利、股息分配、对外捐赠等改变资产所有权属的，应按规定视同销售确认收入计算缴纳企业所得税。

【例题 3 · 2021 年 · 单项选择题】 一般纳税人当月缴纳以前期间未交的增值税，正确的会计处理为（　　）。

A. 借：应交税费——应交增值税 贷：银行存款

B. 借：应交税费——预缴增值税 贷：银行存款

C. 借：应交税费——已交税金　 贷：银行存款

D. 借：应交税费——未交增值税 贷：银行存款

【答案】 D

【解析】 本题考查增值税会计科目。

“未交增值税”明细科目，核算纳税人月度终了从“应交增值税”或“预缴增值税”明细科目转入当月应交未交、多交或预缴的增值税额，以及当月缴纳以前期间未交的增值税额。故选项 D 正确。

私教点拨

应交税费在增值税中有十个二级明细科目，其中“应交税费——应交增值税”又有九个专栏，重点梳理详见表 8－5。

表 8－5 增值税明细科目

<table>
<tr><th>二级科目</th><th colspan="2">专栏及定义</th></tr>
<tr><td rowspan="4">应交增值税</td><td>已交税金</td><td>记录纳税人当月已缴纳的应交增值税额</td></tr>
<tr><td>转出未交增值税
转出多交增值税</td><td>分别记录纳税人月度终了转出当月应交未交或多交的增值税额</td></tr>
<tr><td>进项税额转出</td><td>因各种原因而不应从销项税额中抵扣，而应按规定转出的进项税额</td></tr>
<tr><td colspan="2">另有专栏：进项税额、销项税额、销项税额抵减、减免税款、出口抵减内销产品应纳税额、出口退税</td></tr>
<tr><td>未交增值税</td><td colspan="2">核算纳税人月度终了从“应交增值税”或“预缴增值税”明细科目转入当月应交未交、多交或预缴的增值税额，以及当月缴纳以前期间未交的增值税额</td></tr>
<tr><td>预缴增值税</td><td colspan="2">核算一般纳税人转让不动产、提供不动产经营租赁服务、提供建筑服务、采用预收款方式销售自行开发的房地产项目等，以及其他按照现行增值税制度规定应预缴的增值税额。月份终了，将当月预缴的增值税额自“应交税费——预交增值税”科目转入“未交增值税”科目</td></tr>
<tr><td>待转销项税额</td><td colspan="2">核算一般纳税人销售货物、加工修理修配劳务、服务、无形资产或不动产，已确认相关收入（或利得）但尚未发生增值税纳税义务而需要在以后期间确认为销项税额的增值税额</td></tr>
<tr><td>简易计税</td><td colspan="2">核算一般纳税人采用简易计税方法发生的增值税计提、扣减、预缴、缴纳等业务</td></tr>
<tr><td colspan="3">另有二级科目：待抵扣进项税额、待认证进项税额、增值税留抵税额、转让金融商品应交增值税、代扣代缴增值税</td></tr>
</table>

【例题 4·2013 年·多项选择题·改编】 某企业于 2×13 年 2 月采用分期收款方式销售一批商品，不含税价款 200 000 元，合同规定贷款分别于 2×14 年 2 月和 2×15 年 2 月两次等额支付。假定贴现率为 10%。2×13 年 2 月所作的下列会计处理中，错误的有（　　）。

A. 贷记“主营业务收入”200 000 元　　B. 借记“长期应收款”200 000 元

C. 计提增值税销项税额 26 000 元　　D. 不用计提增值税销项税额

E. 借记“未实现融资收益”200 000 元

【答案】 ABDE

【解析】 本题考查分期收款结算方式的会计处理。

采用分期收款方式销售产品，按书面合同约定的收款日期作为销售收入的实现时间，也就是纳税义务发生的时间。

借方为“长期应收款”，金额为全部的价税合计（选项 B 错误）。

贷方为“主营业务收入”“未实现融资收益”“应交税费——待转销项税额”。

"主营业务收入"的金额为考虑全部收回金额的现值（选项 A 错误）。

"未实现融资收益"为全部合同款与现值的差额部分（选项 E 错误）。

"应交税费——待转销项税额"为合同款计算的增值税（选项 C 正确，选项 D 错误）。

会计分录为：

借：长期应收款 226 000

　　贷：主营业务收入 173 553.72 [100 000÷(1+10%)+100 000÷(1+10%)÷(1+10%)]

　　　　未确认融资收益 26 446.28（200 000-173 553.72）

　　　　应交税费——待转销项税额 26 000

本题要选出错误的选项，故选项 ABDE 当选。

私教点拨

分期收款带有融资性质，因为原本需要当下付款，分期收款后部分或全部款项可以在之后的时间点支付，相当于借出了一笔借款。由于会计上，本金、时间与利息需要匹配，在入账的当下时间点，利息还未计算，所以用"未确认融资收益"科目来核算还未实现的利息，但是利息总额是可以确定的，即当下时间点应付的金额减去分期付款折现到当下时间点现值的差额。

故在做账的时间点上，主营业务收入+未确认融资收益=不含税价款。并且分期收款的销售，仍然是销售项目，应该计提增值税，增值税按照合同价款计算。

考点六 消费税检查

【例题 1·2014 年·单项选择题】 企业销售应税消费品，计提消费税时应记入的科目为（　　）。

A. 管理费用　　B. 销售费用　　C. 税金及附加　　D. 主营业务成本

【答案】 C

【解析】 本题考查消费税归集科目。

消费税实行的价内税，其计提税金的会计账务处理为：

借：税金及附加

　　贷：应交税费——应交消费税

故选项 C 正确。

私教点拨

税费的会计处理借方分为四个科目归集，应交税费——应交增值税、税金及附加、所得税费用、成本。

（1）增值税通过应交税费——应交增值税及未交增值税进行归集。

当月缴纳**当月**计入应交税费——应交增值税。

借：应交税费——应交增值税

　　贷：银行存款

当月缴纳**上月**计入应交税费——未交增值税。

借：应交税费——未交增值税

贷：银行存款

（2）消费税、资源税、土地增值税等税种通过税金及附加归集。

借：税金及附加

贷：应交税费——应交消费税/应交资源税/应交土地增值税等

（3）企业所得税通过所得税费用归集。

借：所得税费用

贷：应交税费——应交企业所得税

（4）烟叶税和关税进入成本。

借：原材料

贷：应交税费——应交烟叶税/应交进口关税

【例题 2·2013 年·单项选择题】对于委托加工应税消费品业务，正确的涉税处理为（　　）。

A. 委托方就加工收入计算缴纳消费税

B. 受托方就加工收入计算缴纳消费税

C. 委托方按照受托方的同类消费品的销售价格计算缴纳消费税

D. 受托方按照委托方的同类消费品的销售价格计算缴纳消费税

【答案】C

【解析】本题考查消费品受托加工的计税依据。

委托加工应税消费品，由受托方（受托方是个人的除外）在向委托方交货时代收代缴消费税，其计税依据：如受托方有同类消费品价格，按同类消费品价格计税；若无同类消费品价格，则按组成计税价格计税。故选项 C 正确。

私教点拨

委托加工计税价格依据为：

（1）若有同类消费品的销售价格，按照受托方的同类消费品销售价格计税；

（2）若无同类消费品销售价格，按组成计税价格计税：

①从价定率计征：

组成计税价格=(材料成本+加工费)÷(1−消费税税率)

②复合计税办法计征：

组式计税价格=(材料成本+加工费+委托加工数量×消费税定额税率)÷(1−消费税税率)

委托加工的消费税，除个人外，由**受托方代收代缴**，上缴**受托方所在地**税务主管机关，同时按受托方所在地征收城市维护建设税及教育费附加。

个人受托方，由委托方代缴于受托方所在地税务主管机关，同时按受托方所在地征收城市维护建设税及教育费附加。

考点七 企业所得税检查

【例题1·2022年·单项选择题】某食品企业转让专利权时，其净收入应计入的科目为（　　）。

A. 营业收入　　B. 投资收益　　C. 营业外收入　　D. 其他业务收入

【答案】D

【解析】本题考查特许权使用费收入的检查。

特许权使用费收入，是指企业提供专利权、非专利技术、商标权、著作权以及其他特许权的使用权取得的收入。特许权使用费收入主要通过“其他业务收入”核算。故选项D正确。

私教点拨

应注重检查纳税人的特许权转让是否属实，是否及时、足额入账，是否存在将收入直接冲减费用、损失的情况。

【例题2·2021年·单项选择题】固定资产转让净收益应计入的会计科目为（　　）。

A. 其他收益　　B. 资产处置收益

C. 主营业务收入　　D. 其他业务收入

【答案】B

【解析】本题考查年度收入不同类型的会计处理。

选项A：其他收益核算与企业日常营业相关，但是不适于确认收入或冲减成本的政府补助（选项A错误）。

选项B：转让固定资产要通过“固定资产清理”“累计折旧”，净收益转入“资产处置损益”（选项B正确）。

选项CD：属于营业收入，与转让固定资产无关（选项CD错误）。

故选项B正确。

私教点拨

企业各类年度收入涉及会计分录及最终核算会计科目详见表8－6。

表8－6　年度收入会计分录及核算会计科目

收入分类	会计分录	核算科目
销售货物收入	借：银行存款/库存现金/应收账款/应收票据 贷：主营业务收入/其他业务收入 应交税费——应交增值税（销项税额） 借：主营业务成本/其他业务成本 贷：库存商品	主营业务收入/其他业务收入
劳务收入	借：银行存款/库存现金/应收账款/应收票据 贷：主营业务收入/其他业务收入 应交税费——应交增值税（销项税额）	主营业务收入/其他业务收入

续表

收入分类	会计分录	核算科目
转让财产收入	借：固定资产清理 累计折旧 贷：固定资产 应交税费——应交增值税（销项税额） 资产处置损益（或借方）	资产处置损益
股息、红利等权益性投资收益	借：银行存款 贷：投资收益	投资收益
利息收入	借：银行存款 贷：财务费用——利息收入	冲减财务费用
租金收入	借：银行存款 贷：主营业务收入/其他业务收入	主营业务收入/其他业务收入
特许权使用费收入	借：银行存款 贷：主营业务收入/其他业务收入	主营业务收入/其他业务收入
接受捐赠收入	借：银行存款 贷：营业外收入	营业外收入
不征税收入和免税收入	与日常经营相关 借：银行存款 贷：其他收益 与日常经营无关 借：银行存款 贷：营业外收入	营业外收入/其他收益
其他收入	借：银行存款 贷：其他应收款	其他应收款

【例题 3 · 2020 年 · 单项选择题】对于大量大批的多步骤生产企业，计算产品成本时主要采用的方法为（ ）。

A. 品种法　　B. 分批法　　C. 分步法　　D. 综合法

【答案】C

【解析】本题考查完工成品和在产品之间的成本分配方法。

选项 A：品种法适用于大量、大批的单步骤生产企业（选项 A 错误）。

选项 B：分批法适用于单件、小批生产的企业（选项 B 错误）。

选项 C：分步法适用于大量、大批的多步骤生产企业（选项 C 正确）。

选项 D：综合法为上述综合（选项 D 错误）。

故选项 C 正确。

私教点拨

关于成本在完成品与在产品之间的分配主要看几个因素：批量和步骤。

品种法的适用对象是大量、大批、单步骤的生产企业。因为其单步骤，必然不能适用分步法，由于大量、大批，运用分批法，在每一批次的核算上会花费大量的时间和精力，故品种法最为适宜。

分批法适用于单件、小批，由于批量及每批次中的数量为一件，故以批次核算最为简单，耗费成本也低廉，故适用分批法。

分步法适用于大量、大批、多步骤。由于有步骤作为归集的单位，而每批次产品都需要经过相同的步骤，所以从步骤出发，分析每个步骤的成本在整个生产环节的占比，可以节省大量对于批次的清点时间，相较于品种法也更精确，所以适用分步法。

【例题4·2020年·单项选择题】制造产品所耗用的直接材料费用，应计入的会计账户为（　　）。

A. 生产成本——基本生产成本　　B. 生产成本——辅助生产成本

C. 制造费用　　D. 管理费用

【答案】A

【解析】本题考查成本计算和期间费用的检查。

凡属于制造产品所耗用的直接材料费用，应直接计入“生产成本——基本生产成本”科目（选项A正确）；凡属于辅助生产车间为进行产品生产而耗用的直接材料费用，应直接计入“生产成本——辅助生产成本”科目（选项B错误）。制造费用是指企业车间为生产产品和提供劳务而发生的各项间接费用（选项C错误）。管理费用是指企业的行政部门为管理组织经营活动提供各项支援性服务而发生的费用（选项D错误）。故选项A正确。

私教点拨

常见业务的会计处理及归集会计科目见表8-7。

表8-7　常见业务会计处理

业务	归集科目	分录
包装物押金	计入“其他应付款”	借：银行存款 　贷：其他应付款
包装物租金	计入“其他业务收入”	借：其他应收款 　贷：其他业务收入
现金折扣	于发生时计入“财务费用”	借：银行存款 　财务费用 　贷：应收账款
赞助支出	非广告类赞助支出计入“营业外支出”	借：营业外支出 　贷：银行存款
委托加工材料发生的加工费	计入“委托加工物资”	借：委托加工物资 　应交税费——应交增值税（进项税额） 　贷：银行存款

案例分析题专练

【例题1·2022年·案例分析题】

某医药制造企业，2021年的销售收入为3 000万元［1］，利润总额为200万元，部分账务处理如下： （1）管理费用支出为2 000万元，其中广告费为950万元［2］。 （2）向非金融企业借款500万元，支付的利息为40万元（金融企业同期同类贷款利率为5.8%）［3］，全部列入财务费用。 （3）通过中国红十字会向某贫困地区捐款20万元，赞助支出10万元；税收罚款支出5万元，税收滞纳金1万元［4］。 （4）企业当年购置安全生产专用设备50万元［5］，购置完毕即投入使用。假设该企业所得税税率为25%，不考虑其他因素。	**【审题过程】** ［1］抓取数据："销售收入为3 000万元"。医药制造发生的广告费支出，不超过当年销售收入的30%的部分准予扣除。 ［2］抓取数据："广告费"属于在税前准予扣除项目。 ［3］抓取数据："向非金融企业借款"按金融企业同期同类贷款利率计算。 ［4］抓取数据："公益性捐赠支出、赞助支出、罚款、滞纳金"，注意哪些可以税前扣除以及比例。 ［5］抓取数据："购置的安全生产专用设备"10%可以从企业当年的应纳税额中抵免。

根据以上资料，回答下列问题：

1. 可以在税前扣除的广告费为（　　）万元。

A. 450　　B. 900　　C. 60　　D. 90

2. 《企业所得税法》规定，企业购置并实际使用安全生产专用设备的，可以按设备投资额的一定比例抵免企业当年的应纳所得税额，则该企业至多可以抵免2021年的应纳所得税额为（　　）万元。

A. 5　　B. 50　　C. 10　　D. 15

3. 可以在企业所得税税前扣除的借款利息为（　　）万元。

A. 40　　B. 29　　C. 100　　D. 50

4. 可以在税前扣除的公益性支出为（　　）万元。

A. 24　　B. 40　　C. 30　　D. 20

5. 下列项目中，不可以在税前扣除的是（　　）。

A. 赞助支出　　B. 滞纳金　　C. 罚款　　D. 手续费

1. **【答案】**B

【解析】本题考查税前准予扣除项目的检查。

2025年12月31日之前，对化妆品制造或销售、医药制造和饮料制造（不含酒类制造）企业发生的广告费和业务宣传费支出，不超过当年销售（营业）收入30%的部分，准予扣除；超过部分，准予在以后纳税年度结转扣除。营业收入的 30%＝3 000×30%＝900（万元），当年的广告费实际发生额 950 万元超过了扣除限额，因此只能按照扣除限额（900 万元）在税前扣除。

2.【答案】A

【解析】本题考查购置专用设备投资抵免。

企业购置并实际使用环境保护、节能节水、安全生产等专用设备的，该专用设备投资额的 10% 可以从企业当年的应纳税额中抵免；当年不足抵免的，可以在以后 5 个纳税年度结转抵免。因此，该企业至多可以抵免 2021 年的应纳所得税额＝50×10%＝5（万元）。

3.【答案】B

【解析】本题考查超过规定标准项目的检查。

非金融企业向非金融企业借款的利息支出，不超过按照金融企业同期同类贷款利率计算的数额的部分，准予扣除。按照金融企业同期同类贷款利率计算的数额＝500×5. 8%＝29（万元）<40 万元，因此可以在企业所得税税前扣除的借款利息为 29 万元。

4.【答案】D

【解析】本题考查捐赠支出的稽查。

企业当年发生的及以前年度结转的公益性捐赠支出，不超过年度利润总额 12%的部分，准予在计算应纳税所得额时扣除；超过年度利润总额 12%的部分，准予以后 3 年内在计算应纳税所得额时扣除。可以在税前扣除的公益性支出限额＝200×12%＝24（万元），实际发生额小于可扣除的限额，因此按实际发生额 20 万元在税前扣除。

5.【答案】ABC

【解析】本题考查不得税前扣除项目的检查。

赞助支出、税收滞纳金、罚金、罚款和被没收财物的损失不可以在税前扣除。

【例题 2·2020 年·案例分析题】

甲企业为增值税一般纳税人，适用税率为 13%［1］，主要生产并销售 A 产品，A 产品的对外含税售价为每件 800 元，成本为每件 500 元。2×19 年 4 月，甲企业的有关财务资料如下。	**【审题过程】** ［1］抓取数据：适用 13%的增值税税率。
（1）销售产品 100 件给小规模纳税人，开具普通发票［2］。	［2］材料（1）中注意小规模纳税人和普通发票，要做**价税分离**。
（2）将自产产品 200 件捐赠给山区［3］。	［3］材料（2）中注意自产产品与捐赠，**视同销售**。
（3）销售产品 1 000 件给一般纳税人，同时收取包装物使用费 20 000 元。另外收包装物押金 10 000 元［4］，合同规定三个月后退回，款项已收到并送交银行。	［4］材料（3）中注意两笔款项，一笔为包装物使用费也就是包装物租金 20 000 元，一笔为包装物押金 10 000 元，要注意会计处理不同。
（4）企业从小规模纳税人处购进原材料，取得的普通发票［5］上注明金额 1 000 000 元。	［5］材料（4）中注意小规模纳税人与普通发票，金额需要**价税分离**。

根据以上资料，回答下列问题：

1. 甲企业销售产品给小规模纳税人，应做的账务处理为（　　）。

A. 贷记“主营业务收入”科目 800 000 元

B. 贷记“主营业务收入”科目 77 669.9 元

C. 贷记“主营业务收入”科目 70 796.46 元

D. 贷记“应交税费——应交增值税（销项税额）”科目 2 330.1 元

2. 甲企业将自产产品捐赠给山区，应做的账务处理为（　　）。

A. 贷记“主营业务收入”科目 160 000 元

B. 贷记“主营业务收入”科目 100 000 元

C. 贷记“应交税费——应交增值税（销项税额）”科目 272 000 元

D. 贷记“应交税费——应交增值税（销项税额）”科目 18 407.08 元

3. 甲企业收取的包装物使用费，应做的账务处理为（　　）。

A. 贷记“应交税费——应交营业税”科目 1 000 元

B. 贷记“应交税费——应交增值税（销项税额）”科目 2 600 元

C. 贷记“应交税费——应交增值税（销项税额）”科目 582.52 元

D. 贷记“应交税费——应交增值税（销项税额）”科目 2 300.88 元

4. 甲企业收取的包装物押金，应做的账务处理为（　　）。

A. 借记“银行存款”科目 10 000 元

B. 贷记“其他应付款”科目 10 000 元

C. 贷记“其他应付款”科目 8 300 元

D. 贷记“应交税费——应交增值税（销项税额）”科目 1 300 元

1. **【答案】** C

【解析】 本题考查增值税的计算与主营业务收入的确认。

一般纳税人销售商品给小规模纳税人，按一般销售处理，税率为 13%。应交税费（销项税额）=(800×100)÷(1+13%)×13%=9 203.54（元）。主营业务收入=80 000−9 203.54=70 796.46（元）。

借：应收账款　　80 000

　　贷：主营业务收入　　70 796.46

　　　　应交税费——应交增值税（销项税额）　　9 203.54

2. **【答案】** D

【解析】 本题考查视同销售的处理。

自产产品用于捐赠，作视同销售处理。应交税费=(800×200)÷(1+13%)×13%=18 407.08（元）。

借：营业外支出　　118 407.08

　　贷：库存商品　　100 000

　　　　应交税费——应交增值税（销项税额）　　18 407.08

3. **【答案】** D

【解析】本题考查包装物使用费的处理。

甲企业收取的包装物使用费属于价外费用，应并入销售额中计算增值税。包装物使用费的销项税＝20 000÷(1+13%)×13%＝2 300.88（元）。

借：银行存款　　20 000

　贷：应交税费——应交增值税（销项税额）　　2 300.88

　　其他业务收入　　17 699.12

4.【答案】AB

【解析】本题考查包装物押金的账务处理。

甲企业收取的包装物押金，应做的账务处理为：

借：银行存款　　10 000

　贷：其他应付款——包装物押金　　10 000

真题演练

一、单项选择题

1.（2021 年）下列关于企业现金折扣的处理，正确的是（　　）。

A. 可以冲抵销售收入　　B. 在实际发生时作为财务费用

C. 计入主营业务成本　　D. 不得在企业所得税税款中扣除

2.（2020 年）企业收取的包装物押金应计入的会计科目为（　　）。

A.“其他业务收入”　　B.“主营业务收入”　　C.“其他应收款”　　D.“其他应付款”

3.（2020 年）甲公司（增值税一般纳税人）2020 年 8 月从小规模纳税人处购进一批原材料，取得增值税普通发票，发票上注明价款 113 000 元，货款通过银行转账支付，其正确的账务处理为（　　）。

A. 借：原材料　　113 000

　　贷：银行存款　　113 000

B. 借：原材料　　100 000

　　应交税费——应交增值税（进项税额）　　13 000

　　贷：银行存款　　113 000

C. 借：原材料　　109 490

　　应交税费——应交增值税（进项税额）　　3 510

　　贷：银行存款　　113 000

D. 借：原材料　　113 000

　　贷：应付账款　　113 000

4.（2019 年）某企业在纳税检查中发现当期有一笔属于职工福利费的费用支出 10 000 元计入财务费用之中，对此应做的会计账务调整分录为（　　）。

A. 借：财务费用　　10 000

贷：银行存款 10 000

B. 借：应付职工薪酬 10 000

贷：银行存款 10 000

C. 借：应付职工薪酬 10 000

贷：财务费用 10 000

D. 借：财务费用 10 000

贷：应付职工薪酬 10 000

5. （2018 年）当发现漏记会计账目时，可以采用的账务调整方法为（　　）。

A. 红字冲销法　　B. 补充登记法

C. 综合账务调整法　　D. 反向记账法

6. （2016 年）税务机关对某企业进行纳税检查时，发现该企业将生产领用的原材料 5 000 元误记为 50 000 元，企业应做的账务调整为（　　）。

A. 红字借记“原材料” 5 000 元

B. 红字贷记“原材料” 5 000 元

C. 红字借记“原材料” 45 000 元

D. 红字贷记“原材料” 45 000 元

二、多项选择题

1. （2018 年）下列属于增值税一般纳税人应当在“应交税费”科目下设置的明细科目有（　　）。

A. 其他应收款　　B. 应交增值税

C. 待抵扣进项税额　　D. 代扣代缴增值税

E. 待认证进项税额

2. （2017 年）下列关于纳税检查的说法中，正确的有（　　）。

A. 纳税检查的主体是税务机关

B. 纳税检查的客体包括代扣代缴义务人

C. 直接从事生产、经营的纳税人的银行存款账户只需经税务所所长的批准

D. 直接从事生产、经营的纳税人的银行存款账户需凭全国统一格式的检查存款账户许可证明

E. 经县税务局局长批准，可以查询案件涉嫌人员的储蓄存款

三、案例分析题

（2019 年）某公司为增值税一般纳税人，生产并销售甲产品，适用增值税税率为 13%，2019 年 6 月有关涉税资料如下：（1）销售甲产品给小规模纳税人，价税合计收取 113 000 元，款项已收到。（2）销售甲产品给一般纳税人，取得不含税价款 200 000 元，税款 26 000 元。同时收取包装物押金 10 000 元。（3）从小规模纳税人处购进原材料，取得普通发票，发票上注明金额 50 000 元，款项以银行存款支付。（4）将自产甲产品用于本企业在建的职工食堂，该批产品的成本为 100 000 元，对

外不含税售价为 120 000 元。（5）向农业生产者购进免税农产品一批（不适用进项税额核定扣除法），支付收购价 30 万元，支付给运输单位运费 5 万元，取得相关的合法票据。本月下旬将购进农产品的 20%用于本企业职工福利。

根据以上资料，回答下列问题：

1. 该企业销售甲产品给小规模纳税人，正确的会计账务处理为（　　）。

A. 借：银行存款　113 000
　　贷：主营业务收入　113 000

B. 借：银行存款　113 000
　　贷：主营业务收入　100 000
　　　　应交税费——应交增值税（销项税额）　13 000

C. 借：银行存款　113 000
　　贷：主营业务收入　109 708. 73
　　　　应交税费——应交增值税（销项税额）　3 291. 27

D. 借：银行存款　113 000
　　贷：其他应付款　113 000

2. 该企业销售甲产品给一般纳税人所收取的包装物押金，正确的会计账务处理为（　　）。

A. 应通过“其他应付款”科目核算　　B. 应计算缴纳增值税

C. 应通过“主营业务收入”科目核算　　D. 应通过“其他业务收入”科目核算

3. 从小规模纳税人处购进的原材料，正确的会计账务处理为（　　）。

A. 借：原材料　50 000
　　应缴税费——应交增值税（进项税额）　6 500
　　贷：银行存款　56 500

B. 借：原材料　50 000
　　应缴税费——应交增值税（进项税额）　1 500
　　贷：银行存款　51 500

C. 借：原材料　44 247. 79
　　应缴税费——应交增值税（进项税额）　5 752. 21
　　贷：银行存款　50 000

D. 借：原材料　50 000
　　贷：银行存款　50 000

4. 企业将甲产品用于在建工程，正确的会计账务处理为（　　）。

A. 借：在建工程　100 000
　　贷：库存商品　100 000

B. 借：在建工程　120 000
　　贷：库存商品　120 000

C. 借：在建工程　115 600

贷：库存商品 100 000

应交税费——应交增值税（销项税额） 15 600

D. 借：在建工程 135 600

贷：库存商品 120 000

应交税费——应交增值税（销项税额） 15 600

5. 外购免税农产品应抵扣的进项税额为（ ）万元。

A. 2. 56　　B. 3. 00　　C. 2. 52　　D. 4. 55

真题演练答案及解析

一、单项选择题

1. 【答案】B

【解析】本题考查现金折扣的账务处理。

企业销售货物发生的现金折扣，正确的账务处理为折扣发生时借记“财务费用”科目。

故选项 B 正确。

2. 【答案】D

【解析】本题考查包装物押金的账务处理。

在将包装物押金并入销售额征税时，需要先将该押金换算为不含税价，再并入销售额征税，通过“其他应付款——包装物押金”科目的贷方发生额计算。故选项 D 正确。

3. 【答案】A

【解析】本题考查不得抵扣进项税的账务处理。

从小规模纳税人处购进原材料，开具的是普通发票，不同于增值税专用发票，不能抵扣进项税额，发票上的价款需全部计入原材料之中。故选项 A 正确。

4. 【答案】C

【解析】本题考查综合账务调整法的运用。

综合账务调整法一般运用于会计分录借贷方，有一方会计科目用错，而另一方会计科目正确的情况。正确的账务处理为：

借：应付职工薪酬 10 000

贷：财务费用 10 000

5. 【答案】B

【解析】本题考查补充登记法的运用。

补充登记法适用于漏记或错账所涉及的会计科目正确，但核算金额小于应计金额的情况。红字冲销法适用于会计科目用错或者会计科目正确但核算金额大于应计金额的情况。综合账务调整法一般适用于一方会计科目用错，而另一方会计科目没有错的情况，其调整方式为正确的一方不调整，错误的一方用错误科目转账调整，使用正确科目及时调整。

6. 【答案】D

【解析】本题考查红字冲销法的运用。

红字冲销法适用于会计科目用错及会计科目正确但核算金额大于应计金额的情况。正确的账务处理为：

借：生产成本　　　　　　　　　　　　45 000（红字）
　　贷：原材料　　　　　　　　　　　　45 000（红字）

二、多项选择题

1. 【答案】BCDE

【解析】本题考查应交税费的明细科目。

增值税一般纳税人应当在“应交税费”科目下设置“应交增值税”（选项B)、“未交增值税”“预缴增值税”“待抵扣进项税额”（选项C)、“待认证进项税额”（选项E)、“待转销项税额”“增值税留抵税额”“简易计税”“转让金融商品应交增值税”“代扣代缴增值税”（选项D）等明细科目。故选项BCDE正确。

2. 【答案】ABD

【解析】本题考查纳税检查的相关处理。

经县以上税务局（分局）局长批准，税务机关可凭全国统一格式的检查存款账户许可证明，查询从事生产、经营的纳税人、扣缴义务人在银行或其他金融机构的存款账户，选项C错误，选项D正确。税务机关在调查税收违法案件时，经设区的市、自治州以上税务局（分局）局长批准，可以查询案件涉嫌人员的储蓄存款。选项E错误。故选项ABD正确。

三、案例分析题

1. 【答案】B

【解析】本题考查一般纳税人销售货物的账务处理。

该企业销售甲产品给小规模纳税人，按照一般纳税人销售处理，适用税率为13%。

借：银行存款　　　　　　　　　　　　113 000
　　贷：主营业务收入　　　　　　　　　　100 000
　　　　应交税费——应交增值税（销项税额）　13 000

故选项B正确。

2. 【答案】A

【解析】本题考查包装物押金的账务处理。

企业销售产品，所收取的包装物押金应通过“其他应付款”科目进行核算。故选项A正确。

3. 【答案】D

【解析】本题考查不得抵扣进项税的账务处理。

小规模纳税人实行的是简易征收办法计算应纳税额，且开具的是普通发票，因此一般纳税人从小规模纳税人处购进原材料所形成的成本直接计入原材料。故选项D正确。

4.【答案】C

【解析】本题考查增值税视同销售的计算。

该企业将自产产品用于本企业集体福利项目，资产权属未发生改变，除按对外售价计算缴纳增值税外，不用计算销售收入所得税。销项税额＝120 000×13%＝15 600（元）。故选项C正确。

5.【答案】C

【解析】本题考查外购免税农产品的进项抵扣。

外购免税农产品应抵扣的进项税额＝(30×9%＋5×9%)×(1－20%)＝2.52（万元）。故选项C正确。

第九章　公债

本章考情 Q&A

Q：本章的重要性和难度如何？

A：本章属于非重点章节。

本章难度低，考点少，较易掌握。

从历年真题来看，每年考查的分值在 3~7 分。

Q：本章在考试中通常以什么形式出现？

A：从历年真题来看，本章知识点以单项选择题与多项选择题为主要考查形式，题目集中在公债制度、我国政府的直接债务和或有债务两个考点中。公债制度的考点较为细碎，需要一定的记忆。

Q：本章 2023 年的内容有改动么？

A：本章内容无实质性变动。

Q：本章考点在历年考试中的分布情况如何？

A：以下是老师们的统计：

考点	2022 年	2021 年	2020 年	2019 年	2018 年	2017 年	2016 年	2015 年	2014 年	2013 年
公债的含义						√				
公债制度	√	√	√	√	√	√	√	√	√	√
公债市场的功能		√								
我国政府的直接债务和或有债务	√		√	√	√	√	√			

经典例题

考点一　公债的含义

【例题・2017 年・单项选择题】下列关于公债的说法中，错误的是（　　）。

A. 公债是政府以债务人身份筹集的资金　　B. 公债是有偿的财政资金

C. 公债产生于近代资本主义社会　　D. 公债是调节宏观经济的重要工具

【答案】C

【解析】本题考查公债的基本概念。

公债是政府及政府所属机构以**债务人**的身份（选项 A 正确），按照国家法律的规定或合同的约定，同有关各方发生的特定的**债权债务关系**（选项 B 正确）。公债的产生要具备的基本条件：（1）财政支出需要；（2）社会闲置资金的存在。随着商品经济的发展，公债的存在越来越依赖于商品经济和信用经济的发展。一般认为，公债产生于**奴隶社会**（选项 C 错误）。公债已成为世界各国筹集财政资金的重要形式和调节宏观经济的重要工具（选项 D 正确）。本题要选出错误的选项，故选项 C 当选。

私教点拨

另涉及考点还包括公债产生的两个基本条件：

（1）财政支出的需要；

（2）社会闲置资金的存在。

考点二 公债制度

【例题 1·2021 年·单项选择题】将公债总额分为若干份，逐年按既定份额偿还的方法是（　　）。

A. 市场购销偿还法　B. 到期一次偿还法　C. 比例偿还法　D. 调换偿还法

【答案】C

【解析】本题考查公债的偿还制度。

比例偿还法，即将公债总额分为若干份，逐年按既定份额偿还。故选项 C 正确。

私教点拨

公债偿还制度分为资金来源、偿还方式、付息方式三个方面。

公债偿还的资金来源有三种：（1）预算安排；（2）设置偿债基金；（3）举借新债。

付息方式分为：（1）按期分次支付法；（2）到期一次支付法。

偿还方式的定义与名称是相对应的，梳理详见表 9－1。

表 9－1　偿还本金的方式

偿还方式	具体定义
市场购销偿还法	政府按照**市场价**从债券市场收回公债券，从而使公债免除
抽签偿还法	政府在发行公债时规定将定期**抽签**，分期分批予以偿还
比例偿还法	将公债总额**分为若干份**，逐年按既定份额偿还
到期一**次**偿还法	政府对发行的公债，实行在债权到期日按票面金额一**次**偿还本金和利息的办法
调换偿还法	政府发行新债券以偿还即将到期的旧债券（借新债还旧债）

【例题 2·2021 年·多项选择题】下列关于地方政府举借债务的说法中，正确的有（　　）。

A. 地方政府举借债务不能用于公益性资本支出

B. 地方政府举借债务需列入上级政府预算调整方案

C. 地方举借债务必须在国务院规定的限额内

D. 地方政府举借债务只能通过发行地方政府债券

E. 地方政府债务只能用于经常性支出

【答案】CD

【解析】本题考查地方政府举借债务的规定。

经国务院批准的省、自治区、直辖市的预算中必需的建设投资的部分资金，可以在**国务院确定的限额**内（选项 C 正确），通过发行**地方政府债券**举借债务的方式筹措（选项 D 正确），举借债务的规模，由国务院报全国人民代表大会或者全国人民代表大会常务委员会批准。省、自治区、直辖市依照国务院下达的限额举借的债务，列入**本级预算调整方案**（选项 B 错误），报本级人民代表大会常务委员会批准。举借的债务应当有偿还计划和稳定的偿还资金来源，只能用于**公益性资本支出，不得用于经常性支出**（选项 AE 错误）。故选项 CD 正确。

私教点拨

我国财政由省、市、县、乡**四级财政**组成，由于乡财政建立时间比较短，业务上对县级财政依赖性较强，财政管理水平也较低，所以一般认为地方公债的**管理权限至县级**比较合适。2014 年以前，地方政府无权发行公债，2014 年《预算法》修订后，**地方拥有**了发行地方债券的**权限**，但是规模必须受到**中央制约，限定于国务院确定的限额**。地方财政其本身的运行有配套的同级财政支持，故债务收入**不能用于经常性支出，只能用于公益性资本支出**，甚至有些国家还严格禁止将债务收入用于弥补财政赤字。**同级公债收入与同级财政预算共同管理**，有利于明确公债收入的使用方向，严格控制公债收入的支出。

【例题 3·2021 年·单项选择题】下列关于公债的说法中，错误的是（　　）。

A. 机构持有公债，可以减少公债销售环节

B. 个人持有公债，主要是为了储蓄

C. 中央银行不得持有公债

D. 商业银行持有公债，有助于公债一级市场的形成

【答案】C

【解析】本题考查公债持有者与公债市场制度。

公债的持有者包括中央银行、商业银行、非银行金融机构、政府机构、公司（企业）和个人。公债是中央银行在公开市场上最重要的操作工具（选项 C 错误）。允许商业银行参与公债市场是各市场经济国家的通行做法，不仅有利于其自身进行有效的资产管理，还有助于公债一级市场的形成（选项 D 正确）。机构持有公债，一方面可以减少公债销售的环节；另一方面由于机构持有公债的规模比个人大得多，对利率较为敏感，有助于降低公债的发行成本（选项 A 正确）。居民个人也是应

债资金的主要来源，鼓励居民购买公债，可以充分发挥公债吸收社会闲散资金、变个人消费资金为国家生产建设资金的作用，也为个人提供了一种理想的投资渠道（选项 B 正确）。

本题要选出错误的选项，故选项 C 当选。

私教点拨

公债的持有者及相关考点公债券流通详见表 9－2。

表 9－2　公债的持有者及流通

持有者	**中央银行**、商业银行、非银行金融机构、政府机构、公司（企业）和个人，**居民个人**也是应债资金的主要来源
流通	广义：公债券发行、转让和偿还的全过程
	狭义：仅指公债券在流通市场上的转让

【例题 4 · 2020 年 · 多项选择题】 公债发行原则主要包括（　　）。

A. 发行成本最小原则　　B. 发行有度原则　　C. 景气发行原则　　D. 支出弹性原则

E. 稳定市场秩序原则

【答案】 ABCE

【解析】 本题考查公债发行原则。

公债发行需要遵循一定的原则，公债发行主要包括以下原则：景气发行原则（选项 C 正确）、稳定市场秩序原则（选项 E 正确）、发行成本最小原则（选项 A 正确）、发行有度原则（选项 B 正确）。选项 D 为干扰项，故选项 ABCE 正确。

私教点拨

对公债发行原则的梳理，详见表 9－3。

表 9－3　公债发行原则

公债发行原则	具体定义
景气发行原则	发行公债应根据社会经济状况而定，必须有利于社会经济的稳定和发展
稳定市场秩序原则	发行公债不应导致证券市场的巨大波动，而是要维持债券市场价格的稳定
发行成本最小原则	证券的利息支出及其发行费用支出应尽量节约，最大限度地降低其筹集资金的成本
发行有度原则	公债发行量要适度，既要考虑财政资金运用的需要，也要考虑社会、居民的应债能力

【例题 5 · 2022 年 · 多项选择题】 下列各项中，属于公债发行方式的有（　　）。

A. 直接发行方式　　B. 间接发行方式

C. 承购包销方式　　D. 公募招标方式

E. 连续发行方式

【答案】ACDE

【解析】本题考查公债发行方式。

公债发行方式包括：

(1) 直接发行方式（选项 A 正确）。

(2) 承购包销方式（选项 C 正确）。

(3) 公募招标方式（选项 D 正确）。

(4) 连续发行方式（选项 E 正确）。

故选项 ACDE 正确。

私教点拨

公债发行方式作为公债发行考点的次考点也经常在客观题中考查，对公债发行方式的梳理，详见表 9－4。

表 9－4 公债发行方式

公债发行方式	具体内容
直接发行方式	发行主体直接向个人或机构投资者销售公债
承购包销方式	发行主体与承销人共同协商发行条件，签订承销合同，明确双方权益义务关系，由承销人向投资者分销
公募招标方式	通过金融市场公开招标、投标确定发行条件，是当今的主要发行方式
连续发行方式	发行主体不预先确定发行条件，而是委托发行网点和代理机构相机确定，且可随时调整发行条件，调节发行量

考点三 公债市场的功能

【例题·2021 年·多项选择题】公债市场的功能有（　　）。

A. 提高社会资金效率

B. 合理有效调节社会资金的运行

C. 实现公债的顺利发行

D. 解决经常性财政支出的不足

E. 实现公债的顺利偿还

【答案】ABCE

【解析】本题考查公债市场功能的内容。

公债市场的功能：

(1) 实现公债的顺利发行和偿还（选项 CE 正确）；

(2) 合理有效调节社会资金的运行，提高社会资金效率（选项 AB 正确）。

故选项 ABCE 正确。

私教点拨

公债市场是证券市场的一部分，可分为发行市场和流动市场，详见表 9－5。

表 9－5 公债市场

市场分类	定义
发行市场	又称一级市场或初级市场，为**发行**新债券提供销售场所，**国家**通过该市场从认购者手中筹集到所需资金
流通市场	又称二级市场，是公债交易的**第二阶段**，一般是**公债承购机构**与认购者之间的交易，包括公债持有者与政府或公债认购者之间的交易

考点四 我国政府的直接债务和或有债务

【例题·2022 年·多项选择题】 下列各项中，属于我国政府直接显性债务的有（　　）。

A. 养老保险资金不足

B. 乡镇财政债务

C. 欠发职工工资而形成的债务

D. 金融机构不良资产

E. 国有企业未弥补亏损

【答案】 BC

【解析】 本题考查我国政府债务的分类。

我国政府直接显性债务有：公债、欠发职工工资而形成的债务（选项 C）、粮食收购和流通中的亏损挂账、乡镇财政债务（选项 B）。选项 A 属于直接隐性债务。选项 DE 属于或有隐性债务。故选项 BC 正确。

私教点拨

直接债务、或有债务的分界在于是否肯定会发生；显性债务、隐性债务的分界在于数据是否精准。以社会保障资金缺口为例，社会保障资金必然会产生，如养老金，必然有老人；但是缺口数据无法精确统计，如我们无法预知在未来某一时刻有多少老人。债务类型的分类详见表 9－6。

表 9－6 我国政府的直接债务和或有债务

债务类型	具体债务
直接显性债务	**公债**、欠发**职工工资**而形成的债务、**粮食**收购和流通中的亏损挂账、**乡镇财政**债务
直接隐性债务	**社会保障资金缺口**所形成的债务
或有显性债务	政策性金融债权、长期建设公债
或有隐性债务	**金融机构**不良资产、**国有企业**未弥补亏损、对**供销社系统及对农村合作基金会**的援助

真题演练

一、单项选择题

1.（2022年）发行主体不预先确定发行条件，而是委托发行网点和代理销售机构相机确定，且可随时调整发行条件、调节发行流量的公债发行方式是（　　）。

A. 直接发行方式　　B. 承购包销方式

C. 公募招标方式　　D. 连续发行方式

2.（2019年）下列不属于或有隐性债务的是（　　）。

A. 国有企业未弥补亏损　　B. 金融机构不良资产

C. 对供销社系统及对农村合作基金会的援助　　D. 乡镇财政债务

3.（2018年）发行公债既要考虑到财政资金运用的需要，也要考虑到社会、居民的应债能力，所遵循的原则是（　　）。

A. 景气发行原则　　B. 稳定市场秩序原则

C. 发行成本最小原则　　D. 发行有度原则

4.（2016年）根据预算法，我国对地方政府发行公债管理权限的规定是（　　）。

A. 地方政府可自行发行公债

B. 地方政府发行公债的规模经国务院确定

C. 地方政府所属部门可根据实际情况发行公债

D. 地方公债用于解决本地区财政经费的不足

二、多项选择题

1.（2020年）下列选项中，属于公债偿还来源的有（　　）。

A. 通过预算安排　　B. 设置偿债基金

C. 举借新债　　D. 政府资金

E. 行政收费

2.（2018年）下列属于直接显性债务的有（　　）。

A. 公债　　B. 乡镇财政债务

C. 粮食收购和流通中的亏损挂账　　D. 欠发工资而形成的债务

E. 公债投资项目的配套资金

3.（2018年）下列属于公债发行方式的有（　　）。

A. 直接发行方式　　B. 承购包销方式

C. 公募招标方式　　D. 连续发行方式

E. 间接发行方式

4.（2017年）下列关于公债制度的说法中，正确的有（　　）。

A. 我国地方公债由四级组成

B. 发行有度是发行公债应遵循的原则之一

C. 商业银行持有公债是成熟的公债市场的主要目标之一

D. 居民个人也是应债资金的主要来源

E. 地方政府可以为国有企业的债务提供担保

真题演练答案及解析

一、单项选择题

1. 【答案】D

【解析】本题考查连续发行方式。

连续发行方式，即发行主体不预先确定发行条件，而是委托发行网点和代理销售机构相机确定，且可随时调整发行条件，调节发行流量。故选项 D 正确。

2. 【答案】D

【解析】本题考查债务分类。

直接显性债务包括公债、欠发职工工资而形成的债务、粮食收购和流通中的亏损挂账、乡镇财政债务（选项 D 正确）。

或有隐性债务包括金融机构不良资产（选项 B 错误）、国有企业未弥补亏损（选项 A 错误）、对供销社系统及农村合作基金会的援助（选项 C 错误）。故选项 D 正确。

3. 【答案】D

【解析】本题考查公债发行的适用原则。

发行有度原则，即公债发行量要适度，既要考虑到对财政资金运用的需要，也要考虑到社会、居民的应债能力，即所能筹集到的资金。故选项 D 正确。

4. 【答案】B

【解析】本题考查公债发行权限的规定。

地方政府发行公债的规模经国务院确定。故选项 B 正确。

二、多项选择题

1. 【答案】ABC

【解析】本题考查偿还公债资金来源。

各国政府用于偿还公债的资金来源主要有：(1) 通过预算安排（选项 A 正确）；(2) 设置偿债基金（选项 B 正确）；(3) 举借新债（选项 C 正确）。故选项 ABC 正确。

2. 【答案】ABCD

【解析】本题考查直接显性债务的具体类型。

直接显性债务包括：(1) 公债；(2) 欠发职工工资而形成的债务；(3) 粮食收购和流通中的亏损挂账；(4) 乡镇财政债务。故选项 ABCD 正确。

3. 【答案】ABCD

【解析】本题考查公债发行方式。

公债发行的方式包括：(1) 直接发行方式；(2) 承购包销方式；(3) 公募招标方式；(4) 连续发行方式。故选项 ABCD 正确。

4. 【答案】BCD

【解析】本题考查公债制度。

在我国四级财政中，乡 (镇) 财政建立时间比较短，业务上对县级财政依赖性较强，财政管理水平也较低，所以一般认为地方公债的发行管理权限应扩展到县一级比较合 (选项 A 错误)。各级政府、各部门、各单位不得违反规定举借债务或者为他人债务提供担保 (选项 E 错误)。故选项 BCD 正确。

第十章 政府预算理论与管理制度

本章考情 Q&A

Q：本章的重要性和难度如何？

A：本章属于**重点**章节，学好本章对通过考试意义重大。

本章难度较高，考点较集中，小部分分值有冷门考点。

从历年真题来看，每年考查的分值在 5~14 分。

Q：本章在考试中通常以什么形式出现？

A：从历年真题来看，本章知识点以单项选择题与多项选择题为主要考查形式。

Q：本章 2023 年的内容有改动么？

A：本章主要调整个别字词的表述，内容无实质性变动。

Q：本章考点在历年考试中的分布情况如何？

A：以下是老师们的统计：

考点	2022 年	2021 年	2020 年	2019 年	2018 年	2017 年	2016 年	2015 年	2014 年	2013 年
政府预算的含义和基本特征			√				√	√		
现代政府预算的多重研究视角	√									
政府预算管理中的共同治理	√			√	√	√	√	√	√	√
政府预算的决策程序		√	√		√	√	√		√	√
政府预算模式	√	√	√	√		√		√		√
政府预算的原则				√	√		√	√	√	
政府预算政策	√				√	√				
部门预算制度	√				√		√	√	√	
政府采购制度	√		√			√			√	
现代国库制度			√	√				√		√
政府预算绩效管理	√									√

经典例题

考点一 政府预算的含义和基本特征

【例题1·2020年·单项选择题】当社会总供给大于总需求时，政府预算的调控手段是（ ）。

A. 减少税收、增加支出的赤字政策　　B. 收入与支出平衡的中性政策

C. 增加收费、减少税收的收入政策　　D. 紧缩支出、增加税收的盈余政策

【答案】A

【解析】本题考查政府预算的调控作用。

政府预算的调控主要表现在逆周期调节，即通过预算收支规模的变动，调节社会总供给与总需求的平衡。当**社会总供给大于总需求**时，可以适当减少税收及扩大预算支出，采取支大于收的赤字政策进行调节，以增加社会总需求；选项A正确。

选项B适用于：社会供求总量平衡时。

选项D适用于：社会总需求大于总供给时。

选项C为干扰项，教材不涉及收入政策。

故选项A正确。

私教点拨

政府预算有如下含义：

（1）从形式上看，预算以政府财政收支计划的形式存在。

（2）从性质上看，经立法机关审批的预算是具有法律效力的文件。

（3）从内容上看，政府预算反映公共资源的分配和政府职能范围。

（4）从作用上看，政府预算是政府调控经济和社会发展的重要手段。政府预算的调控作用主要表现在逆周期调节。逆周期调节的主要内容如表10-1所示。

表10-1 逆周期调节的主要内容

主要手段	具体内容
通过预算收支规模的变动，调节社会总供给与总需求的平衡	当**社会总需求大于社会总供给**时，预算可采取**紧缩支出和增加税收**的办法，通过收大于支的**盈余政策**进行调节，以减少社会需求，使供求之间的矛盾得以缓解； 当**社会总供给大于社会总需求**时，可以适当**减少税收及扩大预算支出**，采取支大于收的**赤字政策**进行调节，以增加社会总需求； 当**社会供求总量平衡**时，预算可实行**收支平衡的中性政策**与之相配合，即预算调节经济的作用主要反映在收支规模和收支差额的调节上
通过预算机制引导公共资源配置	通过调整政府预算支出结构，调节国民经济和社会发展中的各种比例关系结构
公平社会分配	利用政府预算在财政分配中的中心地位，采取财政转移支付及财政补贴等手段，调节社会分配，调节中央与地方之间、地区之间、行业之间以及公民个人的收入分配

【例题 2 · 2021 年 · 单项选择题】 政府预算最鲜明的特征是（　　）。

A. 集中性　　B. 法律性

C. 预测性　　D. 综合性

【答案】 B

【解析】 本题考查政府预算的基本特征。

法律性是现代预算的鲜明特征。所谓法律性是指政府预算的收支形成和执行结果都要经过立法机关审查批准。政府预算按照一定的立法程序审批之后就形成反映国家财政资金来源规模、去向用途的法律性规范和约束政府收支行为的法律文件。故选项 B 正确。

私教点拨

对政府预算基本特征的梳理，详见表 10－2。

表 10－2　政府预算的基本特征

特征	定义
法律性	法律性是现代预算的**鲜明特征**。法律性是指政府预算的收支形成和执行结果都要经过立法机关审查批准
预测性	预测性是指政府通过编制预算可以对预算收支规模、收支来源和支出用途做出事先的设想和预测，也就是对预算年度的预算收入和支出的各项指标，进行科学的预测，使之与客观情况相符合
集中性	集中性是指预算资金作为集中性的政府财政资金，其收支规模、收入来源、支出去向、收支结构比例和预算平衡等状况，都由国家按照社会生产力水平、社会公共需要和政治经济形势的需要，从国家整体利益出发依法进行统筹安排，集中分配
综合性	综合性是指政府预算是各项财政收支的汇集点和枢纽，综合反映国家财政收支活动的全貌，反映政府活动的范围和方向，是国家的**基本财政收支计划**

考点二　现代政府预算的多重研究视角

【例题 · 2022 年 · 单项选择题】 政府预算要解决的主要是如何通过非市场化决策确定公共资源的配置问题，最为注重的是政府预算的配置和资金使用效率问题，是从（　　）视角研究的政府预算。

A. 政治学　　B. 经济学

C. 社会学　　D. 管理学

【答案】 B

【解析】 本题考查现代政府预算的多重研究视角。

政府预算要解决的主要是如何通过非市场化决策确定公共资源的配置问题，最为注重的是政府预算的配置和资金使用效率问题，是从经济学视角研究的政府预算。故选项 B 正确。

私教点拨

现代政府预算的多重研究视角，详见表 10 - 3。

表 10 - 3 现代政府预算的多重研究视角

研究视角	定义
经济学视角	经济学对政府预算的研究，最为**注重的是政府预算的配置和资金使用效率问题**。政府预算作为一种公共选择或集体选择的集中体现，所要**解决的主要是如何通过非市场化决策确定公共资源配置的问题**。**私人物品**主要通过**市场机制**来达到资源配置的最佳效率；**公共物品**需要通过一种**政治程序**来解决
政治学视角	从政治学角度研究的**重点在于预算过程的政治性本身**。它主要考察政治制度、政治行为与预算过程和结果之间的因果关系。**以政治决定为基础的调控政府经济活动的系统就是预算或预算制度**。其特别含义是：具有独立财产权利的纳税人，由于担负着政府的财政供给，就必然要求控制政府的财政，以政治、法律程序保证政府收支不偏离纳税人利益，保障纳税人的财产权利不受政府权力扩张的侵犯
法学视角	法学对政府预算的研究，主要从社会公众通过立法机构规范政府预算行为的角度出发，循着政府行为法治化的线索，考察法律对政府预算各利益相关主体间权利与义务关系的调节与规范。**具有法律权威的政府预算能直接规范、约束与控制政府的具体活动**，进而将政府行为和财政行为纳入法治化的轨道。**政府预算法治化是财政行为法治化的基本途径，是公共财政赖以存在的基本形式**
管理学视角	从管理学角度研究政府预算，主要**强调政府预算的功能性特征，即预算的控制、管理和计划等功能**。美国学者史蒂文·科恩与威廉·埃米克认为，对于公共管理者而言，预算是一把"**双刃剑**"，它既是一个控制手段，又是一个被控制的手段。每一个预算程序都要求公共管理者完成三个任务：①从组织所在的环境中获得资源；②在组织的从属单位中分配这些资源；③跟踪消费以确保资源分配获得关注。这种管理变革**要求将预算过程从支持政府公共行政资源配置的被动角色，转变为积极决定政府施政行为的有力工具**
社会学视角	社会学对政府预算的研究主要**强调预算与整个社会之间的互动关系，将预算放在整个社会大背景下展开讨论**。在公共预算改革进程中，社团的能动作用不容忽视。社团的普及可以唤醒和培育**公众的公共精神**，夯实公共预算改革的**群众基础**；社团的民间性和亲和力提高了**公众参与预算的热情和有效性**，使权利保障成为预算改革的导向；社团的**专业性和中立性监督并约束着权力的行使**，提高了公共预算的**科学性和公信力**

考点三 政府预算管理中的共同治理

【例题·2019 年·多项选择题】下列属于预算资金供给方的行为特征的有（　　）。

A. 可以为各方提供充分交换意见的平台

B. 具有委员会决策机制的特点

C. 有追求预算资金最大化的冲动

D. 具有双重委托—代理关系

E. 预算分配中有诱发设租寻租的可能

【答案】DE

【解析】本题考查预算资金供给方的行为特征。

预算资金供给方及其行为特征：

(1) 具有双重委托关系（选项 D 正确）；

(2) 政府预算管理活动有诱发设租和寻租收益的可能（选项 E 正确）。

选项 C 属于需求方的行为特征。

选项 AB 属于监督制衡方的行为特征。

故选项 DE 正确。

私教点拨

对“预算三方”的特征梳理，详见表 10－4。

表 10－4　预算三方的特征

关系方	特征	原理
需求方	总体上追求自身利益最大化	需求方是资金的使用方，那么以其立场来说，资金越多越好
	有追求预算规模最大化的内在冲动	
供给方	具有双重委托关系	接受监督方委托，代理资金需求方，所以是双重委托结构，又因其权力有可能引发腐败贪污
	政府预算管理活动中有诱发设租和寻租收益的可能	
监督制衡方	代表人民利益	监督制衡方为预算资金的最后屏障，要为人民站好最后一站岗，也要协调供给方与需求方的诉求，所以以委员会形式能更好协调各方，但是会增加协调的成本
	具有委员会决策机制的特点	
	面临偏好加总的困难以及组织协调的交易成本	

考点四　政府预算的决策程序

【例题 1·2020 年·多项选择题】政府预算的政治决策程序的强制性主要表现在（　　）。

A. 预算标准的强制性

B. 偏好表达的强制性

C. 投票规则的强制性

D. 政策意志的强制性

E. 决策结果的强制性

【答案】BCDE

【解析】本题考查政府预算决策的强制性概念。

政府预算的政治决策程序具有强制性：

(1) 偏好表达的强制性（选项 B 正确）；

(2) 投票规则的强制性（选项 C 正确）；

(3) 政策意志的强制性（选项 D 正确）；

(4) 决策结果的强制性（选项 E 正确）。

故选项 BCDE 正确。

私教点拨

政府预算决策程序的实质是对公共偏好的选择。政府预算决策的对象和强制性的表现，详见表 10－5。

表 10－5 政府预算决策的对象和强制性的表现

项目	主要内容
政府预算决策的对象是公共偏好	(1) 预算决策是对公共偏好的选择； (2) 公共偏好以个人为评价基础； (3) 公共偏好**采取政治程序**决策
政府预算的政治决策程序具有强制性的表现	(1) 偏好表达的强制性； (2) 投票规则的强制性； (3) 政策意志的强制性； (4) 决策结果的强制性

【例题 2·2018 年·单项选择题】 下列不属于优化政府预算决策路径的是（　　）。

A. 适当以市场化方式弥补预算决策政治缺陷

B. 明确权力边界，建立制衡机制

C. 以民主改进政治决策程序

D. 按照法定程序编制预算草案

【答案】 D

【解析】 本题考查政府预算决策的优化路径。

优化政府预算决策程序的路径：

(1) 以民主方式改进政治程序（选项 C 正确）：

①增加公众表达意愿、参与社会选择的机会；

②提高政府预算决策的透明度。

(2) 适当以市场化方式弥补预算决策政治缺陷（选项 A 正确）。

(3) 明确权力边界，建立制衡机制（选项 B 正确）：

①制定决策标准，减少动机决策权；

②建立制衡机制，避免权力过分集中。

本题要选出“不属于”的选项，故选项 D 当选。

私教点拨

对优化政府预算决策程序路径的梳理，详见表10-6。

表10-6　政府预算决策程序优化路径

路径	手段
以民主方式改进政治程序	增加公众表达意愿、参与社会选择的机会
	提高政府预算决策的透明度
适当以市场化方式弥补预算决策政治缺陷	
明确权力边界，建立制衡机制	制定决策标准，减少动机决策权
	建立制衡机制，避免权力过分集中

考点五　政府预算模式

【例题1·2019年·单项选择题】按照政府预算编制的结构划分，政府预算编制模式分为（　　）。

A. 单式预算和复式预算　　B. 投入预算和绩效预算

C. 基数预算和零基预算　　D. 年度预算和多年预算

【答案】A

【解析】本题考查政府预算编制模式的分类。

按政府预算编制的结构划分，政府预算编制模式可分为单式预算和复式预算。故选项A正确。

私教点拨

政府主要预算模式类型梳理，详见表10-7。

表10-7　政府主要预算模式

划分依据	预算模式	预算特点
按政府预算编制的结构	单式预算	全部预算收支汇集编入一个总预算中
	复式预算	典型形式是双重预算，即经常预算和资本预算。 最早实行复式预算的国家是丹麦、瑞典，后来英国、法国、印度等国陆续采用
按政府预算编制的方法	基数预算	以上年度预算收支作为编制预算的依据
	零基预算	防止出现预算收支结构僵化和财政拖累
按政府预算编制的政策导向	投入预算	限制资金在不同预算项目间的转移
	绩效预算	在成本效益分析基础上确定支出预算。 早期的绩效预算更强调产出，新绩效预算则更强调支出的最终结果
按政府预算编制的时间跨度	年度预算	实际经历时间为一年，分为历年制和跨历年制
	多年预算	通常为3至5年滚动编制

【例题2·2022年·多项选择题】下列不属于我国政府全口径预算体系的是（　　）。

A. 社会保障基金预算　　B. 一般公共预算

C. 政府性基金预算　　D. 国有资本经营预算

【答案】A

【解析】本题考查我国政府全口径预算体系。

我国政府全口径预算体系包括：一般公共预算（选项B）、政府性基金预算（选项C）、国有资本经营预算（选项D）、社会保险基金预算。选项A“社会保障基金预算”的说法有误，故选项A当选。

私教点拨

我国政府全口径预算包括：一般公共预算、政府性基金预算、国有资本经营预算和社会保险基金预算。我国政府全口径预算的内容，详见表10-8。

表10-8　我国政府全口径预算

预算类型	具体内容
一般公共预算	支出重点主要集中于政权建设、事业发展、公共投资及分配调节
政府性基金预算	主要特征： （1）政府性基金预算的收入只能是依照法律、行政法规规定组织。 （2）政府性基金预算的收入来源包括向特定对象征收、收取或者以其他方式筹集。 （3）具有专款专用的特征。 （4）政府性基金一般应有一定的存续期限
国有资本经营预算	（1）以收定支，**不列赤字**。 （2）国有资本预算的范围包括自然垄断行业和一般竞争性领域的经营性企业的国有资产。与一般公共预算相比，目前国有资本经营预算的收支规模还很小。 （3）国有资本预算收入为各级国企上缴的国有资本收益，主要包括：**国有独资企业按规定上缴国家的利润；国有控股、参股企业国有股权（股份）获得的股利、股息；企业国有产权（含国有股份）转让收入；国有独资企业清算收入（扣除清算费用），以及国有控股、参股企业国有股权（股份）分享的公司清算收入（扣除清算费用）；其他收入**。 （4）国有资本预算支出分为：①**补充公共财政**，即调入一般公共预算和补充全国社会保障基金。②费用性支出，即解决国有企业历史遗留问题及相关改革成本支出。③资本性支出，即国有企业资本金注入
社会保险基金预算	（1）我国目前编制的社会保险基金预算属于一种**窄口径（即不包括社会福利与社会救济）**的社会保障预算，待条件成熟再向社会保障预算过渡。 （2）**社会保险基金预算收入**。社会保险基金预算收入来源包括三条渠道：社会保险缴款、一般公共预算安排资金以及其他方式筹集的资金。 （3）**社会保险基金预算支出**。社会保险基金预算支出是专项用于社会保险的支出，专款专用，不得用作其他用途。具体包括各项社会保险待遇支出、转移支出、补助下级支出、上解上级支出和其他支出

【例题3·2017年·多项选择题】国际上，社会保障的预算编制模式主要有（ ）。

A. 基金预算
B. 政府公共预算
C. 一揽子社会保障预算
D. 资本预算下的二级预算
E. 公共预算下的二级预算

【答案】ABCE

【解析】本题考查社会保障预算编制的国际模式。

从国际上看，目前有关社会保障预算编制的模式大致有四种：（1）基金预算（选项A正确）；（2）政府公共预算（选项B正确）；（3）一揽子社会保障预算（选项C正确）；（4）政府公共预算下的二级预算（选项E正确），即半独立性质预算。资本预算属于复式预算的分类（选项D错误）。故选项ABCE正确。

私教点拨

社会保障预算编制的模式，详见表10-9。

表10-9 社会保障预算编制的模式

编制模式	具体内容	优点	缺点
基金预算	美国、新加坡等国的社会保障事业的财务状况以基金形式来反映，不包括在政府公共预算之内。社会保险是其最大的信托基金，包括养老保险、医疗保险、失业保险等项目	独立于政府预算之外，接受社会公众的监督，其运营均依法进行，透明度高，政府参与的程度小，有利于财政运行	政府有可能失去对社会保障事业的控制，使其成为独立性很强的单纯的社会福利事业
政府公共预算	将社会保障资金全部纳入政府公共预算内，同政府其他收支混为一体，国家全面担负起社会保障事业的财政责任。英国、瑞典等国家实行的是这种模式	可以切实保障每一位公民的基本生活，体现了较高的福利水平；社会保障支出体现了政府的政策，政府能够控制社会保障事业的进程，直接参与其具体的管理工作	政府参与过多，在“福利支出刚性”的影响下，容易给财政造成较大负担
一揽子社会保障预算	将政府一般性税收收入安排的社会保障性支出、各项社会保障基金收支、社会筹集的其他社会保障资金收支、社会保障事业单位的收入等作为有机的整体，编制涵盖内容全面的一揽子社会保障资金预算	能够全面反映社会保障资金收支情况和资金规模，以及结余投资和调剂基金的使用情况，体现了国家整体的社会保障水平，可以对社会保障的资金需求做出全面、统一的安排，有利于社会保障事业协调发展，有利于减轻财政负担	涉及部门利益的重新调整，实施难度很大；具体编制方法比较复杂
政府公共预算下的二级预算	在编制政府公共预算时，将社会保障资金收支单独划出来，编制一个子预算	较政府公共预算模式有了一定的独立性，能够相对完整地反映社会保障资金收支情况	未根本触动原有社会保障基金管理体制的弊端，容易使社会保障预算的编制流于形式

考点六 政府预算的原则

【例题·2019 年·单项选择题】下列属于早期的预算原则更加注重的是（　　）。

A. 功能性　　B. 周密性　　C. 控制性　　D. 公开性

【答案】C

【解析】本题考查早期的预算原则。

预算原则是伴随着现代预算制度的产生而产生的，并且随着社会经济和预算制度的发展变化而不断变化。**早期**的预算原则比较**注重控制性**。故选项 C 正确。

私教点拨

预算的原则是国家选择预算形式和体系的指导思想，是一国预算立法、编制及执行时所必需的遵循。预算原则是伴随着现代预算制度的产生而产生的，并且随着社会经济和预算制度的发展变化而不断变化。政府预算的原则，详见表 10－10。

表 10－10　政府预算的原则

阶段	具体内容
早期的预算原则	早期的预算原则比较**注重控制性**，即将预算作为监督和控制政府的工具，而后随着财政收支内容的日趋复杂，开始强调预算的周密性，即注重研究预算技术的改进。自功能预算理论发展后，政府预算的功能趋于多样化，由此，预算原则又更注重发挥预算的功能性作用，即正确合理地运用预算功能来实现国家的整体利益
现代预算原则	现代预算原则：公开性、可靠性、完整性、统一性、年度性。 其中，年度性是指经立法机关审批的政府预算的编制、执行、决算这一完整的工作程序是周期性进行的，通常为 1 年。预算年度有历年制和跨年制两种形式：历年制是按公历计，即每年的 1 月 1 日起至 12 月 31 日止；跨年制是指一个预算年度跨越两个日历年度。实行历年制的国家主要有中国、俄罗斯、法国、德国、意大利、西班牙、葡萄牙、墨西哥、巴西等

现代预算原则可以用口诀记忆：功课一年完。对应关系如下：
功（公）：**公**开性；课（可）：**可**靠性；一：统一性；年：**年**度性；完：**完**整性。

考点七 政府预算政策

【例题·2018 年·单项选择题】政府以繁荣年份的财政盈余补偿萧条年份的财政赤字，从而达到维持和稳定经济目的的预算政策是（　　）。

A. 功能财政预算政策　　B. 预算平衡政策

C. 周期平衡预算政策　　D. 充分就业预算平衡政策

【答案】C

【解析】本题考查周期平衡预算政策。

周期平衡预算政策是美国经济学家阿尔文·汉森提出的，是指财政应从经济周期波动的整个周期来考察预算收支的平衡，即应在**一个完整的经济周期内**保持收支平衡，而不是在某一个特定的财政年度或一个日历时期内保持平衡（选项 C 正确）。

故选项 C 正确。

私教点拨

对政府预算政策的梳理，详见表 10－11。

表 10－11　政府预算政策

政策名称	经济学家	定义	记忆方法
健全财政政策	亚当·斯密 巴斯坦布尔	主张尽量节减政府支出，力求保持年度预算收支的平衡，并以此作为衡量财政是否健全的标志	尽量少花钱
功能财政政策	勒纳	政府不应只保持健全财政的观点，还应当运用财政支出、税收、债务等作为调节经济的重要工具，即应以财政措施实施的后果对宏观经济所产生的作用为依据来安排政府的预算收支	钱要用到实处
周期平衡预算政策	阿尔文·汉森	财政应从经济周期波动的整个周期来考察预算收支的平衡，即应在一个完整的经济周期内保持收支平衡，而不是在某一个特定的财政年度或一个日历时期内保持平衡	不能短期看
充分就业预算平衡政策	—	按充分就业条件下估计的国民收入规模来安排预算收支，以此达到预算平衡	充分就业是前提
预算平衡政策	自由主义经济学家	针对凯恩斯主义的赤字预算理论存在的问题，提出应重新确立预算收支平衡原则，有效地控制政府支出	不应增加赤字干预经济，应该谋求平衡

考点八　部门预算制度

【例题 1·2018 年·多项选择题】下列属于部门预算原则的有（　　）。

A. 合理性原则　　B. 公平性原则

C. 真实性原则　　D. 完整性原则

E. 科学性原则

【答案】CDE

【解析】本题考查部门预算的原则。

部门预算的原则包括：（1）合法性原则；（2）真实性原则（选项 C 正确）；（3）完整性原则（选项 D 正确）；（4）科学性原则（选项 E 正确）；（5）稳妥性原则；（6）重点型原则；（7）透明性原则；（8）绩效性原则。

故选项 CDE 正确。

私教点拨

记忆口诀：完整合法，科学真实，重点稳妥，绩效透明。

【例题 2·2016 年·多项选择题】下列原则中，属于基本支出预算的编制原则的是（　　）。

A. 综合预算的原则

B. 成本效益的原则

C. 优先保障的原则

D. 追踪问效的原则

E. 定员定额管理的原则

【答案】ACE

【解析】本题考查部门预算基本支出预算的编制原则。

基本支出预算的编制原则包括：（1）综合预算的原则（选项 A 正确）；（2）优先保障的原则（选项 C 正确）；（3）定员定额管理的原则（选项 E 正确）。

选项 D 属于项目支出预算的编制原则。选项 B 教材不涉及这个原则。

故选项 ACE 正确。

私教点拨

我国政府预算支出的项目较多，按支出的管理要求划分，可分为**基本支出预算和项目支出预算**。**基本支出预算和项目支出预算的**编制原则详见表 10－12。

表 10－12　基本支出预算和项目支出预算的编制原则

分类	编制原则
基本支出预算	综合预算的原则、优先保障的原则、定员定额管理的原则
项目支出预算	综合预算的原则、科学论证、合理排序的原则、追踪问效的原则

考点九　政府采购制度

【例题 1·2022 年·单项选择题】市场经济运行和政府采购的基本原则是（　　）。

A. 公开透明原则

B. 公平竞争原则

C. 诚实信用原则

D. 讲求绩效原则

【答案】B

【解析】本题考查政府采购的原则。

公平竞争原则是市场经济运行和政府采购的基本原则。故选项 B 正确。

私教点拨

世界各国在长期的采购实践中一般遵循如下原则：竞争原则、公开原则、公平原则。我国政府采购的基本原则详见表 10－13。

表 10－13　我国政府采购的基本原则

原则	具体内容
公开透明原则	政府采购的有关信息、法律、政策、程序以及采购过程都要公开。对公众而言，公开的关键就是政府采购活动信息具有较高透明度，符合**全面性、合法性、最新性、易得性和易解性标准**
公平竞争原则	要求给予每一个参加竞争的合格的投标商均等的机会，使其享有同等的权利并履行同等的义务，不歧视任何一方。**公平竞争原则是市场经济运行的基本法则，也是政府采购的基本规则**
公正原则	采购方及其代理人相对于作为投标人、潜在投标人的若干供应商而言，应当站在公允的立场上，对所有的供应竞争者都应当平等对待。为了确保政府采购活动中的公正原则，《政府采购法》建立了**回避制度**。《政府采购法实施条例》进一步明确，在政府采购活动中，采购人员及相关人员与供应商有下列利害关系之一的，**应当回避**：①参加采购活动前 3 年内与供应商存在劳动关系。②参加采购活动前 3 年内担任供应商的董事、监事。③参加采购活动前 3 年内是供应商的控股股东或者实际控制人。④与供应商的法定代表人或者负责人有夫妻、直系血亲、三代以内旁系血亲或者近姻亲关系。⑤与供应商有其他可能影响政府采购活动公平、公正进行的关系
诚实信用原则	诚实信用原则是民事活动的基本原则，同样适用于政府采购活动
讲求绩效原则	根据部门预算绩效目标合理确定采购需求、采购计划和采购合同，提升财政支出绩效水平

【例题 2·2017 年·单项选择题】政府采购方式中，适用于紧急情况或涉及高科技应用产品和服务的采购方式是（　　）。

A. 单一来源采购　　B. 竞争性谈判采购　　C. 公开招标采购　　D. 国内或国外询价采购

【答案】B

【解析】本题考查政府采购的方式。

单一来源采购，即直接采购、无竞争采购，是指达到了竞争性招标采购的金额标准，但所购商品的来源渠道单一，或属专利、首次制造、合同追加、原有项目的后续扩充等特殊情况，只能由一家供应商供货（选项 A 错误）。

竞争性谈判采购，是指采购主体通过与多家供应商谈判，最后决定中标的方法。适用于紧急情况或涉及高科技应用产品和服务的采购（选项 B 正确）。

公开招标采购，是指通过公开程序，邀请所有有兴趣的供应商参加招标（选项 C 错误）。

国内或国外询价采购，也称"货比三家"，是指采购单位向国内或国外有关供应商发出询价单，在其报价的基础上进行比较，然后确定中标者的方法（选项 D 错误）。

故选项 B 正确。

私教点拨

政府采购的基本方式详见表 10－14。

表 10－14 政府采购的基本方式

采购方式分类	具体招标方法	定义
招标采购	公开招标采购	通过公开程序，邀请所有有兴趣的供应商参加招标
	选择性招标采购	邀请供应商提供资格文件，只有通过资格审查的供应商才能参加后续招标；或者通过公开程序，确定特定采购项目在一定期限内的候选供应商，作为后续采购活动的对象
	限制性招标采购	预先不通过刊登公告程序，直接邀请一家或两家以上的供应商参加招标
非招标采购	单一来源采购	即直接采购、无竞争采购，是指达到了竞争性招标采购的金额标准，但所购商品的来源渠道单一，或属专利、首次制造、合同追加、原有项目的后续扩充等特殊情况，只能由一家供应商供货
	竞争性谈判采购	采购主体通过与多家供应商谈判，最后决定中标的方法。适用于紧急情况或涉及高科技应用产品和服务的采购
	国内或国外询价采购	采购单位向国内或国外有关供应商发出询价单，在其报价的基础上进行比较，然后确定中标者的方法

考点十 现代国库制度

【例题 1·2019 年·单项选择题】 可以极大地提高资产负债管理的效率和效益的措施是（　　）。

A. 公债管理与财政直接支付相结合

B. 公债管理与财政授权支付相结合

C. 公债管理与国库集中收付相结合

D. 公债管理与国库现金管理相结合

【答案】 D

【解析】 本题考查公债管理制度。

公债管理是现代国库管理制度负债管理职能的重要体现，它与国库现金管理密切配合，可以大大提高资产负债管理的效率和效益。故选项 D 正确。

私教点拨

现代国库管理制度的核心内容只有集中收付管理、公债管理和国库现金管理。集中收付管理是现代国库管理的基本制度，起到形成一个单一账户的作用，就像在银行开设银行账户一般。而公债管理是负债方，类似贷款；国库现金管理则是资产方，类似理财投资。一方面贷款延长资金使用时间，提高资金灵活度；另一方面投资增加财政收入。故公债管理与国库现金管理相结合可以大大提高资产负债管理的效率和效益。

【例题2·2013年·多项选择题】公债余额管理包括（　　）。

A. 公债限额管理
B. 国债全额管理
C. 预算差额管理
D. 公债发行额管理
E. 国债储备额管理

【答案】AC

【解析】本题考查公债管理的内容。

各国对公债规模的控制分为公债发行额管理（选项D错误）和公债余额管理两种，公债余额管理又分为公债限额管理（选项A正确）和预算差额管理（选项C正确）两种。选项BE为干扰项，故选项AC正确。

私教点拨

公债发行额管理与公债余额管理顾名思义，一个在发行端源头控制公债数量，一个在总量上控制公债的数量。公债余额管理又分为公债限额管理与预算差额管理：

公债限额管理：立法机关为政府发行公债设置一个额度限制，在此限额内，政府自行决定公债发行品种、时间和发行方式。

预算差额管理：立法机关每年审批预算赤字或预算盈余，即公债规模的增量或减量，不审批公债的借新还旧部分。

考点十一 政府预算绩效管理

【例题·2022年·多项选择题】下列选项中，属于政府预算绩效管理前提的有（　　）。

A. 建立预算绩效管理的制度和组织保障
B. 强化部门管理者的责任
C. 构建绩效评价框架体系
D. 赋予部门管理者充分的自主权
E. 以收付实现制计量政府成本

【答案】ABCD

【解析】本题考查预算绩效管理的前提。

政府预算绩效管理的前提包括五大部分：

（1）构建绩效评价框架体系，选项C正确；

（2）赋予部门管理者充分的自主权，选项D正确；

（3）强化部门管理者的责任，选项B正确；

（4）以权责发生制计量政府成本；

（5）建立预算绩效管理的制度和组织保障，选项A正确。

故选项ABCD正确。

私教点拨

政府预算绩效管理的前提详见表10－15。

表10－15 政府预算绩效管理的前提

项目	主要内容
政府预算绩效管理的前提	(1) 构建绩效评价框架体系； (2) 赋予部门管理者充分的自主权； (3) 强化部门管理者的责任； (4) 以权责发生制计量政府成本； (5) 建立预算绩效管理的制度和组织保障
我国政府全面实施预算绩效管理的三个维度	(1) 构建全方位预算绩效管理格局； (2) 建立全过程预算绩效管理链条； (3) 完善全覆盖预算绩效管理体系

真题演练

一、单项选择题

1. (2022年) 提出财政预算应在一个完整的经济周期内保持收支平衡的理论的经济学家是（　　）。

A. 瓦格纳　　B. 亚当·斯密　　C. 凯恩斯　　D. 阿尔文·汉森

2. (2022年) 全面实施绩效管理的三个维度不包括（　　）。

A. 构建全方位预算绩效管理格局

B. 建立全过程预算绩效管理链条

C. 完善全覆盖预算绩效管理体系

D. 健全全方位预算绩效标准体系

3. (2021年) 政府对公共偏好的选择，一般采用的程序是（　　）。

A. 政治程序　　B. 法律程序　　C. 组织程序　　D. 个人程序

4. (2021年) 新绩效预算与早期绩效预算不同的是（　　）。

A. 新绩效预算更强调支出的最终结果

B. 新绩效预算更强调产出速度

C. 新绩效预算更强调产出数量

D. 新绩效预算更强调产出质量

5. (2020年) 最早实行复式预算的国家有（　　）。

A. 丹麦　　B. 印度　　C. 英国　　D. 法国

6. (2020年) 政府预算决策的对象是（　　）。

A. 公共偏好　　B. 依据合法　　C. 程序合理　　D. 政府需要

7. (2020年) 下列关于预算模式的说法中，属于投入导向预算模式的典型特征的是（　　）。

A. 全部预算收支汇集编入一个总预算中

B. 以上年度预算收支作为编制预算的依据

C. 限制资金在不同预算项目间的转移

D. 在成本效益分析基础上确定支出预算

8. (2020 年) 我国政府采购法对政府采购主体所做的界定中不包括 (　　)。

A. 国家机关　　B. 事业单位　　C. 社会团体　　D. 国有企业

9. (2020 年) 现代国库管理的基本制度是 (　　)。

A. 财政收入的收纳制度　　B. 财政收入的划分和报解办法

C. 库款的支拨程序　　D. 国库的集中收付管理

10. (2018 年) 在预算资金监督制衡方的行为特征中，最基本的特征是 (　　)。

A. 面临各种偏好加总的困难　　B. 面临组织协调的交易成本

C. 代表人民的利益　　D. 具有委员会决策机制的特点

11. (2017 年) 有利于防止预算收支结构僵化的预算编制模式是 (　　)。

A. 单式预算　　B. 复式预算　　C. 基数预算　　D. 零基预算

12. (2017 年) 用基金预算模式编制社会保障预算的缺点是 (　　)。

A. 政府有可能失去对社会保障事业的控制，使其成为独立性很大的单纯的社会福利事业

B. 容易使社会保障预算的编制流于形式

C. 涉及部门利益的重新调整，实施难度很大

D. 政府参与过多，在“福利支出刚性”的影响下，易于给财政造成较大的负担

13. (2017 年) (　　) 主张政府不应干预经济，不应把预算收支作为干预经济的工具。

A. 健全财政政策　　B. 功能财政预算政策

C. 周期平衡预算政策　　D. 预算平衡政策

14. (2017 年) 政府预算资金需求方的行为特征是 (　　)。

A. 有追求预算规模最大化的内在冲动

B. 具有双重委托—代理关系

C. 有诱发设租寻租收益的可能

D. 面临偏好加总的困难以及组织协调的交易成本

15. (2016 年) 就预算年度来说，属于历年制的是 (　　)。

A. 1 月 1 日至 12 月 31 日　　B. 4 月 1 日至次年 3 月 31 日

C. 7 月 1 日至次年 6 月 30 日　　D. 10 月 1 日至次年 9 月 30 日

16. (2016 年) 当社会总供给小于总需求时，政府预算的调控手段是 (　　)。

A. 紧缩支出，增加税收的盈余政策

B. 减少税收，增加支出的赤字政策

C. 增加收费，减少税收的收入政策

D. 收入与支出的平衡的中性政策

17. (2016 年) 下列关于部门预算编制范围的说法中，正确的是 (　　)。

A. 部门预算只包括预算内资金　　B. 部门预算只包括财政性资金

C. 部门预算按财政资金性质归口管理　D. 不同性质来源的资金统一编入部门预算

18.（2015 年）就其性质来说，行政事业性国有资产更适于纳入（　　）。

A. 一般公共预算　B. 政府性基金预算

C. 国有资本经营预算　D. 社会保险基金预算

19.（2014 年）部门预算编制首先要保证基本支出需要，体现的原则是（　　）。

A. 合法性原则　B. 科学性原则　C. 稳妥性原则　D. 重点性原则

二、多项选择题

1.（**2023 年新增例题**）预算管理一体化的主要内容包括（　　）。

A. 全国政府预算机构的一体化　B. 各部门预算管理的一体化

C. 预算全过程管理的一体化　D. 预算项目全生命周期管理的一体化

E. 全国预算数据管理的一体化

2.（**2023 年新增例题**）为了实现预算管理一体化，财政部组织制定了全国统一的《预算管理一体化规范》，建立健全了一系列预算管理机制，其中包括（　　）。

A. 建立健全预算项目全生命周期管理机制

B. 建立健全统一的财政预算管理要素管理机制

C. 建立健全上下级财政间预算管理衔接机制

D. 建立健全各项目预算衔接机制

E. 建立健全预算指标账管理机制

3.（**2023 年新增例题**）《预算管理一体化规范》涵盖了（　　）等内容。

A. 基础信息管理　B. 项目库管理

C. 预算资金筹措　D. 预算批复

E. 预算调整和调剂

4.（2022 年）下列各项中，不属于部门预算原则的有（　　）。

A. 合理性原则　B. 公平性原则　C. 绩效性原则　D. 完整性原则

E. 重点性原则

5.（2017 年）全口径预算管理体系中的一般公共预算支出的重点应集中于（　　）。

A. 政权建设　B. 事业发展　C. 公共投资　D. 社会保障

E. 分配调节

6.（2015 年）预算资金供给方的行为特征包括（　　）。

A. 有追求预算资金最大化的冲动

B. 具有双重委托—代理关系

C. 可以为各方提供充分交换意见的平台

D. 具有委员会决策机制的特点

E. 预算分配中有诱发设租寻租收益的可能

真题演练答案及解析

一、单项选择题

1. 【答案】D

【解析】本题考查政府预算政策。

20 世纪 40 年代，美国经济学家阿尔文·汉森提出了周期平衡预算政策。故选项 D 正确。

2. 【答案】D

【解析】本题考查全面实施绩效管理的三个维度。

全面实施绩效管理的三个维度包括：(1) 构建全方位预算绩效管理格局；(2) 建立全过程预算绩效管理链条；(3) 完善全覆盖预算绩效管理体系。不包括选项 D，故选项 D 当选。

3. 【答案】A

【解析】本题考查政府预算决策程序的实质。

政府预算决策的对象是公共偏好，公共偏好采取政治程序决策。故选项 A 正确。

4. 【答案】A

【解析】本题考查新绩效预算的概念。

新绩效预算与 20 世纪 50 年代于美国兴起的绩效预算的相同之处在于，二者都强调预算支出的绩效；区别在于，早期的绩效预算更强调产出，新绩效预算则更强调支出的最终结果。故选项 A 正确。

5. 【答案】A

【解析】本题考查复式预算的基本内容。

最早实行复试预算的国家是丹麦（选项 A 正确）、瑞典，后来英国、法国、印度等国陆续采用。故选项 A 正确。

6. 【答案】A

【解析】本题考查政府预算决策。

政府预算决策的对象是公共偏好。故选项 A 正确。

7. 【答案】C

【解析】本题考查投入导向预算模式的特征。

按政府预算编制的政策导向划分，分为投入预算和绩效预算。投入预算是指在编制、执行传统的线性预算时主要强调严格遵守预算控制规则，限制甚至禁止资金在不同预算项目之间转移，只能反映投入项目的用途和支出金额，而不考虑其支出的经济效果的预算。故选项 C 正确。

8. 【答案】D

【解析】本题考查政府采购的主体范围。

国家机关（选项 A）、事业单位（选项 B）和团体组织（选项 C）的采购项目既使用财政性资金又使用非财政性资金的，使用财政性资金采购的部分，适用财政采购法及其实施条例；财政性资金与非财政性资金无法分割采购的，统一适用政府采购法及其实施条例。

本题要选出“不包括”的选项，故选项 D 当选。

9.【答案】D

【解析】本题考查现代国库管理基本制度的概念。

国库集中收付管理作为现代国库管理的基本制度，是指通过建立国库单一账户体系，规范财政资金收入和支付运行体制，进而提高预算执行的透明度以及资金运行效率和使用效率的财政管理活动。故选项 D 正确。

10.【答案】C

【解析】本题考查预算资金的监督制衡方的主要行为特征。

预算资金的监督制衡方的主要行为特征有：(1) 代表人民利益；(2) 具有委员会决策机制的特点；(3) 面临偏好加总的困难以及组织协调的交易成本。其中，代表人民利益是监督制衡方最基本的行为特征。故选项 C 正确。

11.【答案】D

【解析】本题考查零基预算的优点。

零基预算的优点在于预算收支安排不受以往年度的约束，预算编制有较大回旋余地，可突出当年政府经济社会政策重点，充分发挥预算政策的调控功能，防止出现预算收支结构僵化和财政拖累。故选项 D 正确。

12.【答案】A

【解析】本题考查基金预算模式的优缺点。

基金预算模式的优点是独立于政府预算之外，接受社会公众的监督，其运营均依法进行，透明度高，政府参与的程度小，有利于财政运行。其缺点是政府有可能失去对社会保障事业的控制，使其成为独立性很大的单纯的社会福利事业。故选项 A 正确。

13.【答案】D

【解析】本题考查预算平衡政策的观点。

预算平衡政策主要是由一些倾向于自由主义的经济学家提出的，他们针对凯恩斯主义的赤字预算理论存在的问题，提出应重新确立预算收支平衡原则，有效地控制政府支出。他们主张政府不应干预经济，不应把预算收支作为干预经济的工具。故选项 D 正确。

14.【答案】A

【解析】本题考查预算资金需求方的主要行为特征。

预算资金需求方的主要行为特征包括：(1) 总体上是追求自身利益的最大化，即预算规模最大化的利益集团；(2) 有追求预算规模最大化的内在冲动。

15.【答案】A

【解析】本题考查历年制的概念。

预算年度有历年制和跨年制两种：历年制是按公历计，即每年的 1 月 1 日起至 12 月 31 日止（选项 A 正确），我国及法国等国的预算年度均采用历年制。跨年制是指一个预算年度跨越两个日历年度，其主要考虑了本国立法机构的会期、预算收入与农业经济的季节相关性，以及宗教和习俗等因素。故选项 A 正确。

16.【答案】A

【解析】本题考查当社会总供给小于总需求时，政府预算的调控手段。

当社会总供给小于总需求时，可以实行国家预算收入大于支出的盈余政策进行调节，即紧缩支出，增加税收。故选项A正确。

17.【答案】D

【解析】本题考查部门预算编制范围的内容。

部门预算是一个综合预算，具有统一性，既包括行政单位预算，又包括事业单位预算；既包括一般预算收支计划，又包括政府基金预算收支计划；既包含正常经费预算，又包含转向支出预算；既包括预算拨款收支计划，又包括部门其他收支计划。故选项D正确。

18.【答案】A

【解析】本题考查行政事业性资产的性质。

对于行政事业性资产，由于其主要由财政拨款形成，不追逐市场利润，因此一般适宜采取由相应的公共行政机构管理的体制，纳入一般公共预算的范畴。故选项A正确。

19.【答案】D

【解析】本题考查重点性原则。

根据重点性原则，要先保证基本支出，后安排项目支出，先重点、急需项目，后一般项目。

二、多项选择题

1.【答案】BCDE

【解析】本题考查预算管理一体化的主要内容。

预算管理一体化的主要内容包括：全国政府预算管理的一体化、各部门预算管理的一体化、预算全过程管理的一体化、预算项目全生命周期管理的一体化、全国预算数据管理的一体化。

2.【答案】ABCE

【解析】本题考查预算管理一体化的主要管理机制。

为了实现预算管理一体化，财政部组织制定了全国统一的《预算管理一体化规范》，建立健全了一系列预算管理机制，主要包括十个方面：建立健全预算项目全生命周期管理机制，建立健全统一的财政预算管理要素管理机制，建立健全上下级财政间预算管理衔接机制，建立健全政府预算、部门预算、单位预算衔接机制，建立健全预算指标账管理机制，建立健全国库集中支付管理机制，建立健全结转结余资金预算管理机制，建立健全单位资金管理机制，建立健全预算管理与资产管理的衔接机制，建立健全预算管理与债务管理的衔接机制。

3.【答案】ABDE

【解析】本题考查预算管理一体化系统组成。

《预算管理一体化规范》分为基础信息管理、项目库管理、预算编制、预算批复、预算调整和调剂、预算执行、会计核算、决算和财务报告等部分以及附录，涵盖预算管理的主要环节。

4.【答案】AB

【解析】本题考查部门预算的原则。

部门预算的原则包括：①合法性原则；②真实性原则；③完整性原则（选项 D）；④科学性原则；⑤稳妥性原则；⑥重点性原则（选项 E）；⑦透明性原则；⑧绩效性原则（选项 C）。故选项 AB 当选。

5.【答案】ABCE

【解析】本题考查全口径预算管理体系。

全口径预算管理体系中的一般公共预算支出重点主要集中于政权建设、事业发展、公共投资及分配调节四大领域。故选项 ABCE 正确。

6.【答案】BE

【解析】本题考查预算资金供给方的主要行为特征。

预算资金供给方的主要行为特征：(1) 具有双重委托—代理关系；(2) 政府预算管理活动中有诱发设租寻租收益的可能。

第十一章　政府间财政关系

本章考情 Q&A

Q：本章的重要性和难度如何？

A：本章属于非重点章节。

本章难度适中，考点较零散。

从历年真题来看，每年考查的分值在 6~10 分。

Q：本章在考试中通常以什么形式出现？

A：从历年真题来看，本章考查形式以单项选择题与多项选择题为主，集中在政府间事权，支出、收入的划分与转移支付概述几个考点上。其他考点较为零散，需要一定的记忆。

Q：本章 2023 年的内容有改动么？

A：本章重新编写知识点：加快省以下财政事权和支出责任划分。其他内容无实质性变动。

Q：本章考点在历年考试中的分布情况如何？

A：以下是老师们的统计：

考点	2022 年	2021 年	2020 年	2019 年	2018 年	2017 年	2016 年	2015 年	2014 年	2013 年
财政分权理论	√				√		√		√	
政府间事权的划分		√	√	√		√	√	√		
政府间财政支出的划分	√						√			
政府间收入的划分	√	√	√	√	√		√	√	√	
政府间收支的调节制度					√					
分税制财政管理体制	√	√			√				√	
政府间转移支付概述		√	√	√			√			√
我国政府间转移支付制度						√		√		

经典例题

考点一 财政分权理论

【例题·2022年·单项选择题】下列理论中，研究非纯公共物品的供给、需求与均衡数量的理论是（　　）。

A. 公共物品及服务理论　　B. 集权分权理论　　C. 财政联邦主义　　D. 俱乐部理论

【答案】D

【解析】本题考查财政分权理论。

俱乐部理论是指研究非纯公共物品的供给、需求与均衡数量的理论，其基本目的是研究非纯公共物品的配置效率问题。故选项D正确。

私教点拨

对政府分权理论的梳理，详见表11-1。

表11-1 政府分权理论

理论名称	相关经济学家与理论特点
公共物品和服务理论	由**沃伦斯·欧茨和查尔斯·提布特**提出，研究公共物品和服务的**受益范围**，实际上就是研究公共物品和服务的层次性问题
集权分权理论	因国家利益是一个国家的整体利益，而地方利益则是一个国家内部各个地方的局部利益，故而必然会引发政府的集权与分权问题
财政联邦主义	指各级政府间财政收入和支出的划分以及由此产生的相关制度，本质是一种关于财政分权的理论学说，需注意如下几点： （1）为了实现资源配置的有效性与分配的公平性，某些公共决策应该在最低层次的政府进行； （2）地方政府之间也会存在竞争，但这种竞争有利于资源配置效率的提高
俱乐部理论	现代俱乐部理论奠基人是**布坎南与蒂鲍特**，其基本目的是研究非纯公共物品的配置**效率问题**

考点二 政府间事权的划分

【例题1·2021年·单项选择题】政府提供公共产品和服务成本分担的地理边界与受益范围一致所依据的原则是（　　）。

A. 外部性原则　　B. 信息复杂性原则　　C. 绩效管理原则　　D. 激励相容原则

【答案】A

【解析】本题考查财政事权划分原则。

根据外部性原则，在实际操作中可以根据公共服务的受益范围确定公共服务成本的辖区范围，使成本分担的地理边界同受益范围一致，据以实现成本和受益在地理范围上的完全内部化，而不至于外溢到其他辖区。故选项 A 正确。

私教点拨

对政府间事权划分原则的梳理，详见表 11－2。

表 11－2 政府间事权划分的原则

划分原则	具体内容
外部性原则	在实际操作中可以根据公共服务的受益范围确定公共服务成本的辖区范围，使**成本分担的地理边界同受益范围一致**，据以实现成本和受益在地理范围上的**完全内部化**，而不至于外溢到其他辖区
信息复杂性原则	在信息处理上，不同级别政府具有不同的比较优势。层级越高的政府越可能不了解基层情况，地方政府最重要的比较优势在于它收集和加工差异性信息的能力明显比中央政府强，因此信息处理**越复杂**、**越可能造成信息不对称**的事项，**越应让地方管理**。**全局性**信息的实务，应该由中央来管理
激励相容原则	所有的参与人即使按照自己的利益去运作，也能导致整体利益最大化

【例题 2·2019 年·多项选择题】世界各国在政府间事权的划分上所采用的方法不尽相同，但其划分内容基本都包括（ ）。

A. 司法事务　　B. 外交事务　　C. 公安事务　　D. 审计事务

E. 内政事务

【答案】ABCE

【解析】本题考查财政事权划分的内容。

在政府间事权的划分上，世界各国所采用的方法不尽相同，对具体项目的处理也不完全一致，但所形成的基本格局如下：（1）国防事务；（2）外交事务；（3）公安事务；（4）内政事务；（5）司法事务；（6）经济事务；（7）文化教育事务。

私教点拨

在政府间事权的划分上，其内容多为关乎国计民生的大事。

考点三 政府间财政支出的划分

【例题·2016 年·单项选择题】下列原则中，不属于财政支出原则的是（ ）。

A. 与事权相对称原则　　B. 公平性原则　　C. 总额分成原则　　D. 权责结合原则

【答案】C

【解析】本题考查财政支出划分的原则。

财政支出划分的原则为：

（1）与事权相对称原则（选项A正确）；

（2）公平性原则（选项B正确）；

（3）权责结合原则（选项D正确）。

本题要选出“不属于”的选项，故选项C当选。

私教点拨

对财政支出划分原则的梳理，详见表11－3。

表11－3 财政支出划分原则

划分原则	具体内容
与事权相对称原则	一级事权必须有一级财力作保证
公平性原则	各级政府的财权、财力应相对平衡，包括各级政府的纵向均衡和各地方政府间的横向均衡
权责结合原则	财权、财力与财政责任相结合

考点四 政府间收入的划分

【例题1·2021年·单项选择题】以税收负担的分配是否公平为标准划分中央与地方收入遵循的原则是（　　）。

A. 经济利益原则　　B. 效率原则　　C. 适应原则　　D. 恰当原则

【答案】D

【解析】本题考查财政收入划分的原则。

恰当原则，该原则以税收负担的分配是否公平作为标准来划分中央与地方收入。故选项D正确。

私教点拨

对税收收入划分原则的梳理，详见表11－4。

表11－4 税收收入划分的原则

划分原则	具体内容
效率原则	以征税**效率**的高低作为标准来划分中央和地方收入
适应原则	以税基**宽窄**为标准来划分中央与地方收入
恰当原则	以税收**负担的分配**是否公平作为标准来划分中央与地方收入
经济利益原则	以增进**经济利益**为标准来划分中央与地方收入
事权、支出、收入原则在选择题中经常容易混淆，需要加强记忆，搭好层次结构。牢记“三三四”。 （1）事权：外部、信息、激励； （2）支出：相称、公平、责任； （3）收入：效率、适应、恰当、经济	

【例题2·2020年·单项选择题】适于划归地方政府的税种有（ ）。

A. 税源分布较分散的税种

B. 税基流动性大的税种

C. 与收入再分配有关的税种

D. 与在各地区间分布不均的自然资源相关的税种

【答案】A

【解析】本题考查政府间财政收入划分的具体方法。

税收收入划分的具体做法：

（1）将与稳定国民经济有关的税种以及与收入再分配有关的税种，划归中央政府（选项C错误）；

（2）将那些税基流动性大的税种划归中央政府（选项B错误）；

（3）对于那些与自然资源有关的税种，如果在地区间分布不均衡，则应该划归中央政府（选项D错误）；

（4）将进出口关税和其他收费全部划归中央政府；

（5）将那些税基流动性较小的、税源分布较广的税种划归地方政府（选项A正确）。

故选项A正确。

私教点拨

在记忆税收收入划归时要考虑外部性原则与政府职能以及征税成本。流动性大，进出口一类的税收，提升到中央政府更能符合外部性原则，因为其极可能跨越省级行政区。与国民经济相关、与收入再分配相关、资源分布不均衡的税收，属于中央政府统筹兼顾的职能范畴。税基流动性小、税源分布广的税收，由更贴近税源的地方政府征收更能节省征收成本。

【例题3·2022年·单项选择题】中央与地方之间税收收入划分形式不包括（ ）。

A. 分割税额　　B. 分割税种　　C. 分割税率　　D. 分割税权

【答案】D

【解析】本题考查税收收入划分的方式。

税收收入划分的方式主要包括分割税额（选项A）、分割税率（选项C）、分割税种（选项B）、分割税制和混合型。不包括选项D，故选项D当选。

私教点拨

对税收收入划分方式的梳理，详见表11-5。

表11-5 税收收入划分的方式

划分方式	具体定义
分割税额	先统一征税，然后再将税收收入的**总额**按照一定比例在中央与地方政府之间加以分割，这种方式又可称为收入分享

续表

划分方式	具体定义
分割税率	是一种按照税源实行**分率征收**的方式，即由各级财政对同一课税对象按照不同的税率征收
分割税种	是在税收立法权、税目增减权和税率调整权等税收权限主要集中于中央的条件下，把不同税种的收入分割给各个级次的政府财政，即**按税种划分收入范围**，确定哪些税种归中央，哪些税种归地方，哪些税种由中央与地方共享
分割税制	分别设立中央税和地方税两个相互**独立的税收制度和税收管理体系**，中央与地方均享有相应的税收立法权、税种的开征和停征权、税目的增减权和调整权，并且有权管理和运用本级财政收入
混合型	是指在税收分割中**综合运用**上述四种方法中的两种及两种以上的做法而形成的一种中央与地方税收管理体系

【例题 4·2017 年·单项选择题】具有稳定经济的功能，被称为“自动稳定器”的税种的是（　　）。

A. 增值税　　B. 消费税　　C. 房产税　　D. 所得税

【答案】D

【解析】本题考查自动稳定器的概念。

将与稳定国民经济有关的税种以及与收入再分配有关的税种，划归中央政府，如个人所得税和企业所得税。所得税适于采用累进税，具有稳定经济的功能，被称作“自动稳定器”。故选项 D 正确。

私教点拨

“自动稳定器”在收入与支出方面各有体现，收入方面为累进所得税制，在支出方面为转移性支出。

考点五 政府间收支的调节制度

【例题·2018 年·单项选择题】政府间收支的调节制度中，（　　）是指各级政府的财政资金来源与各自的支出责任或事权范围相对称，使各级政府在履行各自的职责时有必要的财力做保障。

A. 地方政府均衡　　B. 中央政府与地方政府均衡

C. 纵向均衡　　D. 横向均衡

【答案】C

【解析】本题考查财政均衡的概念。

纵向均衡是指各级政府的财政资金来源与各自的支出责任或事权范围相对称，使各级政府在履行各自的职责时有必要的财力做保障。故选项 C 正确。

私教点拨

政府间收支的调节制度要遵循均衡原则，详见表11－6。

表11－6　政府间收支的调节制度均衡原则

总体原则	政府间收支划分要兼顾中央政府与**各地方**政府及**地方各级**政府之间的纵向均衡，以及**各地方政府间**的横向均衡
纵向均衡	各级政府的财政资金来源与各自的支出责任或事权范围相**对称**，使各级政府在履行各自的职责时有必要的财力做保障
横向均衡	基本公共物品的供给标准和供给数量在各地区的**均等化**

考点六　分税制财政管理体制

【例题·2022年·多项选择题】下列选项中，属于分税制含义的有（　　）。

A. 分利　　B. 分事　　C. 分税　　D. 分管

E. 分权

【答案】BCDE

【解析】本题考查分税制的基本概念。

分税制主要包括“分事、分税、分权、分管”四层含义（选项A错误）。故选项BCDE正确。

私教点拨

对分税制四层含义具体内容的梳理，详见表11－7。

表11－7　分税制具体内容

分税制内容	具体内容
分事	按照一定社会管理和经济体制的要求，在各级政府间划分社会管理权和经济管理权，并以此为依据确定各级政府的预算支出范围
分税	在划分事权和支出范围的基础上，按照财权与事权相统一的原则，在中央与地方之间划分税种
分权	中央与地方都对属于自己的税种有开停征权、调整税目税率权和减免税权，同时赋予地方开征地方性新税的权利
分管	在“分事”和“分税”的基础上实行分级财政管理，建立中央与地方两级税收征管体系

考点七　政府间转移支付概述

【例题1·2021年·单项选择题】首次提出转移支付概念的是（　　）。

A. 凯恩斯　　B. 提布特　　C. 庇古　　D. 亚当·斯密

【答案】C

【解析】本题考查转移支付的基本概念。

著名经济学家庇古在其1928年出版的《财政学研究》中第一次提出了转移支付的概念，故选项C正确。

私教点拨

涉及经济学家理论的梳理，详见表11－8。

表11－8 经济学家及其理论或假说

经济学家	理论或假说
庇古	提出转移支付概念，并与**奈特**提出财政分权理论的俱乐部理论
亚当·斯密	著有《国富论》，与**巴斯坦布尔**提出了健全财政政策，主张尽量节减政府支出
查尔斯·提布特	著有**《地方支出的纯理论》**，提出地方政府之间竞争理论。与**沃伦斯·欧茨**提出了公共物品和服务理论
凯恩斯	提出流动性陷阱、流动性假说以及政府干预的凯恩斯主义财政政策

【例题2·2020年·单项选择题】下列支出中，不属于转移支付支出的是（　　）。

A. 补助支出　　B. 工资支出

C. 捐赠支出　　D. 债务利息支出

【答案】B

【解析】本题考查转移支付支出的内容。

我国的财政理论界和实践部门一般把转移支付理解为政府单方面的无偿支出，主要包括补助支出（选项A正确）、捐赠支出（选项C正确）和债务利息支出（选项D正确）。

本题要选出“不属于”的选项，故选项B当选。

私教点拨

转移支付项目记忆口诀：**“不（补）捐还利息”**（不捐款，我要还利息）。

“不（补）”：**补**助支出

“捐”：**捐**赠支出

“利息”：债务**利息**支出

【例题3·2019年·多项选择题】下列选项中，属于政府间转移支付的特点的有（　　）。

A. 范围只限于政府之间　　B. 范围只限于中央与地方之间

C. 是无偿的支出　　D. 是有偿的支出

E. 并非政府的终极支出

【答案】ACE

【解析】本题考查政府间转移支付的特点。

政府间转移支付的特点：

（1）政府间转移支付的范围只限于政府之间（选项A正确，选项B错误）；

（2）政府间转移支付是无偿的支出（选项C正确，选项D错误）；

(3) 政府间转移支付并非政府的终极支出（选项 E 正确）。

故选项 ACE 正确。

私教点拨

政府间转移支付是指一个国家的各级政府**彼此之间**在既定的职责范围、支出责任和税收划分框架下所进行的财政资金的**互相转移**，所以转移支付的范围只限于政府之间，这是圈定在定义之中的。而因为是各级政府间的互相转移，**没有等价交换**，所以是无偿的。在转移支付之后进行支出才是转移支付的财政资金的终极支出，故转移支付并非政府的终极支出。

考点八 我国政府间转移支付制度

【例题 1 · 2017 年 · 单项选择题】中央对地方的专项转移支付在全国人大批准后（　　）日内下达。

A. 30　　B. 90　　C. 15　　D. 10

【答案】B

【解析】本题考查我国政府间转移支付制度的基本内容。

中央对地方的一般性转移支付在全国人民代表大会批准预算后 30 日内下达（选项 A 错误），专项转移支付在 90 日内下达（选项 B 正确）。省级政府接到中央转移支付后，应在 30 日内正式下达到本行政区域县级以上各级政府。故选项 B 正确。

私教点拨

对转移支付预算时间的梳理，详见表 11－9。

表 11－9 转移支付时间

层级		时间
中央	一般性转移支付	30 日
	专项转移支付	90 日
地方（省级）		30 日

【例题 2 · 2015 年 · 多项选择题】我国新修订的《预算法》对规范专项转移支付的规定包括（　　）。

A. 建立专项转移支付稳定增长机制

B. 建立专项转移支付定期评估机制

C. 建立专项转移支付退出机制

D. 规范资金分配

E. 取消地方资金配套要求

【答案】BCDE

【解析】本题考查我国转移支付改革的内容。

按照《预算法》有关规定，从严控制专项转移支付、规范专项转移支付的分配和使用：

(1) 严格控制新设专项;

(2) 规范资金分配(选项D正确);

(3) 建立健全专项转移支付的定期评估和退出机制(选项A错误,选项BC正确);

(4) 取消地方资金配套要求(选项E正确);

(5) 严格资金使用。

故选项BCDE正确。

私教点拨

转移支付改革的目的是逐渐以一般性转移支付取代专项转移支付,一般性转移支付可以看作是制度型的,而专项转移支付可以视作特事特办。转移支付制度的改革和完善就是要建立起转移支付的一般性制度,减少特事特办的情况。

按照《预算法》有关规定,需不断改革和完善中央对地方转移支付制度,其改革内容要点详见表11-10。

表11-10 《预算法》改革内容

改革内容	具体内容
优化转移支付结构	—
完善一般性转移支付制度	(1) 清理整合一般性转移支付; (2) 建立一般性转移支付稳定增长机制(提高到60%以上); (3) 加强一般性转移支付管理
从严控制专项转移支付、规范专项转移支付分配和使用	(1) 严格控制新设专项; (2) 规范资金分配; (3) 建立健全专项转移支付定期评估和退出机制; (4) 取消地方资金配套要求; (5) 严格资金使用
强化转移支付预算管理	(1) 及时下达预算:中央对地方的**一般性转移支付**在全国人民代表大会批准预算后**30日**内下达;**专项转移支付**在**90日**内下达。**省级政府接到中央转移支付后**,应在**30日**内正式下达到本行政区域县级以上各级政府。 (2) 推进信息公开:中央对地方转移支付预算安排及执行情况在全国人民代表大会批准后**20日**内由财政部对社会**公开**,并对重要事项做出说明。 (3) 做好绩效评价

真题演练

一、单项选择题

1. (2021年)美国财政联邦政府的主体税种是( )。

A. 销售税　　B. 增值税　　C. 所得税　　D. 财产税

2. (2019年)下列事权及支出责任中,适合地方政府管理的是( )。

A. 外交
B. 高等教育
C. 边境安全
D. 义务教育

3. （2019 年）以税基的宽窄为标准来划分中央与地方收入的原则是（　　）。

A. 效率原则
B. 适应原则
C. 恰当原则
D. 经济利益原则

4. （2019 年）能够使各级政府在按照所赋职能做好自己事情的同时，又能使全局利益最大化的政府间事权划分原则是（　　）。

A. 激励相容原则
B. 信息复杂性原则
C. 外部性原则
D. 内部性原则

5. （2018 年）增值税税基广泛，所以属于中央税。这体现了税收收入划分的（　　）原则。

A. 效率　B. 适应　C. 恰当　D. 经济利益

6. （2016 年）精髓在于使地方政府拥有合适与合意的财政决策自主权的理论是（　　）。

A. 公共物品及服务理论
B. 重商主义理论
C. 财政联邦主义
D. 俱乐部理论

二、多项选择题

1. （2023 年新增例题）推进财政事权和支出责任划分改革的原则包括（　　）等。

A. 体现基本公共服务受益范围
B. 兼顾政府职能和行政效率结合
C. 实现权、责、利相统一
D. 推动地方政府上交财政权
E. 做到支出责任与财政事权相适应

2. （2023 年新增例题）政府间财政事权和政府支出责任划分改革的主要内容包括（　　）。

A. 推进中央与地方财政事权划分
B. 推进中央各部门财政事权划分
C. 完善中央与地方支出责任划分
D. 完善地方各部门支出责任划分
E. 加快省以下财政事权和支出责任划分

3. （2020 年）下列选项中，属于政府间事权划分的原则有（　　）。

A. 外部性原则
B. 激励相容原则
C. 公平性原则
D. 经济利益原则
E. 信息复杂性原则

真题演练答案及解析

一、单项选择题

1. 【答案】C

【解析】本题考查美国分税制的内容。

按照税源实行分率分征，即对同一税源各级政府按不同税率征收，美国主要实行这种办法。美国将所得税作为联邦的主体税种（选项C正确），因为所得税是美国税制中的主体税种。联邦通过较高的税率将所得税的大部分税源集中为联邦支配，州和地方只能以较低税率征收所得税，这样就可以防止各州和地方政府为争夺投资和人才而竞相降低税率。州政府的主要税种是销售税（选项A错误）和总收入税，地方政府的主体税种则是财产税（选项D错误）。美国没有增值税，具有增值税属性的为消费税（选项B错误）。故选项C正确。

2.【答案】D

【解析】本题考查地方政府管理。

对于义务教育支出来讲，由于中小学教育信息极度复杂，根据信息复杂性原则，应该由地方政府管理。故选项D正确。

3.【答案】B

【解析】本题考查划分中央与地方收入的原则。

政府收入划分的原则包括效率原则、适应原则、恰当原则、经济利益原则。其中，适应原则是以税基的宽窄为标准来划分中央与地方收入。故选项B正确。

4.【答案】A

【解析】本题考查政府间事权划分原则。

从政府角度而言，如果在某种制度安排下，各级政府都按划定的职责做好自己的事情，就可以全局利益最大化，那么这种制度安排就是激励相容原则。故选项A正确。

5.【答案】B

【解析】本题考查税收收入划分的原则。

适应原则是以税基的宽窄为标准来划分中央与地方收入，税基宽的税种归中央政府，税基狭窄的税种归地方政府。如增值税，税基广泛，应属于中央税；房产税因为其税基存在于房屋所在区城，较为狭窄，应为地方税。故选项B正确。

6.【答案】C

【解析】本题考查财政决策自主权的理论。

财政联邦主义从某种意义上说就是财政分权，即给予地方政府一定的税收权利和支出责任范围，并允许地方政府自主决定其预算支出规模与结构，其精髓在于使地方政府拥有合适与合意的财政自主权进行决策。故选项C正确。

二、多项选择题

1.【答案】ABCE

【解析】本题考查推进财政事权和支出责任划分改革的原则。

推进财政事权和支出责任划分改革的原则包括：体现基本公共服务受益范围，兼顾政府职能和行政效率结合，实现权、责、利相统一，激励地方政府主动作为，做到支出责任与财政事权相适应。

2.【答案】ACE

【解析】本题考查改革的主要内容。

政府间财政事权和政府支出责任划分改革的主要内容包括：推进中央与地方财政事权划分、完善中央与地方支出责任划分、加快省以下财政事权和支出责任划分。

3. 【答案】ABE

【解析】本题考查政府间事权划分的原则。

政府间事权划分的原则包括外部性原则、信息复杂性原则和激励相容原则。故选项 ABE 正确。

第十二章　财政平衡与财政政策

本章考情 Q&A

Q：本章的重要性和难度如何？

A：本章属于非重点章节，学习内容较为简单，考点集中，得分“性价比”高，对于通过考试很有意义。

本章难度偏低，考查以概念记忆为主。

从历年真题来看，每年考查的分值在 3~6 分。

Q：本章在考试中通常以什么形式出现？

A：从历年真题来看，本章知识点以单项选择题与多项选择题为主要考查形式。

Q：本章 2023 年的内容有改动么？

A：本章内容无实质性变动。

Q：本章考点在历年考试中的分布情况如何？

A：以下是老师们的统计：

考点	2022 年	2021 年	2020 年	2019 年	2018 年	2017 年	2016 年	2015 年	2014 年	2013 年
财政平衡的含义					√			√	√	√
财政赤字的计算口径及分类	√	√				√				√
财政赤字的弥补方式及其经济效应			√	√	√	√	√	√	√	
财政政策的含义				√	√		√	√	√	
财政政策的主体										√
财政政策的目标			√							
财政政策工具				√	√	√	√		√	√
财政政策的类型与效应	√	√				√				√
货币政策工具	√	√		√		√	√			

经典例题

考点一 财政平衡的含义

【例题·2018年·多项选择题】 财政管理实践中坚持财政收支平衡的意义是（　　）。

A. 保证财政收入的及时取得　　B. 能够增加债务收入

C. 有利于减少汇兑损失　　D. 保证社会总需求和总供给平衡

E. 有利于实现无通货膨胀的经济运行

【答案】 DE

【解析】 本题考查财政收支平衡的意义。

坚持财政收支平衡在财政管理实践中具有重要意义：(1) 坚持财政收支平衡，是社会总需求和总供给平衡的保证（选项D正确）；(2) 坚持财政收支平衡，有利于实现无通货膨胀的经济运行（选项E正确）。故选项DE正确。

私教点拨

本考点常涉及考点为：

财政平衡的定义：财政收支略有结余或略有赤字，可以视作财政基本平衡或大体平衡。

通货膨胀的原因：财政赤字和信用膨胀。

考点二 财政赤字的计算口径及分类

【例题·2017年·单项选择题】 目前，世界上大多数国家统计本国财政赤字时采用（　　）的计算口径。

A. 硬赤字　　B. 软赤字　　C. 历年赤字　　D. 周期赤字

【答案】 B

【解析】 本题考查财政赤字的分类和定义。

目前世界上多数国家采用软赤字的计算口径来统计本国的财政赤字。故选项B正确。

私教点拨

对财政赤字的分类与定义的梳理，详见表12－1。

表12－1 财政赤字分类与定义

分类依据	赤字分类	定义
收支计算口径不同	硬赤字	用债务收入弥补收支差额以后仍然存在的赤字
	软赤字	未经债务收入弥补的赤字。目前多数国家都采用软赤字的计算口径来统计本国的财政赤字，我国自1993年起也以软赤字统计

续表

分类依据	赤字分类	定义
起因不同	主动赤字	财政部门有意识地使支出大于收入而形成的赤字
	被动赤字	由于客观原因，而非人为因素，出现财政收入不能抵补支出的情形而形成的赤字
财政年度出现时间的早晚	预算赤字	预算编制时就因支出大于收入而存在的赤字
	决算赤字	预算执行的结果收不抵支而出现的赤字
出现和经济周期的关系	充分就业赤字	在经济实现充分就业的前提下，仍然存在的赤字，又称结构性赤字
	周期性赤字	在经济未实现充分就业的条件下所新增的赤字，即周期性赤字的数额等于总赤字减去充分就业赤字
财政赤字计算口径：财政赤字=(经常收入+债务收入)-(经常支出+债务支出)		

考点三 财政赤字的弥补方式及其经济效应

【例题1·2019年·单项选择题】（ ）指由于财政赤字的弥补而导致私人经济部门投资以及个人消费减少的现象。

A. 木桶效应　　B. 马太效应　　C. 破窗效应　　D. 排挤效应

【答案】 D

【解析】 本题考查弥补财政赤字的经济效应。

选项A：木桶效应是指一只木桶能盛多少水，并不取决于最长的那块木板，而是取决于最短的那块木板。也可称为短板效应。

选项B：马太效应是指富的更富、穷的更穷的一种两极分化的社会现象。

选项C：破窗效应是指若环境中的不良影响如果被放任存在，会诱使人们仿效，甚至变本加厉。

选项D：排挤效应指一方排挤另一方，在财政平衡主题中，是指由于财政赤字的弥补而导致私人经济部门投资以及个人消费减少的现象。

故选项D正确。

私教点拨

关于排挤效应的具体考点，详见表12-2。

表12-2 排挤效应的考点及内容

考点	内容
定义	投资者把本应投资于私人经济部门的资金用于公债

续表

考点	内容	
形式	行政强制手段	政府通过行政摊派将公债分配给企业和个人认购，从而减少企业的投资和个人的消费
	非强制手段	一种是政府有意识地提高公债利率或降低发行价格
		另一种是由于政府发债，增加了货币需求，在货币供给不变的前提下，导致利率上升，从而减少企业的投资和个人的消费
制约因素	**货币需求**对**利率的弹性大小**	
	投资对**利率的弹性大小**	
总结	由于利率原因，流动货币优先购买国债，故无法投资于其他领域或消费	

【例题 2 · 2022 年 · 单项选择题】弥补财政赤字的方式通常有（　　）。

A. 减少货币发行

B. 增收减支

C. 向中央银行借款

D. 发行公债

E. 向国外借款

【答案】BCD

【解析】本题考查财政赤字的弥补方式。

财政赤字的弥补方式包括：增收减支（选项 B）、动用结余、向中央银行透支或借款（选项 C）、发行公债等（选项 D）。故选项 BCD 正确。

私教点拨

对财政赤字弥补方式的梳理，详见表 12 - 3。

表 12 - 3　财政赤字弥补方式

弥补方式	定义及影响
增收减支	通过增加财政收入、减少财政支出来弥补财政支持。增加财政收入通常会遭到纳税人的抵制，而且变动税法所需的时间也较长，不能迅速解决问题
动用结余	动用以前年度滚存的财政结余。前提条件是财政必须有结余才存在可动用的可能，对于连年赤字的财政是不适用的
向中央银行透支或借款	由于中央银行通常代理国家金库业务，所以向中央银行透支对财政部门来说是操作起来非常简单的一种弥补赤字的方法。但是这种方法实际相当于通过货币发行，凭空创造购买力来弥补赤字，因而对货币流通的影响很大

续表

弥补方式	定义及影响
发行公债	政府通过发行公债为赤字融资，称为债务融资或赤字债务化。发行公债来弥补赤字通常只是购买力的转移，不会凭空增加购买力，所以一般认为是最为理想的弥补财政赤字的方法，是世界各国弥补财政赤字的普遍做法

【例题3·2015年·单项选择题】一般来说，造成通货膨胀的重要原因是（　　）。

A. 连年的财政赤字　　B. 累积的财政结余　　C. 持续的财政紧缩　　D. 阶段性的货币政策

【答案】A

【解析】本题考查通货膨胀的原因。

一般来说，连年的政府财政赤字通常是造成通货膨胀的重要原因。故选项A正确。

私教点拨

本考点还会考查政府收入的构成，其主要包括：

（1）国内生产总值正常增量的分配所得；

（2）价格再分配所得（通货膨胀税）。

考点四 财政政策的含义

【例题·2019年·单项选择题】通过对物质利益的调整，发挥对个人和企业的经济行为以及国民经济发展方向的引导作用，这属于财政政策的（　　）。

A. 导向功能　　B. 协调功能　　C. 控制功能　　D. 稳定功能

【答案】A

【解析】本题考查财政政策的功能。

财政政策的导向功能是指通过对物质利益的调整，发挥对个人和企业的经济行为以及国民经济发展的引导作用。故选项A正确。

私教点拨

财政政策作为政府的经济管理手段的功能，详见表12－4。

表12－4　财政政策功能

功能	具体内容
导向功能	通过对物质利益的调整，发挥对个人和企业的经济行为以及国民经济发展的引导作用
协调功能	财政政策对社会经济发展过程中的某些失衡状态的制约、调节能力

续表

功能	具体内容
控制功能	政府通过财政政策对人们的经济行为和宏观经济运行的制约或促进，实现对整个国民经济发展的控制
稳定功能	政府通过财政政策，调节总支出水平，使货币支出水平大体等于产出水平，以实现国民经济稳定发展

考点五 财政政策的主体

【例题·2013年·单项选择题】财政政策的主体是（　　）。

A. 中国人民银行　　B. 行政事业单位　　C. 中国进出口银行　　D. 各级人民政府

【答案】D

【解析】本题考查财政政策主体的定义。

财政政策的主体是指财政政策的制定者和执行者，财政政策的主体只能是各级政府（选项D），主要是中央政府。故选项D正确。

私教点拨

财政政策的主体只能是各级政府，主要是中央政府。各级政府作为财政政策主体的行为是否规范，对于发挥财政政策功能和实现财政政策效应将产生关键性的作用。

考点六 财政政策的目标

【例题·2020年·多项选择题】下列选项中，属于财政政策目标的有（　　）。

A. 经济快速增长　　B. 物价基本稳定

C. 收入公平分配　　D. 完全就业

E. 国际收支平衡

【答案】BCE

【解析】本题考查财政政策的目标。

财政政策的目标为：

（1）经济适度增长（选项A错误）；

（2）物价基本稳定（选项B正确）；

（3）收入公平分配（选项C正确）；

（4）充分就业（选项D错误）；

（5）国际收支平衡（选项E正确）。

故选项BCE正确。

私教点拨

财政政策永远以稳妥稳健平衡为主，因此看到“快速”“完全”等极端词汇要小心，要能识别错误选项。在财政政策的目标中，充分就业为首要目标。

考点七 财政政策工具

【例题·2022 年·单项选择题】 下列（　　）不属于财政政策工具。

A. 信贷　　B. 税收　　C. 公债　　D. 公共支出

【答案】 A

【解析】 本题考查财政政策工具。

财政政策工具包括：政府预算、税收（选项 B）、公债（选项 C）、政府投资、公共支出（选项 D）、财政补贴。选项 A 不属于财政政策工具，故选项 A 当选。

私教点拨

政府运用的财政政策工具，详见表 12－5。

表 12－5　财政政策工具

财政政策工具	具体考点内容
政府预算	居于核心地位
税收	最重要的财政政策工具之一
公债	作用： （1）可以调节国民收入的使用结构； （2）可以调节产业结构； （3）可以调节资金供求和货币流通
政府投资	最终形成各种类型的固定资产
公共支出	—
财政补贴	—

考点八 财政政策的类型与效应

【例题·2021 年·单项选择题】 自动稳定的财政政策和相机抉择的财政政策划分标准是（　　）。

A. 按照对经济周期的调节作用划分　　B. 按照在国民经济总量方面的不同功能

C. 按照经济性质　　D. 按照政策作用的对象关系

【答案】 A

【解析】 本题考查财政政策的分类依据。

按照对经济周期的调节作用划分（选项 A），财政政策可以划分为自动稳定的财政政策和相机抉择的财政政策。故选项 A 正确。

私教点拨

对财政政策类型分类的梳理，详见表12-6。

表12-6 财政政策的类型

分类依据	具体分类	具体定义
按政策作用的对象分	宏观财政政策	通过对经济总量发挥作用，来调节社会总供给、总需求的财政政策，又称经济稳定政策
	中观财政政策	以产业结构为调节对象，努力实现产业结构合理化的财政政策
	微观财政政策	通过影响经济个体的经济行为或经济活动而发挥作用
按经济周期的调节作用分	自动稳定的财政政策	能够根据经济波动情况自动发生稳定作用的政策，不用借助外力即可发挥调节作用
	相机抉择的财政政策	政府有意识地运用政策手段来调节社会总供求，是政府利用国家财力有意识地干预经济运行的行为，也成了“斟酌使用的财政政策”
按国民经济总量方面的不同功能分	扩张性财政政策	通过财政分配活动来增加和刺激社会总需求
	紧缩性财政政策	通过财政分配活动来减少和抑制社会总需求
	中性财政政策	通过财政的分配活动来对社会总供求的影响保持中性

考点九 货币政策工具

【例题·2022年·单项选择题】下列货币政策工具中，属于选择性政策工具的有（　　）。

A. 不动产信用控制

B. 优惠利率

C. 预缴进口保证金

D. 消费者信用控制

E. 法定存款准备金率

【答案】ABCD

【解析】本题考查货币政策工具中的选择性政策工具。

货币政策工具中的选择性政策工具包括：消费者信用控制（选项D）、不动产信用控制（选项A）、证券市场信用控制、优惠利率（选项B）、预缴进口保证金（选项C）。选项E属于一般性政策工具。故选项ABCD正确。

私教点拨

对货币政策工具的梳理，详见表 12－7。

表 12－7 货币政策工具

分类	工具名称	定义
一般性政策工具	法定存款准备金率	商业银行等金融机构按照规定的比率，将所吸收的存款的一部分缴存到中央银行，本身不得使用，应缴存的比率，称为法定存款准备金率
	再贴现率	商业银行向中央银行办理再贴现时使用的利率
	公开市场业务	中央银行通过在金融市场上买进或卖出有价证券进行调节的一种方式。是**最经常使用**、**最为灵活**、**最为有效**的调节货币供应量的重要手段
选择性政策工具	消费者信用控制	中央银行对不动产以外的各种耐用消费品的销售融资加以控制
	不动产信用控制	中央银行对金融机构在房地产方面放款的限制措施，以抑制房地产投机
	证券市场信用控制	对证券信用交易的法定保证金比率做出规定，是中央银行对信用方式购买股票和债权所实施的一种控制措施。信用控制对证券市场的调控**直接**、**灵活且效果明显**，同时还**避免**了对其他领域的**负面影响**
	优惠利率	政府对国家鼓励、重点发展的经济部门或产业实行优惠利率
	预缴进口保证金	中央银行要求进口商预缴相当于进口商品总值一定比例的存款，以抑制进口的过快增长
直接信用控制	利率最高限	直接信用控制是从质和量两个方面，以行政命令或其他方式，直接对金融机构尤其是商业银行的信用活动所进行的控制
	信用配额	
	流动性比率	
	直接干预	
间接信用指导	道义劝告	中央银行利用自己的权威和声望，采取口头或书面通知的方式，通报金融形势，以说服和政策指导的方法，引导各金融机构扩大或收缩贷款
	窗口指导	

真题演练

一、单项选择题

1. （2021 年）下列货币政策工具中，不属于一般性政策工具的是（　　）。

A. 法定存款准备金率　　B. 公开市场业务

C. 再贴现率　　D. 优惠利率

2.（2021 年）下列关于硬赤字的说法中，错误的是（　　）。

A. 硬赤字通过财政向中央银行透支进行弥补

B. 在银行信贷资金紧张的情况下，硬赤字会带来通货膨胀

C. 硬赤字是指用债务收入弥补收支差额以后仍然存在的赤字

D. 硬赤字用债务收入进行弥补

3.（2020 年）下列弥补财政赤字的方式中，属于凭空创造购买力的方式是（　　）。

A. 发行公债　　B. 增收节支

C. 动用结余　　D. 向中央银行透支或借款

4.（2020 年）政府进行宏观经济调控的首要目标是（　　）。

A. 经济稳定增长　　B. 充分就业　　C. 物价稳定　　D. 国际收支平衡

5.（2019 年）在各种财政政策手段中居于核心地位的是（　　）。

A. 税收　　B. 公债　　C. 政府预算　　D. 补贴

6.（2019 年）下列货币政策工具中，不属于直接信用控制手段的是（　　）。

A. 信用配额　　B. 直接干预　　C. 流动性比率　　D. 窗口指导

7.（2019 年）下列关于证券市场信用控制特点的说法中，错误的是（　　）。

A. 调控直接　　B. 调控灵活　　C. 负面影响大　　D. 效果明显

8.（2018 年）最终能够形成各种类型固定资产的财政政策工具是（　　）。

A. 税收　　B. 政府预算　　C. 公债　　D. 政府投资

9.（2018 年）通过立法制定的财政政策具有法律效力，在执行中具有的特点是（　　）。

A. 强制性　　B. 直接性　　C. 间接性　　D. 固定性

10.（2017 年）根据（　　），财政政策可以分为扩张性财政政策、紧缩性财政政策和中性财政政策。

A. 在国民经济总量方面的功能不同　　B. 对经济周期的调节作用不同

C. 政策作用的对象不同　　D. 与货币政策的关系不同

11.（2017 年）在金融市场中，作为调节货币流通量重要手段的是（　　）。

A. 预算　　B. 税收　　C. 公债　　D. 补贴

12.（2017 年）在一般性政策工具中，最为灵活的货币政策工具是（　　）。

A. 法定存款准备金率　　B. 公开市场业务

C. 再贴现率政策　　D. 消费者信用控制

13.（2015 年）西方经济学者把政府从价格再分配中取得的收入称为（　　）。

A. 挤出税　　B. 通货膨胀税

C. 价格税　　D. 通货紧缩税

14.（2013 年）通过财政分配活动刺激社会总需求的财政政策称为（　　）。

A. 紧缩性财政政策　　B. 扩张性财政政策

C. 中性财政政策　　D. 综合财政政策

15.（2013 年）下列关于财政平衡的说法中，错误的是（　　）。

A. 财政收支在数量上的绝对平衡才是财政平衡

B. 财政收支略有结余可视为财政基本平衡

C. 财政收支略有赤字可视为财政大体平衡

D. 财政收支平衡是指财政收支之间的对比关系

16. （2013 年）在经济实现充分就业目标的前提下仍然存在的财政赤字，称为（　　）。

A. 结构性赤字　　B. 周期性赤字

C. 硬赤字　　D. 软赤字

二、多项选择题

1. （2022 年新增例题）2021 年，我国经济发展和新冠肺炎疫情防控保持全球领先地位，国家战略科技力量加快壮大，产业链韧性得到提升，实现了“十四五”良好开局。但是，我国经济发展面临（　　）三重压力。

A. 创新受阻　　B. 需求收缩　　C. 供给冲击　　D. 预期转弱

E. 货币贬值

2. （2020 年）一般来讲，财政赤字的排挤效应是否明显主要受（　　）的制约。

A. 货币供给对利率的弹性大小　　B. 货币需求对利率的弹性大小

C. 投资规模　　D. 投资对利率的弹性大小

E. 私人投资的有效性

3. （2017 年）下列政策工具中，属于财政政策的工具的有（　　）。

A. 利息率　　B. 政府预算　　C. 税收　　D. 再贴现率

E. 公共支出

4. （2015 年）财政政策对国民经济运行调节的特点有（　　）。

A. 间接性　　B. 直接性　　C. 自愿性　　D. 强制性

E. 挤出性

真题演练答案及解析

一、单项选择题

1. 【答案】D

【解析】本题考查货币一般性政策工具和货币选择性财政工具的内容。

货币政策工具中的一般性政策工具包括：（1）法定存款准备金率（选项 A 正确）；（2）再贴现率（选项 C 正确）；（3）公开市场业务（选项 B 正确）。优惠利率属于选择性政策工具。故选项 D 当选。

2. 【答案】D

【解析】本题考查财政赤字。

所谓硬赤字是指用债务收入弥补收支差额以后仍然存在的赤字，其计算口径是财政赤字 =（经常收入+债务收入)-(经常支出+债务支出)。使用这种计算方法时，财政收入不仅包括经常收入，而且包括债务收入，即把举债收入列为财政收入，然后减去当年支出。显然，利用这种计算方法计算出来的财政赤字，无法利用债务收入进行弥补。本题要选出错误的选项，故选项 D 当选。

3.【答案】D

【解析】本题考查弥补财政赤字的方式。

由于中央银行通常代理国家金库业务，所以向中央银行透支（选项 D 正确）对财政部门来说是操作起来非常简单的一种弥补赤字的方法，但是这种方法实际相当于通过货币发行，凭空创造购买力来弥补赤字，因而对货币流通的影响很大。故选项 D 正确。

4.【答案】B

【解析】本题考查宏观经济调控的目标。

充分就业是政府进行宏观经济调控的首要目标。故选项 B 正确。

5.【答案】C

【解析】本题考查财政政策工具的内容。

政府预算作为一种控制财政收支及其差额的机制，在各种财政政策手段中居于核心地位。故选项 C 正确。

6.【答案】D

【解析】本题考查直接信用控制手段。

直接信用控制的手段主要包括利率最高限、信用配额（选项 A）、直接干预（选项 B）和流动性比率（选项 C）等手段。间接信用指导是指中央银行利用道义劝告、窗口指导（选项 D）等办法间接影响商业银行的信用创造。故选项 D 正确。

7.【答案】C

【解析】本题考查证券市场信用控制特点。

信用控制对证券市场的调控直接（选项 A）、灵活（选项 B）且效果明显（选项 D），同时还避免了对其他领域的负面影响（选项 C）。本题要选出错误的选项，故选项 C 当选。

8.【答案】D

【解析】本题考查财政政策工具。

政府投资是指财政用于资本项目的建设支出，最终形成各种类型的固定资产。故选项 D 正确。

9.【答案】A

【解析】本题考查财政政策执行的特点。

财政政策是国家最重要的经济政策之一，其对国民经济运行的调节具有两个鲜明的特点：一是直接性（选项 B 错误），财政政策是由国家直接掌握和控制的，国家可以通过它直接干预和调节社会经济生活与各种活动；二是强制性（选项 A 正确），财政政策一般是通过立法形式制定和颁布实施的，具有法律效力，各单位和个人都必须执行。选项 CD 为干扰项，故选项 A 正确。

10.【答案】A

【解析】本题考查财政政策的分类。

根据在国民经济总量方面的不同功能，财政政策可以分为扩张性财政政策、紧缩性财政政策和中性财政政策；按照对经济周期的调节作用划分，财政政策可划分为自动稳定的财政政策和相机抉择的财政政策；按照财政政策作用的对象划分，财政政策可分为宏观财政政策、中观财政政策和微观财政政策。故选项 A 正确。

11. **【答案】** C

【解析】 本题考查调节货币流通量的手段。

在发达国家中，公债是调节金融市场的重要手段，通过增加或减少公债的发行，以及调节公债的利率和贴现率，可以有效地调节资金供求和货币的流通量。这是货币政策手段中公开市场业务的主要内容。故选项 C 正确。

12. **【答案】** B

【解析】 本题考查货币政策工具。

公开市场业务是中央银行通过在金融市场上买进或卖出有价证券进行调节的一种方式。公开市场业务，已成为不少西方国家中央银行最经常使用、最为灵活、最为有效的调节货币供应量的手段。故选项 B 正确。

13. **【答案】** B

【解析】 本题考查政府收入。

政府收入通常可分为两部分：一部分是 GDP 正常增量的分配所得；另一部分是价格再分配所得。后者就是西方经济学者所说的通货膨胀税。故选项 B 正确。

14. **【答案】** B

【解析】 本题考查财政政策。

扩张性财政政策，是指通过财政分配活动来增加和刺激社会的总需求。故选项 B 正确。

15. **【答案】** A

【解析】 本题考查财政平衡。

所谓财政平衡，是指财政收支之间的对比关系（选项 D)。一般来讲，财政收支略有结余（选项 B）或略有赤字（选项 C)，可以视作财政基本平衡或大体平衡。本题要选出错误的选项，故选项 A 当选。

16. **【答案】** A

【解析】 本题考查财政赤字。

充分就业赤字（结构性赤字）指在经济实现充分就业目标的前提下，仍然存在的赤字。故选项 A 正确。

二、多项选择题

1. **【答案】** BCD

【解析】 本题考查我国经济发展面临的三重压力。

2021 年，我国经济发展和新冠肺炎疫情防控保持全球领先地位，国家战略科技力量加快壮大，产业链韧性得到提升，实现了“十四五”良好开局。但是，我国经济发展面临需求收缩、供给冲击、预期转弱三重压力。尤其在新冠肺炎疫情冲击下，外部形势更趋复杂严峻和不确定。

2.【答案】BD

【解析】本题考查财政赤字。

一般来讲，财政赤字的排挤效应是否明显主要受货币需求和投资对利率的弹性大小的制约。故选项 BD 正确。

3.【答案】BCE

【解析】本题考查财政政策的工具。

政府运用的财政政策的工具主要有：政府预算（选项 B）、税收（选项 C）、公债、政府投资、公共支出（选项 E）、财政补贴等，它们都是经由一定的途径和方式作用于政策目标的。故选项 BCE 正确。

4.【答案】BD

【解析】本题考查财政政策。

财政政策对国民经济运行的调节具有两个明显特点：（1）直接性（选项 B）；（2）强制性（选项 D）。故选项 BD 正确。